O FEDERALISMO BRASILEIRO EM SEU LABIRINTO

FERNANDO REZENDE (ORGANIZADOR)

O FEDERALISMO BRASILEIRO EM SEU LABIRINTO

CRISE E NECESSIDADE DE REFORMAS

FGV
EDITORA

Copyright © 2013 Fernando Rezende

Direitos desta edição reservados à
EDITORA FGV
Rua Jornalista Orlando Dantas, 37
22231-010 — Rio de Janeiro, RJ — Brasil
Tels.: 0800-021-7777 — (21) 3799-4427
Fax: (21) 3799-4430
editora@fgv.br — pedidoseditora@fgv.br
www.fgv.br/editora

Impresso no Brasil / *Printed in Brazil*

Todos os direitos reservados. A reprodução não autorizada desta publicação,
no todo ou em parte, constitui violação do copyright (Lei nº 9.610/98).

Os conceitos emitidos neste livro são de inteira responsabilidade dos autores.

1ª edição, 2013.

Preparação de originais: Paulo Guilbaud
Projeto gráfico, capa e diagramação: Ilustrarte Design e Produção Editorial
Revisão: Fernanda Mello e Thatyana Viana

Ficha catalográfica elaborada pela Biblioteca
Mario Henrique Simonsen/FGV

O federalismo brasileiro em seu labirinto : crise e necessidade
de reformas / Fernando Rezende (organizador). – Rio de
Janeiro : Editora FGV, 2013.
312 p.

Inclui bibliografia.
ISBN: 978-85-225-1394-9

1. Federalismo – Brasil. I. Rezende, Fernando. II.
Fundação Getulio Vargas.

CDD – 321.020981

SUMÁRIO

Apresentação   7

PRIMEIRA PARTE
A necessidade de encontrar a saída   11
A crise do federalismo brasileiro: evidências,
     causas e consequências   13
     Fernando Rezende

SEGUNDA PARTE
Meandros do labirinto federativo   67

Disparidades regionais, conflitos federativos
     e a nova agenda da política regional   69
     Gustavo Maia Gomes
A "Federação inconclusa": o papel dos governos
     estaduais na Federação brasileira   120
     Sergio Prado
ICMS — Diagnóstico e perspectivas   198
     José Roberto R. Afonso
Federalismo e integração econômica   257
     José Oswaldo Cândido Jr.

Siglário   311

APRESENTAÇÃO

O foco dos textos que compõem este livro é a preocupação com a perda de espaço e a fragilização da posição dos estados na Federação brasileira, um tema que vem despertando o interesse de alguns estudiosos da área, mas que parece não ter sido ainda objeto de atenção da sociedade e das lideranças estaduais.

Que explicação pode ser dada para essa aparente contradição? Será que os fatos arrolados para defender esta tese são suficientes para que seja de fato reconhecida como relevante? Ou o que ocorre não é que o problema não seja percebido, mas sim que o ambiente não é propício para ele seja publicamente exposto?

Optamos pela segunda explicação. Para que a tese seja publicamente encampada, ela teria que ser primeiro vista como uma ameaça comum, que afeta os interesses de todos, ainda que em momentos e em intensidades distintos; segundo, ser capaz de sustentar a criação de um colegiado de governadores para estabelecer estratégias e diretrizes para lidar com o problema; terceiro, ser suficientemente forte para poder ser transformada em uma proposta de ação coletiva para combater essa ameaça; quarto, poder contribuir para a mobilização dos recursos necessários para levar adiante a proposta que for concebida.

Nenhum desses requisitos parece estar presente na atualidade. Em face do acirramento dos conflitos e dos antagonismos, que fazem parte da história do federalismo brasileiro, e que ganharam amplitude e intensidade inusitadas nas últimas duas décadas, a possibilidade de os estados se unirem para formar uma frente comum de defesa de seus interesses coletivos não parece estar no horizonte.

No entanto, as evidências expostas neste livro são preocupantes. Várias forças que operam nos campos da macroeconomia, da demografia, da geografia e da política concorrem para a imposição de limites à autonomia de governos subnacionais e até mesmo a países que aderiram a uma união econômica, como se verifica atualmente na União Europeia.

A necessidade de impor rígidos controles sobre as contas públicas, o impacto da transição demográfica e das políticas sociais nos orçamentos, as medidas necessárias para lidar com o acelerado processo de urbanização, a fragmentação da representação política derivada da diversidade social, tudo isso somado cria novos e enormes desafios à preservação do equilíbrio federativo, particularmente em um contexto no qual as regras vigentes são rígidas e simétricas, como se verifica no caso brasileiro.

Regras rígidas e simétricas sobrepostas a uma realidade mutante e assimétrica geram desequilíbrios que, vistos de uma perspectiva imediata, podem parecer satisfatórios para uns e prejudiciais para outros. Não há possibilidade, portanto, de construir uma ação coletiva a não ser que o problema seja apreciado em um horizonte temporal ampliado. Para que a tese seja reconhecida publicamente, é necessário que os problemas que a suportam sejam apreciados à luz de uma visão estratégica que mire o médio e o longo prazos.

O propósito deste livro é levantar a questão e reunir os argumentos que suportam a tese enunciada. Ele está dividido em duas partes. Na primeira, o autor do texto reúne e articula os argumentos que apoiam a tese da perda de espaço e de fragilização da posição dos estados na Federação, utilizando elementos e evidências aportados pelos textos incluídos na segunda parte, embora nem sempre coincida com opiniões e interpretações dos respectivos autores.

Os quatro textos reunidos na segunda parte abordam o tema sob perspectivas complementares, com o propósito de compor um círculo que se abre com a análise da dinâmica regional brasileira, das repercussões das mudanças observadas no processo de ocupação socioeconômica do território brasileiro na Federação, dos desequilíbrios e conflitos federativos que resultam da combinação de forte rigidez institucional e inexistência de instâncias apropriadas para a negociação desses conflitos, da repercussão disso no campo tributário, e que se fecha com a exposição dos novos desafios que se apresentam para o equilíbrio federativo e a coesão nacional na nova ordem econômica mundial.

Os temas abordados exploram distintos meandros do labirinto federativo — o regional, o institucional, o tributário e o comercial —, que se entrecruzam, bloqueando o caminho, gerando incertezas e dificultando sua compreensão. Distintas perspectivas e interpretações adotadas pelos autores que percorreram cada um deles fazem parte do objetivo de despertar a atenção para o problema, provocar o debate e estimular a continuidade das explorações necessárias para desvendar esses e outros meandros e superar os desafios envolvidos na busca da saída.

Aprisionada em seu labirinto, a Federação brasileira precisa encontrar o caminho para sair dele. Para isso, como bem lembrou o gato socrático no País das Maravilhas quando indagado a esse respeito, é preciso saber para onde queremos ir.

PRIMEIRA PARTE

A necessidade de encontrar a saída

A saída depende de para onde queremos ir

A CRISE DO FEDERALISMO BRASILEIRO:
EVIDÊNCIAS, CAUSAS E CONSEQUÊNCIAS

Fernando Rezende[1]

Introdução

Os anos que decorreram entre a posse do primeiro presidente eleito após o fim do regime militar e a conclusão dos trabalhos da Assembleia Nacional Constituinte foram marcados pela necessidade de adaptação a uma nova realidade, em um contexto de acentuada instabilidade na economia, na política e nas relações intergovernamentais.

Após o efêmero sucesso do Plano Cruzado, o país voltou a apresentar os mesmos sintomas de fraqueza, com a retomada do processo inflacionário, a acumulação de desequilíbrios externos, as dificuldades para encontrar um novo ponto de equilíbrio nas relações dos poderes Executivo e Legislativo, as demandas da Federação por recuperação da autonomia fiscal e as pressões da sociedade por um desenvolvimento que atendesse às necessidades das populações menos favorecidas.

---

[1] Fernando Rezende é economista, professor na Escola Brasileira de Administração Pública e de Empresas — Ebape, Fundação Getulio Vargas e Consultor. Ex-presidente do Instituto de Pesquisa Econômica Aplicada — Ipea. Atualmente trabalha em temas relacionados à reforma fiscal, federalismo e gestão pública.

Nesse ambiente é que os trabalhos de elaboração da nova Constituição foram conduzidos. Em tese, as condições estavam dadas para que a centralização dos poderes em matéria fiscal promovida durante o regime militar cedesse espaço a um novo período de devolução parcial desses poderes aos governos estaduais, reproduzindo o padrão histórico no qual, após o término de regimes autoritários, o pêndulo que marca o padrão vigente se desloca para a posição oposta, apontando para uma forte descentralização dos poderes fiscais.[2]

Dessa vez, entretanto, o desenlace foi diferente. As demandas da Federação por recuperação do espaço fiscal esbarraram na pressão da sociedade por garantias para o atendimento dos direitos sociais, que ecoavam a insatisfação da grande maioria da população brasileira com a concentração de renda e de riqueza ocorrida nas duas décadas do regime militar. Como os trabalhos da Constituinte avançaram em campos distintos, as demandas da Federação se refletiram nas mudanças ocorridas no campo tributário e no regime de transferências, ao passo que as pressões da sociedade se concentraram na busca por garantias para isolar os recursos da área social, de forma a evitar que fossem utilizados para outras finalidades.

Em um primeiro momento, os ganhos nas áreas tributária e orçamentária apontavam para uma expressiva vitória da Federação. A ampliação dos poderes impositivos dos estados e a garantia de não intervenção do governo federal no uso dos recursos transferidos (exceção para os gastos em educação) davam a impressão de que o padrão histórico iria se repetir. Mas a regulamentação dos novos direitos sociais e seu impacto nas contas do governo federal fizeram com que a ampliação das contribuições instituídas para essa finalidade se encarregasse de evitar que isso ocorresse. A partir de

---

[2] Para uma análise dessa questão, consultar Rezende e Afonso, 2000.

1998, as exigências de promoção de um forte ajuste fiscal para evitar a *débâcle* do Plano Real deram uma contribuição ainda mais significativa para a deformação do espírito de descentralização e autonomia federativa que presidiu os trabalhos da Constituinte na área fiscal.[3]

Ao longo de mais de duas décadas, a interação dos efeitos das duas medidas acima mencionadas conduziu a uma progressiva fragilização da posição dos estados na Federação brasileira, que pode ser observada sob distintas perspectivas, a seguir apontadas:

a) A tributária, que se revela na queda da fatia dos estados na repartição do bolo fiscal.

b) A orçamentária, que se traduz na perda de graus de liberdade no uso dos recursos, em função de vinculações constitucionais, transferências vinculadas, regulação de programas, controle do endividamento etc.

c) A legislativa, que aponta para o reduzido papel desempenhado pelos legislativos estaduais.

d) A regulatória, que é sufocada pela proliferação de normas emanadas do governo central.

e) A política, que se manifesta sob a forma da incapacidade de os dirigentes estaduais influenciarem o voto de seus representantes no Congresso Nacional, que aderem à agenda do governo federal mesmo quando o comando dos estados está na oposição.

Apesar desses fatos e da importância que eles têm para o país e para o futuro de nossa Federação, o tema da fragilização dos estados não tem sido objeto de atenção de estudiosos da área, da imprensa especializada nem das lideranças políticas nacionais. Urge, portanto, chamar atenção para

---

[3] Para uma análise detalhada dessa questão, consultar Rezende *et al.*, 2007.

essa questão e provocar um amplo debate sobre os desafios do federalismo brasileiro, tendo em vista a necessidade de discutir as reformas necessárias para reverter essa situação.

A fragilização dos estados e o acirramento dos conflitos federativos

Razões e evidências

Não creio haver resposta para a pergunta de se o acirramento dos conflitos federativos é a causa da fragilização dos estados ou, ao contrário, é a fragilização dos estados que provoca o acirramento desses conflitos. O mais provável é que ambos resultem de um processo no qual os fatores que motivaram esse resultado foram se reforçando mutuamente, tornando cada vez mais difícil encontrar uma solução para ambos. De qualquer forma, não se trata agora de encontrar uma resposta para a pergunta, e sim de encontrar uma solução, pois o acirramento dos conflitos inibe a percepção dos interesses comuns e ameaça tornar o problema ainda mais grave.

A dimensão mais visível da fragilização dos estados é a que se manifesta na área fiscal. Após a breve recuperação registrada nos momentos que sucederam a aprovação das novas regras constitucionais, os estados acusaram uma progressiva perda no tocante à sua participação no total das receitas com que cada ente federado conta para cumprir com suas responsabilidades (a receita tributária disponível). Em 2009, a fatia dos estados nesse bolo havia recuado para apenas 25%, 13 pontos percentuais abaixo do que detinham em meados dos anos 1960 e cinco pontos a menos que o índice alcançado logo após a implementação das mudanças adotadas em 1988.[4]

---

[4] Para detalhes, consultar Rezende (2009 e 2011) e Prado (2012, neste volume).

Dois fatos importantes contribuíram para esse resultado. Primeiro, a opção dos estados por explorar preferencialmente as novas bases incorporadas ao tributo estadual na reforma de 1988, abrindo espaço para a progressiva ocupação pelo governo federal do amplo campo tributário abrangido pela tributação de mercadorias e serviços, por meio do crescimento das contribuições sociais. Segundo, o aumento da parcela do bolo em tela apropriada pelos municípios, devido ao aumento da base dos tributos municipais, com o crescimento da importância do setor terciário na economia, o melhor uso dos impostos sobre a propriedade e o aumento de sua participação nas receitas estaduais.

Após as perdas sofridas nos anos que se seguiram à nova Constituição, o governo federal recuperou a porção que detinha anteriormente e os municípios acusaram um aumento de cerca de 10 pontos percentuais na sua parte, denotando que a bandeira da descentralização e da autonomia fiscal que pautou a luta dos estados na Constituinte se transformou, na prática, em um forte processo de municipalização.

Convém notar, todavia, que a fragilização dos estados não pode ser vista apenas como a outra face do processo de ampliação do papel dos municípios na Federação, que teriam se beneficiado do novo *status* de entes federados a eles concedido em 1988. A autonomia municipal sempre foi forte no Brasil, tendo se manifestado em todos os momentos importantes da vida nacional, mais recentemente na resistência às mudanças contempladas na primeira versão da proposta de emenda constitucional preparada pela Comissão da Reforma de 1965, que eram vistas como contrárias aos interesses dos municipalistas, bem como nas decisões adotadas em 1988. Ademais, é possível que o aumento da importância dos municípios seja também uma decorrência do fato apontado por estudiosos da questão regional brasileira, com respeito ao comando que as cidades exercem sobre o processo de ocupação econômica e demográfica do território nacional.

As mudanças na participação dos estados na repartição do bolo fiscal deveriam ter sido suficientes para que eles buscassem formar uma ação coletiva para evitar o ocorrido, e atuar estrategicamente para reverter esse processo de fragilização. Mas duas outras ocorrências impediram que a percepção dos interesses comuns se manifestasse: o ressurgimento da guerra fiscal e o fortalecimento da clivagem regional.

Para isso contribuiu a interrupção do processo de convergência de rendas na Federação, a partir do início da década de 1990, paralelamente ao virtual abandono pelo governo federal de uma política nacional de desenvolvimento regional. Nesse contexto, o acelerado ritmo de urbanização do país pressionou as lideranças políticas das regiões menos desenvolvidas a tomarem medidas para estimular suas economias, via concessão de benefícios fiscais, para atrair investimentos capazes de gerar empregos nas cidades, cuja demanda crescia com o aumento da população urbana.

O impacto da dinâmica regional na Federação

A questão regional esteve no centro dos debates sobre a formação da Federação brasileira desde os momentos iniciais de adoção desse regime. Atualmente, ela se expressa mediante fortes antagonismos políticos, que se acumularam na ausência de uma nova estratégia de desenvolvimento regional comandada pelo governo federal e apoiada em uma nova compreensão da dinâmica regional brasileira. No período recente, esses antagonismos se fortaleceram ainda mais em face da escalada da guerra fiscal e da não disposição do governo federal para assumir a liderança de um processo de reconstrução dos instrumentos necessários para tratar do problema. Nas últimas quatro décadas, o mapa das desigualdades regionais passou por uma profunda transformação, mas o mapa fiscal ficou atrelado a um modelo concebido na década de 1960, com mudanças pontuais processadas em 1988, que aumentaram o descompasso entre a geografia política e a geografia fiscal.

A grande mudança no mapa regional foi o aparecimento de novas regiões, como o Centro-Oeste, e o aumento de importância da região Norte, em virtude destas terem acusado forte dinamismo econômico nas últimas cinco décadas. Entre 1960 e 2010, o PIB da região Centro-Oeste foi o que apresentou as maiores taxas de crescimento, tendo aumentado para 8,9% sua participação no PIB nacional, crescimento esse impulsionado pela ocupação econômica do cerrado e pela atração desencadeada pela criação de Brasília. A revolução tecnológica que propiciou o desenvolvimento de um agronegócio altamente competitivo no Centro-Oeste se estendeu a uma parte do Norte, que também se beneficiou da expansão da fronteira mineral e da consolidação do polo industrial de Manaus, dobrando sua participação no PIB nacional. A expansão econômica dessas regiões conduziu à ocupação de uma grande parte do território brasileiro que, desde a formação do país, apresentava índices pouco expressivos de densidade demográfica.[5]

Outra mudança importante na dinâmica regional foi o acelerado processo de urbanização. Nas cinco décadas concluídas em 2010, a população brasileira adquiriu um perfil marcadamente urbano. Em um ritmo acelerado, a população urbana alcançou o patamar de 84% do total de habitantes em 2010, e a parcela dessa população vivendo em cidades com mais de 1 milhão de habitantes já é bem maior do que

---

[5] Para detalhes, consultar Maia Gomes, 2012, neste volume.

toda a população rural do país, acentuando as transformações ocorridas nas relações econômicas e demográficas no espaço nacional.

Os fatos anteriormente assinalados contribuíram para a redução das disparidades regionais entre 1960 e 1990, mas a convergência dos PIBs regionais ocorrida nesse período foi interrompida nas últimas duas décadas, verificando-se apenas oscilações pouco significativas na participação das regiões no PIB nacional a partir de 1991. Cabe destacar, entretanto, que o Nordeste não se beneficiou desse movimento. Nas últimas cinco décadas, a diferença entre o Nordeste e o Sudeste permaneceu inalterada, com o PIB *per capita* do Nordeste exibindo atualmente a mesma participação no PIB nacional de 50 anos atrás (47%).

A interrupção do movimento de redução das disparidades econômicas entre as regiões coincidiu com um período de importantes quedas nas disparidades sociais. Nas duas últimas décadas, iniciadas em 1990, os indicadores sociais (educação e IDH) revelaram que as diferenças nas condições de vida das famílias residentes nas diferentes porções do território brasileiro caíram de modo significativo, contribuindo para que o estancamento da convergência econômica coincidisse com um período de significativa convergência social. Essa aparente contradição pode ser explicada por importantes mudanças ocorridas no federalismo brasileiro, ao longo desse período, que serão abordadas adiante.

O impacto da dinâmica regional na Federação reflete a interação de vários efeitos decorrentes de importantes transformações processadas na economia e na política após a redemocratização do país e o advento da Constituição de 1988. Na política, o federalismo implantado pela nova ordem constitucional reforçou o poder dos municípios, que passaram à condição de entes federados e tiveram suas competências, tanto no campo tributário quanto no orçamentário, ampliadas. Na economia, a política de estabilização monetária que se seguiu à adoção do Plano Real, a redução do papel do Estado, a privatização das estatais e a abertura econômica e financeira repercutiram no espaço nacional, em face da incapacidade do governo federal para atuar com o propósito de atenuar as disparidades econômicas entre as regiões e de garantir a competitividade da indústria brasileira no intercâmbio comercial com o resto do mundo.

A competitividade da economia brasileira também sofreu as consequências da política de estabilização monetária, tanto em decorrência da manutenção de uma taxa de câmbio pouco favorável quanto em função do aumento da carga tributária requerida para sustentar o programa de ajuste fiscal. Em contrapartida, a natureza desse ajuste propiciou a expansão de políticas sociais, visto que o crescimento das receitas da seguridade social, promovido para sustentar o superávit primário, abriu espaço para a ampliação dos programas de transferência de renda a famílias pobres e para os gastos em saúde e educação. Com isso, a perda de dinamismo da economia, que alcançou todas as regiões, foi acompanhada da melhoria dos indicadores sociais, explicando a aparente contradição observada a partir de 1991 com respeito à interrupção do processo de convergência econômica a par da melhoria da convergência social.

As consequências da dinâmica regional para a federação podem ser apreciadas sob três dimensões, abordadas a seguir.

A dimensão fiscal

Conforme mencionado, a repercussão dessas mudanças no campo fiscal se manifestou de duas maneiras: na reversão da tendência de descentralização do poder e dos recursos fiscais, que foi timidamente ensaiada após a vigência da nova

Constituição, e na perda de importância relativa do conjunto dos estados na Federação brasileira, visto que as mudanças introduzidas no texto constitucional em 1988 não tiveram a oportunidade de gerar os efeitos pretendidos, e as modificações que se seguiram a elas agravaram os problemas.

Na área tributária, a ampliação da base de incidência do imposto estadual, com a incorporação dos antigos impostos únicos sobre combustíveis, energia e telecomunicações ao antigo ICM, não foi capaz de sustentar a fatia dos estados no total de tributos arrecadados no país, em face do aumento dos tributos federais, do crescimento da importância dos serviços na economia e da perda de dinamismo do produto industrial (em porcentagem do PIB nacional, a arrecadação do ICMS hoje é praticamente a mesma gerada pelo antigo ICM no início da década de 1970).[6] De outra parte, além da exploração dessas novas bases tributárias não ter sido suficiente para evitar a perda de participação dos estados no bolo fiscal, a concentração da arrecadação do ICMS nesses setores contribuiu para ampliar o espaço que os estados não industrializados passaram a ter para conceder benefícios do ICMS com o propósito de atrair investimentos industriais, fomentando a guerra fiscal. Com a posterior isenção do ICMS na exportação de produtos primários e semimanufaturados, essa prática se estendeu aos estados das novas regiões dinâmicas em virtude de as bases econômicas que sustentaram seu crescimento não contribuírem para a geração de receitas próprias, a não ser de forma indireta.

Uma questão a que não foi dedicada maior atenção durante os trabalhos da Constituinte reforçou o espaço para o aumento dos conflitos federativos e a ampliação da guerra fiscal. Trata-se da preservação do diferencial de alíquotas do ICMS

---

[6] Ver Rezende (2011) para detalhes.

A CRISE DO FEDERALISMO BRASILEIRO

aplicado ao comércio entre o Sul/Sudeste e as demais regiões (incluindo nestas últimas o Espírito Santo). O diferencial de alíquotas aplicadas ao comércio inter-regional foi implantado na década de 1980 para ampliar a receita captada pelos estados menos desenvolvidos nas compras realizadas dos demais estados (principalmente de produtos industrializados), e explicava-se pelo fato de que, na chamada década perdida, todos sofriam com o baixo desempenho da arrecadação, mas os estados não industrializados sofriam ainda mais por serem dotados de uma base tributária menor. A incorporação dos impostos únicos ao ICMS, com a adoção do princípio do destino na tributação da energia elétrica e dos combustíveis, era o momento para rediscutir essa questão, mas, em vez disso, o diferencial de alíquotas foi ampliado em 1989, reforçando o efeito da concentração da arrecadação do ICMS nas chamadas *blue chips* com respeito à ampliação do espaço para a guerra fiscal.

O espaço para a expansão da guerra fiscal também se beneficiou da mudança no regime de transferências, que reforçou o orçamento dos estados das regiões menos desenvolvidas mediante a regra adotada em 1989 para a repartição dos recursos do Fundo de Participação dos Estados (FPE), cuja base havia sido aumentada em 1988. O estabelecimento de um pré-rateio dos recursos desse fundo garantiu a entrega de 85% do seu montante para as regiões Norte, Nordeste e Centro-Oeste, juntamente com o congelamento, a partir desse ano, dos coeficientes aplicados à divisão dos recursos entre os estados. Além de reforçar o caixa dos estados dessas regiões, essa nova regra contribuiu para ampliar as disparidades na repartição do FPE entre os estados, uma vez que a parcela apropriada por cada um deixou de ser ajustada às mudanças na economia e na demografia nacionais ocorridas desde então.

As melhorias que a ampliação da base de incidência do ICMS e as novas regras aplicadas à repartição do ICM trouxeram para os orçamentos dos estados, em especial para os que se localizam nas regiões menos desenvolvidas, não se traduziram, todavia, em maiores capacidade de investimento e graus de liberdade para decidirem sobre a aplicação de seus recursos orçamentários. Em função da renúncia de arrecadação decorrente da concessão de benefícios fiscais e das novas regras criadas para viabilizar a expansão dos gastos sociais, os orçamentos dos estados adquiriram uma forte rigidez, com implicações políticas relevantes que serão analisadas em seguida.

De outra parte, ao optar por concentrar a arrecadação do ICMS nas novas bases incorporadas ao imposto estadual em 1988, os estados deixaram livre o campo da tributação de mercadorias, que foi invadido pela Contribuição para o Financiamento da Seguridade Social (Cofins) e pelo Programa de Integração Social (PIS), perdendo a condição que lhe havia sido outorgada pela reforma de meados dos anos 1960 de deter o poder de instituir um imposto de base ampla sobre a circulação de mercadorias.

No curto prazo, a expansão da guerra fiscal propiciada pela concentração da arrecadação do ICMS em insumos estratégicos gera benefícios econômicos e sociais para as regiões menos desenvolvidas e dividendos políticos para seus governantes, mas é importante ressaltar que no médio prazo acarreta prejuízo para todos, inclusive para os estados dessas regiões, que perdem condições para atrair atividades modernas altamente intensivas em energia e telecomunicações.

A dimensão política

A perda de espaço dos estados na Federação brasileira, mencionada anteriormente, se manifesta de várias formas: na centralização das decisões sobre o uso dos recursos orçamentários; na redução da sua fatia no bolo fiscal; e no pouco espaço reservado para a atuação do legislativo estadual.

No tocante ao uso dos recursos orçamentários, a centralização das decisões relativas à formulação e gestão das políticas sociais, que se seguiu à ampliação das transferências federais de recursos vinculados a gastos nessa área, e a novas regras constitucionais, que ampliaram, ou estabeleceram, a vinculação das receitas de estados e municípios a gastos em educação e saúde, repercutiu sob a forma da perda de controle dos governos estaduais sobre o uso dos recursos que formam seus orçamentos. Tal rigidez é ainda reforçada pelas obrigações financeiras decorrentes da renegociação dos contratos da dívida com o governo federal e o peso dos compromissos previdenciários. Como se isso não bastasse, a fixação de pisos salariais para determinadas categorias do funcionalismo, a repercussão em cadeia de aumentos salariais concedidos aos poderes Legislativo e Judiciário e as demais normas que inviabilizam a adoção, pelos estados, de uma política de recursos humanos conduziram a uma situação na qual a rigidez dos orçamentos não dá espaço para a realização de investimentos e para a adoção de políticas desenhadas em função das necessidades específicas de cada ente federado.

O engessamento dos orçamentos estaduais repercutiu na política estadual de duas maneiras: na enorme deterioração dos serviços e da infraestrutura urbana, que ficaram carentes de recursos para investimentos em um contexto em que a acelerada urbanização do país demandava maior atenção para essas áreas; e na incapacidade dos governantes para usarem o orçamento para fazer políticas de desenvolvimento, de modo a atender às demandas de suas populações por melhores oportunidades de emprego e renda. Como o forte ritmo de urbanização ocorreu em todas as regiões, os políticos se viram pressionados a gerar empregos urbanos. Sem capacidade para fazer política fiscal do lado do gasto, restou o poder da caneta para atrair investimentos privados mediante a concessão de benefícios do ICMS, ainda que atropelando a legislação vigente e provocando a perda da coesão federativa.

Não obstante o acirramento dos conflitos federativos decorrentes da disputa por atração de investimentos, essa questão não tem ocupado um espaço na política nacional suficientemente importante para motivar o governo federal a assumir, de fato, a liderança de um processo de mudanças abrangentes no federalismo fiscal brasileiro. Qual a explicação para isso?

Uma possível explicação tem a ver com a tese esposada por estudiosos da ciência política que aponta para o fato de a política nacional dos últimos anos ter sido pautada pela sustentação de um precário equilíbrio nas relações entre os poderes Executivo e Legislativo, buscando assegurar a governabilidade democrática em um contexto de acentuada fragmentação político-partidária. Em grande parte, a sustentação desse equilíbrio repousa em negociações que envolvem a liberação de recursos do orçamento e em nomeações para a ocupação de cargos importantes da organização administrativa do governo federal, que são intermediadas pelos partidos políticos. Com a reversão da descentralização fiscal ocorrida nas últimas décadas, os conflitos federativos não repercutem nas questões que sustentam o presidencialismo de coalizão, o que pode explicar o fato de o governo federal não manifestar interesse em assumir a coordenação das negociações para buscar um acordo, destoando da prática vigente em quase todas as federações a esse respeito.

Dessa forma, as discussões de propostas que implicam em mudanças (ou a resistência a elas) em aspectos do federalismo fiscal são conduzidas no Conselho Nacional de Política Fazendária (Confaz), sob a orientação política dos governadores. Nesse caso, as bancadas estaduais no Congresso seguiriam a orientação dos governadores nessa matéria, que ganhariam inclusive o apoio dos respectivos municípios, visto que medidas que alterem as regras vigentes e sejam rejeitadas por estados das regiões menos desenvolvidas repercutem nos municípios desses estados. Em decorrência, dada a sobrerrepresentação política dessas regiões no Congresso nacional, fica quase impossível aprovar medidas pontuais no federalismo fiscal brasileiro que afetem os interesses dos estados das regiões Norte, Nordeste e Centro-Oeste, o que explicaria a preservação da coalizão regional que resiste a qualquer mudança nessa área.

A resistência a mudanças no federalismo fiscal precisa ser cotejada com as suas consequências para a política estadual, pois, com a preservação dessa situação, o governo federal usufrui o bônus político de ter adotado políticas sociais que contribuíram, e continuam contribuindo, para a melhoria dos indicadores sociais, ao passo que os estados ficam com o ônus decorrente da incapacidade de atuar de forma eficaz para evitar a perda de qualidade da vida urbana.

A dimensão econômica

Os desequilíbrios econômicos e fiscais decorrentes da desconsideração das mudanças no perfil das disparidades regionais e da dificuldade em reformar o federalismo fiscal brasileiro criam sérios obstáculos à competitividade da economia, que se manifestam sob a forma de barreiras tributárias à livre circulação de mercadorias no território nacional, de ampliação da guerra fiscal e de incentivos à importação, que ameaçam a sobrevivência da indústria nacional, ao mesmo tempo em que inviabilizam uma ação coletiva dos estados no campo da política nacional de desenvolvimento. Nesse ambiente, os interesses regionais sobrepõem-se aos interesses nacionais em prejuízo da sustentação de taxas mais elevadas de crescimento no médio prazo. Adicionalmente, a centralização das decisões relativas à formulação e gestão de políticas públicas, decorrente da ampliação de normas federais, retira espaço dos orçamentos estaduais para abrigarem iniciativas próprias, com respeito a medidas que contribuam para o crescimento de suas economias e o ajustamento de suas ações à diversidade de situações encontradas nas várias porções do território brasileiro. Nesse contexto, o crescimento econômico sofre das limitações impostas por uma alta carga tributária, pela carência de recursos para investimentos, especialmente na infraestrutura, e pela ineficácia das políticas públicas.

Na nova realidade decorrente da abertura da economia, da privatização das estatais e das novas tecnologias aplicadas ao comércio internacional, aumentam os problemas gerados pela não revisão de decisões adotadas no passado para atenuar o efeito da adoção do princípio de origem no ICMS (diferenças de alíquotas interestaduais) nas relações econômicas entre os estados brasileiros, revelando que regras criadas para lidar com desequilíbrios regionais de uma época passada precisam ser periodicamente revistas. Ademais, na nova realidade mencionada no parágrafo anterior, o conflito federativo deixa de ser marcado apenas por diferenças regionais de desenvolvimento. A entrada de estados das regiões desenvolvidas na guerra fiscal marca o efeito dessa nova realidade e das possibilidades de aproveitamento das vantagens geradas pelo Mercosul, contribuindo para enfraquecer ainda mais os laços econômicos entre os estados brasileiros.

A justificativa de estados das regiões desenvolvidas para entrar nessa guerra é a ausência de uma política industrial que desconcentre a produção. No curto prazo, a concessão de vantagens fiscais a produtos oriundos do exterior traz benefícios adicionais para os estados que adotam essa prática, pois a importação gera receita, mas a consequência disso é transferir a indústria para fora do país, não mais para outros estados da federação. No médio prazo, todos saem perdendo, pois o estímulo à importação, além do afrouxamento dos laços econômicos entre as regiões brasileiras, acarreta a quebra de cadeias produtivas nacionais, comprometendo a competitividade da produção brasileira e a sustentação do crescimento.

Em um contexto em que o ritmo de crescimento da economia está aprisionado em uma armadilha fiscal de baixo crescimento, a coesão federativa é ameaçada por oportunidades que a abertura econômica, a integração regional e as novas tecnologias aplicadas ao setor produtivo oferecem para que as regiões estreitem os laços econômicos com outros países e continentes. Por seu turno, à medida que o afrouxamento dos laços econômicos entre as regiões brasileiras avança, os conflitos federativos ganham intensidade e criam maiores dificuldades para aprovar a reforma do federalismo fiscal, o que só poderá ser alcançado por meio de uma iniciativa do governo federal de propor e adotar uma nova política federal de desenvolvimento regional.

Embora a repartição dos benefícios dessa situação seja muito desigual entre os estados das regiões Norte, Nordeste e Centro-Oeste, elas se juntam para defender a preservação das regras vigentes no tocante ao diferencial de alíquotas do ICMS aplicadas ao comercio inter-regional e à manutenção do pré-rateio do FPE, por motivos que foram abordados anteriormente, privilegiando a obtenção de vantagens imediatas ainda que à custa de prejuízos no médio e longo prazos para todos.

Expectativas e realidade: a reversão das expectativas geradas pela reforma de 1988 também contribuiu para o acirramento dos conflitos

A história do federalismo brasileiro foi marcada pela alternância de situações em que os estados perdiam autonomia política e financeira durante a ascensão de regimes autoritários e recuperavam a autonomia, às vezes em grau maior do que haviam perdido, após a redemocratização. Esse processo teve início já nos primeiros anos da Independência. Tendo perdido a batalha para os que defendiam a adoção da monarquia, os federalistas deram o troco após a renúncia de Pedro I, com a aprovação do Ato Adicional de 1834, que concedeu significativa autonomia às províncias brasileiras, tendo instaurado, na prática, uma monarquia federativa (Dolhnikoff, 2005).

Os ganhos obtidos naquele momento deram lugar a intensas disputas que opunham os que defendiam a centralização como condição necessária à preservação da integridade do território nacional, que esteve ameaçada pela eclosão de revoltas, acarretando a reversão parcial das medidas adotadas em 1834 durante o Segundo Reinado. O pêndulo que marca as situações que caracterizam a centralização ou a descentralização do nosso federalismo registrou um grau acentuado de descentralização com a instauração da República e o advento da Constituição de 1891, que atribuiu amplos poderes aos governos estaduais. A oscilação do pêndulo acompanhou a tomada do poder por Getúlio Vargas em 1930 e a derrocada desse regime em 1945, a instauração do regime militar em 1964 e a transição para a democracia concluída com as eleições indiretas de 1984 e reforçada com a nova Carta Constitucional promulgada em 1988.[7]

Na reforma de 1988, os estados recuperaram autonomia para instituir e administrar seu principal imposto, que foi inclusive reforçado com a incorporação de novas bases, e para administrar seus orçamentos, que também se beneficiaram de um aumento das transferências constitucionais. Somados à recuperação da autonomia política, os ganhos fiscais

---

[7] Para uma análise desse processo histórico, consultar Rezende e Afonso, 2000.

e financeiros obtidos em 1988 prenunciavam tempos muito favoráveis para os estados e para o equilíbrio federativo. No entanto, por motivos que serão expostos adiante, dessa vez o resultado foi diferente.

A nova Constituição prenunciava tempos auspiciosos para os governadores. Afinal, a devolução de autonomia política, financeira e administrativa aos estados alcançou um patamar elevado, tendo contribuído para a defesa da tese de que a dotação de poderes concedidos aos governadores pela nova Carta lhes dava condições de assumir a posição de autênticos barões da Federação (Abrúcio, 1994).

A tese de Abrúcio apoiava-se na expectativa de que as intenções consagradas no texto da nova Constituição encontrariam um ambiente favorável para se materializarem tal como o previsto. Mas não foi isso o que ocorreu. Por motivos que dizem respeito ao próprio processo que conduziu os trabalhos da Constituinte, a gênese da nova Carta continha elementos que, submetidos a pressões decorrentes de mudanças no ambiente, poderiam multiplicar-se desordenadamente, produzindo desequilíbrios que iriam contribuir para que dessa vez o resultado fosse diferente.

Um fator que sempre esteve presente nas mudanças que acompanharam a alternância do ciclo político foi o confronto entre os que defendiam a centralização do poder como a única forma de atender às necessidades das populações mais pobres, em face das elites conservadoras que dominavam o poder nos governos estaduais, e a demanda por descentralização, que defendia a necessidade de estados fortes para fortalecer a democracia e lidar melhor com a diversidade de situações que marca o território brasileiro.

Essas mesmas questões se manifestaram de modo diferente nos trabalhos da Constituinte, tendo sido discutidas de forma independente nas comissões que trataram do federalismo fiscal e da ordem social. Na primeira, estados e municípios tiveram papel predominante, conseguindo implantar a maior parte de suas reivindicações. Na segunda, o ambiente foi dominado por movimentos sociais muito bem organizados que defendiam a adoção de um regime próprio de financiamento para alguns dos mais importantes direitos sociais previstos no texto constitucional.

Adicionalmente, as alterações introduzidas no campo político, com a ampliação dos desequilíbrios da representação dos estados da Câmara Federal (ampliação do número mínimo e redução do teto de deputados a serem eleitos pelos estados), para ampliar a influência dos estados de regiões menos desenvolvidas, contribuíram para reforçar a clivagem que divide os estados das regiões Norte, Nordeste e Centro-Oeste e os que integram as regiões Sul e Sudeste nas questões que envolvem o federalismo fiscal.

A falta de atenção à importância de dar um tratamento conjunto às demandas da Federação e dos movimentos sociais plantou o germe que corroeu as precárias bases em que se assentavam as expectativas de fortalecimento do poder estadual. O ovo da serpente (Rezende *et al.*, 2007) desencadeou um processo que ganhou força com a necessidade de efetuar um rigoroso ajuste fiscal para evitar a derrocada do Plano Real em 1998 que, em face das perdas impostas ao governo federal no campo tributário pelos estados e municípios, teve que apoiar-se no sucessivo aumento das contribuições sociais, o que amarrou as agendas macroeconômica e social do governo federal em um casamento de conveniência.

As consequências desse casamento para a Federação foram exploradas por Rezende (2009 e 2011 e Rezende *et al.*, 2007) e podem ser assim resumidas: encolhimento da base dos fundos constitucionais voltados para a redução das disparidades socioeconômicas entre os estados; aumento das transferências federais a estados e municípios vinculadas a programas sociais regulados pelo governo federal; ocupação pelo governo federal de parte do campo tributário reservado aos estados e municípios; e redução a muito pouco do grau de liberdade de governadores e prefeitos para gerenciar seus orçamentos.

A perda de espaço fiscal repercutiu na política. Como revelam estudos de profissionais da ciência política, adiante comentados, a atuação dos representantes dos estados na Câmara Federal tem se pautado mais pelo apoio a medidas que fazem parte da agenda federal do que pela defesa dos interesses de seus estados, mesmo quando estes são governados por partidos de oposição. De outra parte, a extensa regulação federal de temas que fazem parte da lista das competências concorrentes não deixa espaço para o exercício da competência residual dos estados, o que, somado ao pouco espaço para intervenção nos orçamentos, esvazia as atividades do Legislativo estadual.

Muitos atribuem à concessão do *status* de ente federado aos municípios a causa principal da perda de espaço dos estados na Federação brasileira, mas o fortalecimento dos municípios é uma consequência do mesmo processo que gerou o esvaziamento dos estados, e não a sua causa.

Por que a reversão das expectativas não foi evitada?

Ao longo do processo que conduziu à reversão das expectativas de fortalecimento do poder estadual, os conflitos federativos foram se acentuando, ofuscando a percepção da importância de ser formada uma ação coletiva que visasse à defesa dos interesses dos estados na Federação. Vários motivos para o acirramento desses conflitos foram mencionados anteriormente, cabendo destacar os seguintes:

a) a interrupção do processo de convergência de rendas entre as regiões brasileiras a partir do início dos anos 1990, que coincidiu com o abandono pelo governo federal de uma política de desenvolvimento regional (Maia Gomes, 2012);

b) a escalada da guerra fiscal, impulsionada, entre outros fatores, pela munição fornecida pelas novas bases tributárias incorporadas ao ICMS;

c) a cristalização da clivagem regional propiciada pelo aumento do desequilíbrio da representação dos estados no Congresso Nacional; e

d) as novas oportunidades que a privatização das estatais, a abertura da economia e a incorporação de novas tecnologias à produção e à circulação de mercadorias e serviços ofereceram para a escalada do conflito federativo.

Em qualquer união econômica, da qual a federação é o exemplo mais completo, cabe ao poder central zelar pela redução das disparidades de desenvolvimento entre as partes que formam essa união para preservar a unidade e a coesão do conjunto. Ao abandonar o exercício dessa função, o governo federal permitiu que a preservação das disparidades fomentasse rivalidades e antagonismos, e fechou os olhos para a multiplicação de práticas estaduais que ferem as normas legais e o espírito federativo.

Com a nova Constituição, a capacidade do governo federal para fazer valer as regras estipuladas na Lei Complementar nº 24, de 1975, que impunham a necessidade de qualquer modalidade de incentivo fiscal concedido pelos estados ser aprovada por unanimidade em reuniões do Confaz, ficou comprometida, pois tornou ineficaz a principal sanção que essa lei previa em caso de desrespeito a essa regra: o sequestro de transferências à conta do FPE. Daí o recurso dos estados prejudicados ao judiciário, que, após um longo tempo, vem atuando com mais firmeza para coibir o desrespeito à lei. De qualquer modo, o assunto não teria assumido a dimensão a que chegou se não fosse a contribuição que os outros três elementos acima destacados deram à propagação do conflito.

Embora reivindicada por todos e amparada em argumentos técnicos, porém ingênuos, que apontavam para possíveis ganhos com respeito à redução da cumulatividade do sistema tributário, os principais beneficiários da incorporação dos antigos impostos únicos sobre combustíveis, energia elétrica e telecomunicações ao ICMS foram os estados não industrializados, ou com uma base industrial incipiente.[8] Esses ganharam duplamente, pois incorporaram uma base tributária altamente rentável e se beneficiaram das novas regras que instituíram um regime provisório para o rateio do FPE, cuja base foi também ampliada. Em decorrência, os orçamentos desses estados passaram a contar com fontes seguras e fortalecidas, que dispensaram a necessidade de explorar as demais bases do ICMS para financiar suas despesas. Assim, a concessão de benefícios para a atração de indústrias e de atividades do comércio atacadista não impunham a eles qualquer problema financeiro, pois além de não repercutir internamente, o ônus decorrente podia ser repassado a terceiros. Ademais, esses benefícios geravam grandes dividendos políticos.

Já no processo de elaboração da Constituição de 1988, a importância de unir as bases tributárias geradas pela produção e circulação de mercadorias e serviços, bem como a

---

[8] No texto incluído neste volume, José Roberto Afonso mostra que, em porcentagem do PIB, os ganhos de arrecadação provenientes da cobrança do ICMS no período 1988-2011 foram maiores nas regiões Norte, Nordeste e Centro-Oeste.

necessidade de estender a base dos fundos constitucionais (FPE e Fundo de Participação dos Municípios — FPM) a todos os tributos cobrados pelo governo federal, foram ressaltadas nos estudos técnicos submetidos ao debate nos trabalhos da Constituinte (Rezende, 1987), mas os argumentos apresentados não foram suficientes para sensibilizar os representantes estaduais. Para evitar conflitos internos e não abrir uma disputa com os municípios, a opção foi transferir a conta para o governo federal, retirando deste a competência para instituir e administrar os antigos impostos únicos e ampliando a transferência de parte da receita dos impostos federais para os estados e os municípios.

Desde então, esse padrão se reproduziu em todas as tentativas posteriores de reforma do sistema tributário. Conforme aponta Afonso (2012), os estados não se mobilizaram para evitar a supressão do adicional do IR nem para defender a proposta de fundir as bases tributárias de mercadorias e serviços e adotar o princípio do destino na cobrança de um novo imposto sobre o valor agregado, que haviam sido contempladas no parecer elaborado pelo deputado Mussa Demes, em 2000. Dessa forma, permitiram que o Executivo abortasse a tramitação da proposta e perderam a principal oportunidade das duas últimas décadas para corrigir a anomalia gerada pela preservação da anacrônica separação dos campos tributários aplicados à produção e circulação de mercadorias e serviços.

A única alteração de vulto no campo do ICMS foi promovida em 1986, com a aprovação da Lei Complementar nº 87, que tratava de desonerar investimentos e exportações e avançar a substituição do regime de crédito físico, adotado por ocasião da criação do ICM, por um regime conhecido como o de crédito financeiro, mais apropriado à aplicação de um imposto sobre o valor agregado em tempos modernos. Em boa parte, a aprovação dessa lei atendeu a uma reivindicação dos estados para pacificar os conflitos com os contribuintes decorrentes da adoção do regime de substituição tributária na cobrança do ICMS, que era objeto de contestação, ao passo que as compensações oferecidas pelo governo federal serviram para obter o acordo que propiciou a aprovação das desonerações que afetavam a receita dos estados.

Todavia, alcançado o principal objetivo dos estados, os benefícios da Lei Kandir foram diluídos (caso do aproveitamento de créditos nas compras de bens de capital), postergados (caso da adoção do crédito financeiro), ou tiveram sua eficácia limitada (caso das dificuldades criadas ao aproveitamento de créditos decorrentes de exportações).

A passividade que tem presidido a atuação dos estados nos episódios em que propostas de reforma tributária são apresentadas, e recusadas, decorre de uma sensação, que creio ser generalizada, de que a preservação do ICMS é essencial para sustentar a (pouca) autonomia que os estados detêm na Federação. Não por acaso, em todos os momentos em que propostas de unificação das bases tributárias incidentes sobre mercadorias e serviços são apresentadas para instituir um só imposto nacional sobre o valor agregado (IVA) — partilhado entre os entes federados — os estados não se entusiasmam pela ideia e advogam a necessidade de preservar a competência para instituir e administrar sua parcela nesse condomínio.

A questão que precisa ser agora enfrentada é se essa atitude faz sentido em uma nova realidade na qual novos desafios, que decorrem da abertura da economia e das possibilidades que tecnologias modernas oferecem para o relacionamento econômico dos estados brasileiros com outros países e regiões, criam situações que ameaçam a preservação da coesão federativa e a recuperação do espaço que os estados vêm perdendo na nossa Federação.

A representação dos interesses estaduais no Congresso Nacional

Uma causa pouco explorada da fragilização dos estados é a que trata da representação dos interesses estaduais no Congresso Nacional. A expectativa gerada após a redemocratização e as medidas adotadas pela Constituição de 1988 para fortalecer o federalismo, com respeito à recuperação do papel que os governadores historicamente desempenharam na política nacional, o que motivou Fernando Abrúcio a defender a tese de que eles assumiriam a condição de Barões da Federação, foi atropelada pelos fatos que se sucederam.

No início da década de 1990, os estados estavam em grande dificuldade para controlar suas finanças. Com acentuados desequilíbrios orçamentários, os déficits que vinham se acumulando desde a década anterior cresciam ainda mais pelo recurso a bancos estaduais e empresas estatais para angariar novos recursos, em um processo de expansão descontrolada do endividamento. Operações de salvamento (*bail-outs*), promovidas pelo governo federal em 1985 e 1993, não foram suficientes para resolver o problema, visto que, ao contrário do pretendido, geravam incentivos perversos à luz do propósito de induzir maior responsabilidade na administração das contas fiscais (Prado, 2012).[9]

O que detonou a mudança foi a adoção do Plano Real e as medidas que o sucederam para assegurar a estabilidade macroeconômica. Com a estabilização monetária, as contas estaduais sofreram um duro golpe, pois deixaram de contar com a ajuda que a inflação dava para atenuar os desequilí-

---

[9] Não se quer dizer aqui que desequilíbrios e comportamentos pouco responsáveis no manejo das contas públicas nesse período fossem privilégio dos estados. Municípios e o governo federal também exibiam situação semelhante.

brios orçamentários, pela corrosão dos valores aplicados no pagamento do funcionalismo e de dívidas com fornecedores, aumentando os desequilíbrios.

Nesse momento, uma nova rodada de negociações sobre a dívida estadual encontrou uma situação diferente. A popularidade alcançada com o sucesso do Plano Real deu ao governo federal condições de impor regras duras para a renegociação então promovida, pela qual a absorção da dívida estadual pela União implicava na privatização de bancos e empresas mantidos pelos estados e na efetivação de um forte ajuste fiscal. Com as regras estabelecidas nos acordos de renegociação das dívidas, foram criadas as condições para o estabelecimento de um efetivo controle sobre as finanças federativas, que veio a ser posteriormente reforçado com a aprovação da Lei de Responsabilidade Fiscal.

As novas medidas adotadas em decorrência da crise econômica de 1998 para salvar o Plano Real adicionaram elementos que repercutiram negativamente na posição dos estados. A geração de grandes superávits nas contas do governo federal a partir de 1999, que se tornou necessário para sustentar a política de estabilização macroeconômica, passou a depender de sucessivos incrementos na receita das contribuições sociais, em razão da armadilha criada pela dualidade de regimes tributários instituída pela Constituição. Do ponto de vista dos estados, a principal consequência das medidas então adotadas foi a já mencionada deformação do espírito de descentralização que presidiu a participação dos governos estaduais durante os trabalhos da Constituinte.[10]

A recuperação do espaço que havia perdido nos primeiros anos de vigência da nova Constituição deu ao governo federal condições de implementar sua agenda mediante a aprova-

---

[10] A descrição desse processo é encontrada em Rezende *et al.*, 2007.

ção das medidas de seu interesse no Legislativo, contrariando as primeiras análises de cientistas políticos estrangeiros, que alertavam para as dificuldades que o país enfrentaria para manter a governabilidade em face do novo texto constitucional.

De fato, um estudo que analisou em detalhes votações de matérias importantes no legislativo no período 1998-2006 (Cheibub, Figueiredo e Limongi, 2009) mostrou que as coalizões formadas no segundo mandato de FHC e nos dois mandatos de Lula, apoiadas pelo aumento do número de Ministérios e na entrega de cargos importantes a políticos da base aliada, garantiram a aprovação das leis de interesse do governo federal. Nas votações dessas leis, as bancadas estaduais no Congresso seguiram a orientação das lideranças partidárias, mesmo que a agenda estadual divergisse da federal, que os respectivos governos estivessem nas mãos da oposição e que as matérias em votação contrariassem os interesses dos estados.

É provável que a clivagem regional que se estabeleceu no campo do federalismo fiscal brasileiro, paralelamente ao aumento da importância dos municípios, tenha contribuído para os fatos acima apontados, uma vez que negociações diretas, bilaterais ou regionais, com o governo federal poderiam dar vantagens adicionais a estados com maior dependência de recursos da União, mediante acesso a recursos extraorçamentários ou a autorização especial para contratação de empréstimos. Adicionalmente, o crescimento do papel dos municípios na gestão das políticas que compõem a agenda prioritária do governo federal na área social também poderia pesar no comportamento dos representantes estaduais, que se concentrariam no atendimento das demandas de suas bases eleitorais.

Não foi apenas a atuação do Poder Executivo dos estados que se viu tolhida pela acumulação dos efeitos dos fatos assinalados. Os legislativos estaduais foram ainda mais afetados pela extensão das normas editadas pelo governo federal nos distintos campos das políticas públicas, retirando, na prática, qualquer espaço relevante para o exercício da competência residual prevista no texto constitucional.

Embora não sejam conhecidos estudos específicos a esse respeito, a menção ao esvaziamento do papel dos legislativos estaduais não é contestada por especialistas, o que sugere uma alta possibilidade desse esvaziamento vir a ser comprovado por novos estudos. Para isso também concorre a ausência de notícias na mídia em relação à atuação desses órgãos, no que diz respeito a votações de matérias importantes para seus estados e para o país.

Uma dimensão complementar à anterior tem a ver com o exercício pelos estados da função reguladora. Na sequência das privatizações que ocorreram nos anos 1990, os estados seguiram o caminho do governo federal e criaram agências estaduais encarregadas de regular a atuação das empresas privadas que passavam a ocupar o espaço anteriormente detido por empresas controladas pelos poderes estaduais.

A ação dos estados no campo da regulação é de especial importância no caso das regiões metropolitanas, tendo em vista a necessidade de integrar e coordenar os investimentos e a prestação de serviços públicos em um território composto por várias jurisdições, mas as condições para isso não foram estabelecidas. Não por acaso, as agências metropolitanas criadas na década de 1970 para organizar o crescimento das metrópoles brasileiras praticamente desapareceram. E o esforço que tem sido feito, nos últimos anos, para recriar essas agências e dotá-las de condições de operar, não consegue superar as limitações decorrentes de um crescente relacionamento direto do governo federal com os municípios, e do fato de os governos estaduais não disporem de qualquer instrumento efetivo para conduzir e coordenar a implementação de planos de desenvolvimento metropolitano.

Conflitos, fragilização e suas consequências

Para a competitividade da economia

As consequências para a economia são conhecidas e se manifestam na ameaça que a concorrência desleal, estimulada pela guerra fiscal, recentemente ampliada com os benefícios concedidos à importação, traz para o futuro da indústria brasileira, o que vem sendo objeto de contundentes pronunciamentos das lideranças e das organizações empresariais. Também conhecidos são os problemas criados pela elevada carga tributária suportada por insumos básicos para uma economia moderna, como é o caso da energia, das telecomunicações e dos combustíveis, pelas dificuldades para desonerar investimentos e exportações. E a isso se reúne a preservação de uma regra obsoleta que divide o campo da tributação de mercadorias e serviços, para as perspectivas de o Brasil avançar no rumo de uma economia apoiada em atividades geradoras de alto valor agregado, tendo em vista a consolidação de um modelo de crescimento econômico com inclusão social e baixo impacto ambiental.

Como vimos, muitos fatores contribuíram para a perda de espaço dos estados brasileiros na federação, mas o mais importante deles foi a resistência em aceitar as mudanças necessárias no ICMS. Essa atitude contribuiu:

    a) para manter o clima de antagonismos e rivalidades que impede a formação de uma consciência coletiva, cuja importância para a recuperação do papel que o imposto estadual detinha historicamente de ser o maior e o mais importante tributo da Federação não pode ser ignorada;

b) para abrir espaço à crescente ocupação de parte de suas bases tributárias pelos demais entes federados, além de deixar de participar das bases tributárias que mais crescem em uma economia moderna;

c) para fornecer o principal combustível da guerra fiscal;

d) e, o mais importante, para evitar a sangria que vem erodindo a principal base desse imposto, por meio da redução do valor agregado à produção industrial.

Os analistas divergem com respeito ao fato de se o Brasil estaria atravessando um período de desindustrialização, conforme observou Mariano Laplane em debate que tratou desse tema.[11] Alguns acham que a situação atual corresponderia apenas à reversão de um ciclo ascendente que ocorreu no período 2004-2008. Outros creem que há um componente estrutural que gera um déficit de competitividade, que se tornou mais sério com o deslocamento para a Ásia, primeiro para a China, e em seguida para o Sudeste asiático, da produção industrial, inclusive de equipamentos, que compete nos mercados que tradicionalmente eram o destino preferencial das exportações brasileiras, passando, inclusive, a ameaçar a supremacia da indústria brasileira no mercado doméstico.

Nesse sentido, a desindustrialização se manifestaria sob a forma da incapacidade de a indústria nacional apresentar um desempenho compatível com o seu crescimento potencial, significando que ela poderia não estar aproveitando as

---

[11] A perda de participação da indústria no PIB brasileiro e do valor por ela adicionado em relação ao total do valor adicionado pela indústria mundial não seriam, segundo ele, indicadores suficientes para comprovar esse fato.

oportunidades para crescer como devia. As razões para isso estão relacionadas a três espécies de déficits de competitividade: os que decorrem do atraso tecnológico resultante de uma baixa capacidade de inovação; os que dizem respeito a uma questão de escala da produção; e os que se referem a fatores que oneram os custos industriais, como a carga tributária, o preço de insumos estratégicos (combustíveis, energia e comunicações) e as deficiências de infraestrutura.

No quesito custos, a contribuição do ICMS tem um peso importante, particularmente no que se refere a investimentos, exportações e insumos básicos. A diluição do aproveitamento de créditos de ICMS referentes à aquisição de bens de capital, as dificuldades impostas ao aproveitamento do crédito decorrente de exportações e as pesadas alíquotas aplicadas aos insumos básicos respondem por uma parcela significativa do déficit de competitividade da indústria brasileira. Além dos custos, a disposição para ampliar investimentos é afetada pela insegurança jurídica, que ganhou maior importância com a disposição do Supremo Tribunal Federal — STF — de pôr fim a anos de desrespeito às normas legais.[12]

Associado à escalada internacional da guerra fiscal, o tamanho desse déficit contribuiu para a perda de espaço da indústria brasileira nos mercados doméstico e internacional. Dados da Federação das Indústrias do Estado de São Paulo — Fiesp

---

[12] As consequências da insegurança jurídica para a realização de investimentos é uma questão que precisa ser examinada em maior profundidade. A rigor, a ilegalidade dos benefícios concedidos na fase mais recente da guerra fiscal não surgiu agora. O que mudou foi a disposição recente do STF de enfrentar a questão, ainda que não tenha impedido que investimentos recentes tenham sido feitos com base em generosos incentivos. O que, sim, poderia estar acontecendo é o aumento da participação de investimentos em projetos que geram pouco valor adicionado internamente e que poderiam ser desativados futuramente, sem grandes custos para os investidores, inclusive porque os incentivos demandados são cada vez mais generosos.

— indicam que o aumento recente do consumo de produtos industriais pelas famílias brasileiras foi atendido principalmente por importações, e que houve um grande aumento do coeficiente de importações da indústria nacional.[13] É claro que outros fatores contribuíram para esse resultado, como o câmbio e o custo do capital, mas a contribuição do ICMS não pode ser desprezada.

Nesse particular, vale a pena destacar as consequências das distorções geradas pela guerra fiscal para a competitividade da produção nacional. Novos projetos industriais, que se beneficiam de generosos incentivos concedidos pelos estados, usufruem da vantagem de poder vender seus produtos a preços mais baixos vis-à-vis os produzidos por indústrias estabelecidas há mais tempo, que não mais dispõem de condições semelhantes. Na esteira desse processo, indústrias novas tendem a expulsar as antigas do mercado, o que, mantido o padrão de expansão das novatas, contribuiria para reduzir o valor agregado à produção industrial e para enfraquecer as cadeias produtivas nacionais, minando a base de incidência do ICMS.

Não obstante os fatos apontados, o comportamento recente da receita do ICMS parece gerar a ilusão de que, apesar das distorções que esse imposto acumula e dos efeitos que gera, ele ainda é capaz de sustentar a receita estadual e de constituir um elemento importante para a preservação da autonomia tributária dos estados. Não apenas ele apresentou melhor desempenho do que os impostos federais no período que se seguiu à crise de 2008 como nos anos recentes pôde exibir um comportamento satisfatório, que, em ambos os casos, é explicado em boa parte pela exploração das novas ba-

---

[13] De janeiro de 2007 a janeiro de 2012, o volume de vendas do comércio varejista cresceu cerca de 95%, enquanto o crescimento da produção da indústria nacional foi de apenas 18%. No mesmo período, o coeficiente de importação da indústria subiu de 16% para 22%.

ses de incidência do imposto (as chamadas *blue chips*), pela expansão da substituição tributária e pela receita extraída das importações.[14]

A substituição da produção nacional por produtos importados não afeta a receita do ICMS dos estados industrializados, podendo até gerar um efeito oposto no curto prazo, pois a receita estadual se beneficia integralmente do que é arrecadado na importação e na posterior venda do produto, supondo que ambas as operações ocorram internamente. Já na venda de produtos a outros estados, a receita do estado de origem deriva apenas da aplicação da alíquota interna interestadual e, se for o caso, do crédito do imposto relativo a insumos adquiridos externamente, que às vezes não foi efetivamente recolhido. No médio e longo prazos, todavia, a substituição da produção nacional pela importação repercute nas economias estaduais via encolhimento das bases de incidência do imposto e de maiores restrições à sustentação do crescimento econômico do país.

Para a coesão federativa

A partir de meados do século passado, o processo de integração econômica do território nacional, amparado no avanço da atividade industrial, ganhou maior velocidade, como indicam os dados que apontam para um significativo incremento nos fluxos de comércio inter-regional. A participação

---

[14] Em 2012, a receita do ICMS continuou apresentando um desempenho melhor do que o da economia, o que seria parcialmente explicado pelo imposto arrecadado nas importações, tanto em função do aumento do volume quanto do valor, devido à desvalorização cambial. No texto incluído neste volume, José Roberto Afonso avalia que as importações poderiam estar contribuindo para cerca de ¼ da receita de estados que sejam ao mesmo tempo grandes produtores e consumidores de produtos industrializados.

das vendas inter-regionais no total das vendas interestaduais apresentou uma tendência firme de crescimento até meados dos anos 1980, saindo de um patamar de 18,1%, em 1943, para 44,5%, em 1961, elevando-se para 53,8%, em 1975, e mantendo a trajetória ascendente até alcançar 67,2%, em 1985. Conforme mostra o estudo de Olimpio Galvão (1999), que analisou esses dados, eles apontam para um claro processo de fortalecimento dos laços econômicos entre as regiões do país, que proporcionou a "formação de um mercado nacional virtualmente unificado".[15]

Três fatores contribuíram para o avanço do processo de integração econômica nacional: os investimentos na infraestrutura, o aprofundamento do processo de industrialização do país e a adoção de políticas de desenvolvimento regional.

No tocante à infraestrutura, cabe destacar os impactos regionais oriundos de investimentos do governo federal voltados para a implantação de uma rede adequada de logística, comunicações e energia, cujos valores superaram 5% do PIB na década de 1970 e, embora tivessem se reduzido na década seguinte, ainda se situavam na faixa de 3,6% do PIB. Entre 1950 e 1979, a capacidade nominal instalada de energia elétrica aumentou mais de 17 vezes, o número de telefones instalados cresceu 14 vezes e os quilômetros de estradas pavimentadas foram expandidos em 36 vezes. Apesar de as regiões Sul e Sudeste abrigarem grande parte desses avanços, as demais regiões também se beneficiaram dos investimentos realizados.

O efeito combinado do processo de industrialização e da política de desenvolvimento regional também foi importante para a integração econômica do território brasileiro. A atividade manufatureira propicia a formação de cadeias produti-

---

[15] Para detalhes, consultar o estudo de Candido Jr., neste volume.

vas e de conexões interindustriais que podem gerar condições favoráveis a uma integração produtiva regional, especialmente quando a ação do Estado no campo da política regional concorre para isso, fortalecendo assim a coesão federativa.

Com efeito, levantamentos realizados pela Superintendência do Desenvolvimento do Nordeste — Sudene — em 1986 mostraram que 44% das vendas da indústria incentivada tinha como destino a região Sudeste. A análise da matriz industrial da região Nordeste (Souza, 1995) adicionou novas evidências a esse respeito, ao revelar que um déficit nas relações comerciais do Nordeste com o restante do país, da ordem de 19,8% do PIB regional em 1968, transformou-se em um superávit comercial em 1983, em virtude do expressivo aumento das exportações inter-regionais proporcionadas pela indústria de bens intermediários.

A partir de meados dos anos 1980, a forte queda dos investimentos públicos decorrente da redução da capacidade financeira do Estado acarretou a deterioração na qualidade da infraestrutura. Não por acaso, observou-se, já em 1999, um recuo nos indicadores do comércio inter-regional em comparação com os índices alcançados em 1985. Dados da balança do comércio interestadual para 2005 mostram que o índice que mede a participação do comércio inter-regional no total das operações comerciais entre os estados brasileiros recuou para 62,7% em 2005 — um recuo de cinco pontos percentuais no patamar alcançado 20 anos antes. A queda de 12 pontos percentuais no comércio inter-regional do Sudeste (para 52,9 em 2005) foi a principal responsável pelo resultado. A estagnação do fluxo comercial do Sudeste com o Nordeste e o reforço de seu comércio com a região Sul poderia estar sinalizando para uma possibilidade de retorno ao padrão de relações comerciais inter-regionais vigentes na primeira metade do século passado?

As mudanças no padrão do comércio inter-regional repercutiram nas relações comerciais com o exterior. O destaque, a esse respeito, é fornecido pelo expressivo ganho de participação da região Centro-Oeste nas exportações nacionais, combinado com perdas de participação das regiões Sul e Sudeste. No Sudeste, além da perda relativa de capacidade exportadora, verifica-se uma queda substancial da importância dos produtos manufaturados acompanhada de aumento da de produtos básicos, cuja participação no total exportado por essa região atingiu 40% em 2008. A região Sul também registrou ganhos na participação de produtos básicos, porém de magnitude menos pronunciada, embora a queda na participação de produtos semimanufaturados tenha sido maior.

No caso das importações, entre 1998 e 2010 houve um aumento importante nas participações relativas das regiões Norte, Nordeste, Centro-Oeste e Sul, o que necessariamente significa uma perda de importância relativa da região Sudeste. Embora os manufaturados tenham maior peso nas importações de todas as regiões, tanto em valor quanto em volume, é importante destacar o crescimento da participação de produtos manufaturados no Nordeste, que subiu de 67% em 1998 para 82% em 2010.

Os mesmos fatores que explicaram os avanços registrados na integração econômica do território brasileiro até meados da década de 1980 explicam a interrupção desse processo e suas consequências para o acirramento dos conflitos regionais e federativos. O virtual desaparecimento da capacidade de investimento público interrompeu a trajetória de expansão e modernização da infraestrutura, ao passo que o abandono da política industrial, a privatização das estatais e o esvaziamento da política de incentivos fiscais ao desenvolvimento regional retiraram do Estado condições efetivas para conduzir um processo de desenvolvimento que desse continuidade aos ganhos observados no passado.

As dificuldades para sustentar o padrão do passado se agravaram em um novo contexto, no qual a abertura da economia e o avanço de novas tecnologias no campo da produção e circulação de mercadorias e de serviços abriram oportunidades até então inexistentes para o relacionamento econômico com o exterior, que se refletem em mudanças no processo de industrialização e no padrão do comércio exterior. A coesão federativa sofre o efeito dessas mudanças que contribuem para o acirramento dos conflitos e o clima de antagonismos que dificultam o entendimento a respeito do que precisa ser feito para solucionar a crise do federalismo brasileiro.

Para a isonomia de oportunidades sociais

Pouco exploradas são as consequências da não realização de reformas modernizadoras no federalismo fiscal para o objetivo de reduzir as disparidades sociais. Nesse particular, o problema remonta ao acúmulo de disparidades na capacidade dos estados para financiar a provisão de serviços essenciais à mobilidade social de seus cidadãos.

A magnitude dessas disparidades decorre das enormes diferenças nos valores dos orçamentos *per capita* dos estados brasileiros, que não se explicam por qualquer índice que meça as respectivas diferenças de desenvolvimento. As razões para isso foram exaustivamente exploradas em trabalhos do autor deste capítulo (Rezende, 2012). Como as garantias constitucionais criadas para os setores de educação e saúde seguiram a tradição de vincular percentuais uniformes dos orçamentos a gastos nesses setores, as disparidades no tamanho dos orçamentos em relação à população de cada estado se reproduzem na respectiva capacidade de financiamento desses serviços, de fundamental importância para o futuro das crianças e jovens que dependem dos poderes públicos para adquirirem capacidades essenciais à obtenção de empregos de qualidade.

A adoção do Fundef (Fundo de Manutenção e Desenvolvimento do Ensino Fundamental) e a ampliação promovida com sua posterior transformação no Fundeb (Fundo de Manutenção e Desenvolvimento da Educação Básica e de Valorização dos Profissionais da Educação) atenuaram as disparidades de financiamento da educação. Entretanto, tal atenuação teve efeitos limitados ao interior de cada estado, o que não solucionou a desvantagem dos habitantes dos estados desfavorecidos na repartição dos recursos orçamentários, apesar da complementação promovida pelo governo federal. Como a regra adotada no setor educação não pode ser replicada na área da saúde, as disparidades nesse caso são ainda mais difíceis de compensar.

O ponto a ser destacado é que as limitações que os conflitos impõem a reformas no federalismo fiscal fazem com que a Federação brasileira não seja capaz de atender a um princípio básico de qualquer regime dessa natureza, que se expressa na determinação de que cabe ao Estado, por meio da atuação conjunta dos entes federados, assegurar a isonomia de oportunidades sociais de todo cidadão, independentemente de seu lugar de nascimento e de moradia.

Além das diferenças de capacidade de financiamento de serviços básicos, o atendimento ao princípio de isonomia abordado no parágrafo anterior também padece da ausência de condições apropriadas para uma eficiente e eficaz gestão dos recursos. Isso ocorre devido às dificuldades de coordenar as ações realizadas por estados e municípios, à não adoção de incentivos à cooperação intergovernamental e à ausência de compromissos com a obtenção de resultados.

Para a adoção de reformas modernizadoras

Os fatos apontados acima são motivo de apreensão. Em duas décadas, as transformações na estrutura produtiva, nas relações comerciais e na repartição espacial das atividades produtivas no território brasileiro contribuíram para afrouxar os laços econômicos entre as regiões brasileiras e para gerar desequilíbrios e antagonismos que criam obstáculos à preservação da coesão federativa e ao próprio desenvolvimento do país. Em grande medida, tal resultado deve-se ao fato de que o Estado brasileiro deixou de atuar com o objetivo de evitar o ocorrido, à diferença do passado em que sua ação foi decisiva para os avanços registrados no período 1930-1980.

A omissão do Estado no campo do desenvolvimento regional coincidiu com o momento em que as relações das economias menos desenvolvidas com o exterior tendem a aumentar rapidamente. Novas tecnologias aplicadas ao setor de transportes viabilizam o intercâmbio comercial de mercadorias a longas distâncias e com baixos custos, ampliando as possibilidades de escoamento da produção regional para nossos vizinhos, assim como para os mercados de outros continentes. Ao mesmo tempo, a importação de máquinas e de insumos importantes para a modernização das empresas e o aumento de sua competitividade é facilitada. Enquanto o desenvolvimento apoiado na substituição de importações exigiu a integração do mercado doméstico, a liberalização dos fluxos financeiros e comerciais abre espaço a um maior intercâmbio com os países vizinhos, e mesmo com os situados em outros continentes, enfraquecendo os incentivos à cooperação inter-regional e criando novas ameaças à preservação da coesão federativa. A nova rodada da guerra fiscal nos portos é um exemplo recente desse problema.

A abertura e a globalização criam novos focos de tensão que tendem a acirrar os antagonismos, criando embaraços à cooperação intergovernamental. Esses focos se manifestam: a) na necessidade de serem impostos controles mais rigorosos sobre a gestão administrativa e financeira de estados e municípios e nas reações que ambos oferecem ao cerceamento de suas autonomias; b) na demanda de estados e municípios por compensações de perdas sofridas em decorrência de decisões adotadas pelo governo federal; c) no enfraquecimento dos laços de solidariedade nacional provocado pelas novas oportunidades de comércio com outros países; e d) na escalada da guerra fiscal.

Por seu turno, a repercussão dos conflitos e dos antagonismos federativos se manifesta da seguinte maneira:

a) na ausência de uma visão estratégica voltada para a recuperação da importância e do papel dos estados na federação;

b) na preservação de uma coalizão regional baseada em uma visão do passado, na falta de uma reinterpretação do problema;

c) na elevação dos interesses regionais acima dos interesses nacionais.

Na construção de uma nova estratégia, o antagonismo, que frequentemente se manifesta sob a forma de concessão individual de incentivos fiscais para a atração de indústrias, deve ceder espaço para a adoção de políticas ativas de atração de atividades econômicas modernas, conduzidas em parceria pelos entes federados, por meio de programas de investimento na infraestrutura, nos serviços urbanos, na

O FEDERALISMO BRASILEIRO EM SEU LABIRINTO

modernização tecnológica e na formação de recursos humanos, além da atenção prioritária à melhoria do ensino básico e da assistência médico-hospitalar. A indispensável cooperação intergovernamental requerida para a implementação dessa estratégia fortalecerá a coesão nacional, evitando os riscos da desagregação.

Também importante no desenho de uma nova estratégia é a percepção de uma nova realidade territorial. Nas últimas décadas, a grande expansão das fronteiras agropecuária e mineral, o processo de desconcentração industrial, os efeitos da mudança da capital para Brasília e o sistema de incentivos ao desenvolvimento regional promoveram grande diversificação produtiva e territorial no país. Embora as regiões Sudeste e Sul mantenham o maior parque industrial e a mais diversificada e integrada rede urbana, estão surgindo várias áreas modernas e dinâmicas dentro das regiões Nordeste, Norte e Centro-Oeste do país.

O resultado é um novo e diversificado mapa populacional e produtivo do país, onde já não se pode caracterizar a nítida divisão do trabalho entre o litoral e o interior nem entre as macrorregiões, mas sim a formação de um grande número de áreas produtivas dinâmicas e modernas, em setores diversificados, caracterizando um Brasil fragmentado ou vários Brasis. A essas novas tendências produtivas se combinam novas dinâmicas territoriais da população e a formação de uma densa rede urbana e metropolitana, indicando que está em curso uma nítida mudança no padrão territorial do país. Nesse contexto, urge abandonar soluções adotadas no passado e adotar uma nova estratégia de desenvolvimento regional.

A construção dessa nova estratégia esbarra na dificuldade de encontrar uma solução para pacificar o passado. É forçoso reconhecer que os benefícios fiscais concedidos nos últimos anos geraram uma nova realidade socioeconômica nas regiões em que os projetos incentivados se localizaram, o que não pode ser simplesmente apagado.

A pacificação do passado impõe o reconhecimento dessa situação, que também depende de esse reconhecimento estar associado a uma concomitante adoção de medidas para evitar que as práticas do passado se reproduzam no futuro. Convém assinalar que, em meados da década de 1970, situação semelhante foi encontrada e, mesmo em um contexto em que o governo militar dispunha de condições para impor sua vontade, a opção foi a de preservar a situação criada pela concessão de benefícios do então ICM e adotar novas regras para evitar que essa prática fosse continuada.

Como as novas regras estabelecidas na Lei Complementar nº 24, de 1975, foram sendo solenemente ignoradas, a mesma solução adotada naquele momento não forneceu a garantia necessária para o alcance de um acordo em torno da convalidação dos benefícios já concedidos. Isso depende da eliminação da principal arma utilizada na expansão da guerra fiscal, que é a permanência do diferencial de alíquotas aplicadas ao comércio inter-regional de mercadorias e serviços.

Mas a eliminação dessa arma não é suficiente. É preciso que isso seja tratado simultaneamente com a busca de respostas para a questão do que é necessário pôr no lugar dos benefícios do ICMS para sustentar os projetos que se instalaram em várias partes do país em decorrência desses incentivos. Isso é importante, pois a incapacidade de os projetos que deles se beneficiaram se sustentarem após a eliminação da principal arma da guerra fiscal acarreta um passivo fiscal de dimensões incompatíveis com a capacidade de os estados darem conta dele.

Uma possibilidade a ser considerada é a de que a sustentação dos projetos que perderem os benefícios do ICMS apoiem-

-se, posteriormente, na concessão de benefícios do PIS/Cofins a serem concedidos pelo governo federal. Além de ser uma opção para viabilizar a obtenção do acordo para pôr fim à guerra fiscal, a assunção pelo governo federal da responsabilidade pela sustentação desses projetos marcaria o início de uma retomada do papel da União no que diz respeito à adoção de medidas para reduzir as disparidades regionais.

Uma nova iniciativa do governo federal para recuperar seu papel de promotor da convergência de rendas na Federação precisa estar assentada em uma estratégia regional que tenha em devida conta a nova realidade criada após a abertura da economia. Nesse sentido, o foco dessa estratégia deve estar dirigido para a criação das condições essenciais à promoção da competitividade da produção nacional no mercado global, o que implica em investimentos na modernização da infraestrutura econômica, no apoio à inovação e à absorção de novas tecnologias, e no esforço de melhoria do padrão educacional e da qualificação da força de trabalho. Não se trata de buscar a recuperação das instituições que no passado desempenharam esse papel, como os organismos regionais de desenvolvimento, e sim na seleção de novas prioridades e instrumentos.

A ausência de uma nova estratégia para lidar com os impactos da dinâmica socioeconômica regional na Federação e as transformações por que o país passou nos últimos anos foram responsáveis pela opção adotada pelos estados de exacerbar o individualismo. Tal postura se manifestou por meio do aumento da temperatura da competição fiscal, aproveitando-se da manutenção de regras criadas no passado para lidar com uma situação completamente diferente da vigente hoje em dia.

A exacerbação do individualismo acarretou a inoperância dos mecanismos criados na década de 1970 para promover a harmonização da política tributária estadual e a articulação dos interesses coletivos dos estados na Federação brasileira, consubstanciados na figura do Confaz. A criação de um novo organismo para lidar com esse problema também faz parte do conjunto de providências que precisam ser tomadas para superar os conflitos, recuperar o equilíbrio e a coesão federativa, e reduzir as barreiras tributárias que comprometem a competitividade da economia brasileira.

Conflitos e paralisia decisória

Apesar de todas as evidências que apontam para os riscos associados à continuidade de um processo de fragilização e de perda de espaço dos estados na Federação, a percepção desse fato parece estar longe de se concretizar. Ao contrário, as movimentações que estão sendo feitas apontam para a ampliação desses riscos por meio da proposição de medidas que tendem a ampliar a clivagem regional.

Entre as novas medidas que estão sendo discutidas está a proposta de elaboração de uma nova lei complementar que retire a exigência de unanimidade para a aprovação de benefícios fiscais no âmbito do Confaz. A disposição de levar adiante essa proposta foi reforçada pela ameaça de edição de uma súmula vinculante pelo STF, que declararia inconstitucional qualquer benefício fiscal concedido à revelia da legislação vigente. Mas caso a proposta venha a ser aprovada, já há o entendimento de eminentes juristas de que ela é inconstitucional, o que irá desencadear ações imediatas que iriam engrossar a pauta federativa do Judiciário, a exemplo do que poderá acontecer no tocante ao debate sobre a repartição dos royalties do petróleo.

O corolário da dificuldade em encontrar uma saída negociada para os conflitos é a transferência para o Judiciário da responsabilidade para dirimir controvérsias, transferindo para um foro não adequado a solução de um problema cuja natureza é essencialmente política. Afinal, trata-se de pôr em debate o Estado brasileiro e o futuro da Federação, à luz dos novos desafios que o Brasil enfrenta para manter e ampliar a competitividade de seus produtos no mercado global, para preservar a estabilidade macroeconômica, para fortalecer a Federação e para reduzir as disparidades sociais e regionais. Em um contexto de acirramento de conflitos que beiram a beligerância, não há condições efetivas para que isso aconteça.

Apesar dos recorrentes conflitos que marcaram as relações entre os estados nos últimos anos, a situação vinha se mantendo sob um relativo controle, afora as ações de inconstitucionalidade impetrada no STF e as iniciativas individuais de glosar créditos tributários decorrentes de operações interestaduais com mercadorias que se beneficiaram de vantagens indevidas. Todas as tentativas de reformar o sistema tributário esbarravam na resistência dos estados em reformar o ICMS e em aceitar mudanças na tributação federal que implicassem em rever os percentuais que definem as transferências constitucionais. Em face da impossibilidade de formar uma posição conjunta, qualquer mudança nessa área ficou condicionada à transferência da conta para o governo federal, mediante a demanda de compensações.

Alguns fatos novos começaram a sacudir a letargia. O primeiro foi a extensão da guerra fiscal aos portos, que gerou forte mobilização dos setores empresariais prejudicados pelos benefícios concedidos às importações e forçou o governo federal a entrar em uma disputa da qual ele fazia questão de se manter afastado. Apesar da recente aprovação de uma Resolução do Senado que visa acabar com essa prática, o assunto parece estar longe de estar solucionado, uma vez que a aplicação das regras criadas por essa resolução implica em complexos procedimentos operacionais.

Mas o que sacudiu mesmo o marasmo foi a intervenção do STF e a cobiça que a descoberta de petróleo no pré-sal despertou. Ao destampar o caldeirão que impedia ver a inconstitucionalidade da regra de repartição do FPE adotada como provisória em 1989, mas que perdurou por mais de 20 anos, o STF pôs na mesa a necessidade de rever um dos principais elementos que compõem um regime de federalismo fiscal. Paralelamente, o STF adotou providências mais enérgicas para conter o flagrante desrespeito à lei, com o julgamento em bloco de ações de inconstitucionalidade e a proposta de adoção de uma súmula vinculante para coibir a guerra fiscal.

No tocante aos royalties, previsões otimistas quanto ao ritmo de exploração das novas descobertas e aos valores a serem gerados ecoaram nos ouvidos de governadores e prefeitos como um bálsamo para as dificuldades financeiras que enfrentam para administrar suas contas, atender a demandas de suas populações e cumprir as exigências da Lei de Responsabilidade Fiscal. Não por acaso, a disputa com respeito à repartição desses recursos ocorre em um clima dominado pela emoção, o que cria novos focos importantes de reforço dos conflitos e dos antagonismos.

Mas ao invés de esses fatos serem vistos como uma oportunidade para que os estados busquem construir uma visão estratégica dos interesses coletivos, visando recuperar seu espaço na Federação, o que se verifica é exatamente o oposto. O foco da disputa se concentra na tentativa de preservar a todo o custo uma situação que reproduza as condições vigentes, tratando, na medida do possível, de garantir alguma vantagem financeira imediata na disputa por novos recursos. É compreensível que as dificuldades financeiras estimulem posições defensivas, mas isso não deveria obscurecer a visão estratégica que se faz necessária para reverter o processo de progressiva fragilização dos estados na Federação. Cabe, agora, especular sobre os desdobramentos que podem ocorrer no futuro, caso persistam as dificuldades que impediram o avanço das propostas de reforma.

No momento, é possível vislumbrar dois cenários distintos. Um, o mais favorável, depende do desfecho das negociações em curso sobre temas que fazem parte da agenda federativa, com destaque para a guerra fiscal, o rateio do FPE e a repartição dos royalties do petróleo. Caso as negociações evoluam para a busca de um entendimento que se apoie em um tratamento conjunto dessas questões, a possibilidade de dar um passo na direção de pacificar os conflitos e reduzir os desequilíbrios federativos e, assim, abrir espaço para mudanças no ICMS que recuperem o espírito que presidiu a criação desse tributo, os prognósticos podem ser favoráveis.

Nessa hipótese, o clima de beligerância vigente poderá ser desanuviado, contribuindo para a constituição de um fórum dotado das condições políticas necessárias para construir uma agenda que vise à defesa dos interesses estratégicos dos estados. Isso é essencial para avançar na reforma do ICMS e instaurar um processo de mudanças que leve à construção de um modelo de federalismo fiscal adaptado aos novos tempos. Nessa agenda, tem lugar de destaque a criação de novas regras para a concessão de benefícios fiscais e de um novo colegiado dotado de condições efetivas para administrar os conflitos federativos e preservar a coesão dos entes federados.

Na hipótese de que as negociações a respeito dos temas em debate persistam no caminho de lidar com cada caso isoladamente, a ampliação dos desequilíbrios existentes e o acirramento dos conflitos levariam a um cenário negativo. A inviabilidade de os estados construírem uma agenda comum para defender seu espaço na federação aumentaria, com o consequente aumento da dificuldade de reverterem o processo de fragilização de seu papel na Federação brasileira, em face do fortalecimento das relações do governo federal com os municípios e a decorrente centralização do poder.

Comentários finais

Até o momento, os sinais são preocupantes. Dois anos de discussão e mais de uma dúzia de propostas apresentadas não foram suficientes para os estados firmarem um acordo em torno da revisão dos critérios de rateio do FPE, ignorando o que foi determinado pelo STF. No caso dos royalties, a inexistência de acordo ameaça levar o assunto para o Tribunal Superior, que também está às voltas com novas medidas para por fim à guerra fiscal. No entanto, como as decisões do judiciário não são capazes de resolver um conflito cuja natureza é essencialmente política, a perspectiva de que caiba a ele impor as regras não parece animadora.

Para a materialização de um cenário favorável, seria importante que o governo federal se dispusesse a conduzir as negociações sobre os itens acima mencionados, mas não se vislumbra qualquer interesse dele em assumir esse papel. Apoiado na sustentação de taxas de desemprego invejáveis, apesar do esfriamento da economia, a disposição para enfrentar uma questão que implica na administração de conflitos cuja solução pode exigir o atendimento de demandas por compensações financeiras, não se manifesta.

Nesse ambiente, a morosidade com que os assuntos são tratados reflete uma tendência comum de adiar o enfrentamento de questões polêmicas. E isso só reforça a recomendação de que os estados precisam por de lado suas divergências para construir uma agenda comum de modo a evitar a continuidade dos desgastes que vêm sofrendo.

Conforme manifestação quase unânime dos que participaram dos debates realizados sobre os assuntos abordados neste livro, o tratamento conjunto das questões federativas, com a adição da que trata da renegociação da dívida dos governos estaduais com a União, pode facilitar o avanço das negociações, tendo em vista os efeitos complementares que ajudam a equilibrar ganhos e perdas decorrentes de mudanças que se fazem necessárias em cada uma delas. Mas a inexistência na Federação brasileira de instâncias apropriadas à negociação dos interesses estaduais é mais um elemento que contribui para a dificuldade de seguir esse caminho.

A necessidade de encontrar solução para os problemas que concorrem para a fragilização da posição dos estados na Federação contrasta com a falta de apetite para elevar o nível das negociações. Para tanto, seria necessário promover reuniões periódicas dos dirigentes máximos dos estados com o objetivo de construir uma agenda que focalize os interesses comuns, com base em uma visão estratégica da sua importância para o equilíbrio federativo e o fortalecimento da democracia.

Conforme mencionado anteriormente, é provável que a clivagem regional e o ambiente de antagonismos e desconfianças construído ao longo dos anos expliquem a inapetência para instituir um processo regular de reuniões dos governadores, para debater os problemas vivenciados pelos estados e buscar soluções de médio e longo prazos para as questões expostas nesse capítulo. As evidências reunidas neste livro sugerem que está na hora de rever essa posição e buscar uma maneira de mudar de atitude.

A esse respeito, interessa registrar notícia reproduzida na *Folha de S. Paulo*, edição de 8 de junho de 2012, que mencionou a realização 50 anos atrás de uma Conferência dos Governadores, na cidade de Araxá, para debater esforços conjuntos da União e dos estados diante de questões nacionais. Há notícias de algo semelhante ter ocorrido desde então?

Referências bibliográficas

ABRÚCIO, Fernando. Os Barões da Federação. *Lua Nova*, São Paulo, n. 33, 1994.

AFONSO, José Roberto. Os estados, O ICMS e o futuro, *mimeo.*, 2012.

ALMEIDA JR., Da Silva; RESENDE, F. Distribuição espacial dos Fundos Constitucionais de Financiamento do Nordeste, Norte e Centro-Oeste. *Revista de Economia*, v. 33, n. 2, 2007.

AMANN, E.; BAER, W. Neoliberalismo e concentração de mercado no Brasil: A Emergência de uma Contradição? *Econômica*, n. 8(2), p. 269-289, 2006.

BAER, W. *A Economia Brasileira*. São Paulo: Nobel, 2002.

BIELSCHOWSKY, Ricardo. Investimento e reformas no Brasil: indústria e infraestrutura nos anos 1990. *Ipea/Cepal*, Brasília, 2002.

CHEIBUB, José Antonio; Figueiredo, Argelina; Limongi, Fernando. Political Parties as Determinantes of Legislative Behavior in Brazil's Chamber of Deputies, 1998-2006. *Latin American Politics and Society*, n. 51:1, 2009.

DE ALMEIDA; Da Silva. Comércio interestadual e infraestrutura no Brasil: uma análise do relacionamento no Brasil — Rio Branco: XLVI Encontro da Sober — Sociedade Brasileira de Economia, Administração e Sociologia Rural, 2008.

DELGADO, G. *O setor de subsistência na economia brasileira*: Gênese histórica e formas de reprodução. Brasília. Texto para discussão do Ipea, n. 1.025, 2004.

DINIZ, C. *A questão regional e as políticas governamentais no Brasil*. Belo Horizonte: Cedeplar/Face/UFMG. Texto para Discussão, n. 159, 2001.

DOLHNIKOFF, Miriam. *O Pacto Imperial*: Origens do federalismo no Brasil. São Paulo, Globo, 2005.

FERREIRA, P. C.; MALLIAGROS, T. G. Impactos produtivos da infraestrutura no Brasil -1950/95. *Pesquisa e Planejamento Econômico*, v. 28, n. 2, p. 315-338, 1999.

FURTADO, C. *Formação econômica do Brasil*. 32. ed. São Paulo: Editora Nacional, 2003.

GALVÃO, O. Comércio interestadual por vias internas e integração regional no Brasil. *RBE*, Rio de Janeiro, n. 53 (4), p. 523-558, 1999.

GOMES, Gustavo. *Competição fiscal, conflitos federativos e desigualdades regionais*: resultados, consequências e novas perspectivas. São Paulo: FGV, 2012.

IEDI. Por que a indústria é relevante para o desenvolvimento brasileiro? *Carta do Iedi*, n. 525, 2005.

JONES, B.; OLKEN, A. The Anatomy of Start-stop Growth. *Review of Economics and Statistics*, n. 90, 3, agosto, 2008.

MACEDO, F. C.; MATOS, E. O papel dos Fundos Constitucionais de Financiamento no desenvolvimento regional brasileiro. *Ensaios FEE*, v. 29, n. 2, 2008.

PACHECO, C. A. *Fragmentação da Nação*. Campinas: Editora da Unicamp, 1998.

PRADO, Sérgio. Relações intergovernamentais, conflitos federativos e o papel dos governos estaduais na Federação brasileira, *mimeo.*, 2012.

REZENDE, Fernando (coord.). *Proposta de Reforma do Sistema Tributário*. Brasília, Ipea, março 1987. Texto para discussão, n. 104.

REZENDE, Fernando. *O ICMS*: gênese, mutações, atualidade e caminhos para a recuperação. BID, 2011.

_____. *A Reforma Fiscal e a equidade social*. Rio de Janeiro: FGV, 2012.

REZENDE, Fernando; AFONSO, José Roberto. The Brazilian Federation: Facts, Challenges and Perspectives. In: Wallack, Jessica; Srinivasan, T. N. *Federalism and Economic Reforms*. Stanford University, 2000.

REZENDE, Fernando; OLIVEIRA, Fabrício; ARAÚJO, Erika. *O Dilema Fiscal*: remendar ou reformar. Rio de Janeiro, FGV, 2007.

RODRIK. The real exchange rate, and economic growth. *Brookings Paper on Economic Activity*, p. 365-439, Outono, 2008.

SILVA; Cidade. Desenvolvimento agrícola, território e sustentabilidade no Brasil. UnB: Centro de Desenvolvimento Sustentável, 2008.

SOUSA, F. A localização da indústria de transformação brasileira nas últimas três décadas. João Pessoa, PB, XXXII Encontro Nacional de Economia, *Anais*, 2004.

SOUZA, A. *Limites e possibilidades de expansão do emprego em um contexto de integração regional*: o caso do Nordeste do Brasil. Tese (Doutorado) — Instituto de Economia, Unicamp, Campinas, 1995.

SOUZA, C. *A nova geografia econômica*: três ensaios para o Brasil. Tese (Doutorado) — Cedeplar/Face, UFMG, 2007.

VARSANO, R. O sistema tributário de 1967: adequado ao Brasil de 80? *Ipea*: PPE, v. 11, n. 1, p. 203-228, 1981.

Segunda parte

Meandros do labirinto federativo

DISPARIDADES REGIONAIS, CONFLITOS FEDERATIVOS E A NOVA AGENDA DA POLÍTICA REGIONAL[1]

Gustavo Maia Gomes[2]

Muita coisa mudou, nos últimos 50 anos, do ponto de vista espacial, na economia e na sociedade brasileira: surgiram novas regiões econômicas, vazios demográficos foram ocupados, houve convergência (até 1991; pequena divergência, depois) dos PIBs *per capita* das regiões; entre os estados também houve convergência e divergência, em diferentes subperíodos; as disparidades dos PIBs *per capita* municipais diminuíram; reduziram-se as desigualdades *sociais* entre as regiões e os estados.

Apesar de parte expressiva das grandes tendências delineadas acima ter contribuído para reduzir o desequilíbrio

---

[1] Uma versão mais extensa deste capítulo foi apresentada pelo autor no seminário "Disparidades regionais, conflitos federativos e barreiras à remoção das distorções tributárias: a nova agenda da política regional" (Fundação Getulio Vargas, São Paulo, 27/03/2012). Agradeço a Fernando Rezende e aos demais participantes do encontro os comentários feitos. A presente versão foi revista em 15 de fevereiro de 2013.

[2] Consultor, Ph.D. em economia; professor da Universidade Federal de Pernambuco (1976/2009); Diretor de Estudos Regionais do Ipea (1995/2003); Diretor geral da Esaf/Ministério da Fazenda (2006). E-mail: gustavomaiagomes@gmail.com; blog: <http://gustavomaiagomes.blogspot.com.br/>.

econômico e social entre partes do território brasileiro, o problema regional continua a existir no país, pois as diferenças permanecem grandes e a velocidade da convergência, onde ela tem existido, ainda é insatisfatória. Sem falar que alguns ícones da desigualdade permanecem intactos. Para dar um único exemplo, em 1960, primeiro ano de atuação da Sudene, o Nordeste tinha um PIB *per capita* igual a 47% do brasileiro; em 2010, a relação entre os dois produtos *per capita*, do Nordeste e do Brasil, continuava a mesma: 47%.

A redução da distância foi significativa em outras áreas, como a dos indicadores sociais, mas essa constância da defasagem entre os produtos *per capita* do Nordeste e do Brasil é devastadora.

O que mudou?

Surgiram novas regiões econômicas

A tabela 1 mostra que, de 1960 a 2010, o PIB do Brasil multiplicou-se por nove. Apenas duas regiões cresceram mais do que isso: o Centro-Oeste (cujo PIB, em 2010, era 30 vezes maior que em 1960) e o Norte (16 vezes). As duas foram e, em certa medida, ainda são regiões de fronteira. Ou seja, em 1960, praticamente não existia nem gente nem produção naqueles lugares — sobretudo no Centro-Oeste. Em 2010, sim.

Para dar números: em 1960, o PIB da região Norte correspondia a 2,7% do PIB brasileiro; em 2010, essa percentagem havia se elevado para 5,0%. O salto do Centro-Oeste foi ainda mais impressionante: de 2,6% para 8,9%. Essa (assim como o movimento demográfico correspondente, reportado mais adiante) foi a grande mudança na economia regional brasileira nos últimos 50 anos.

As regiões já "maduras", no ano inicial, tiveram desempenho pior e abaixo da média do país. Isso era quase uma imposição aritmética — mas não para todas elas —, pois, se alguns elementos de um conjunto crescem mais que a média, outros, necessariamente, crescem menos. Note-se, em particular, que o desempenho do Nordeste, a região-problema por excelência, foi no período pior que o do Brasil e, em particular, o do Sudeste. Mau sinal, pois 1960 é, exatamente, o primeiro ano da Sudene e, portanto, um momento emblemático da política de desenvolvimento regional no Brasil.[3]

Tabela 1
Brasil e regiões: Variações do PIB real

	Variação total absoluta dos PIBs (número de vezes que o PIB se multiplicou, entre os anos indicados)			Variação total dos PIBs regionais em relação à variação do PIB brasileiro entre os anos indicados (Brasil = 100)		
	1960/2010	1970/2010	1980/2010	1960/2010	1970/2010	1980/2010
Norte	16,49	10,56	3,18	186,45	217,38	149,75
Nordeste	7,82	5,42	2,32	88,42	111,64	109,28
Sudeste	7,95	4,18	1,92	89,87	86,05	90,49
Sul	8,28	4,84	2,08	93,62	99,57	98,02
Centro--Oeste	30,45	10,71	3,50	344,43	220,42	164,83
BRASIL	8,84	4,86	2,12	100,00	100,00	100,00

Fonte (dados brutos): IBGE/Ipea, apud Roberto Cavalcanti de Albuquerque, 2011 (para as estimativas de 2010).

---

[3] É preciso reconhecer que as comparações entre os extremos, como 1960 e 2010, são influenciadas por fatores conjunturais. O ano de 1970, por exemplo, foi de seca no Nordeste, com a consequente oscilação para baixo do seu Produto Interno, especialmente, do produto agrícola. Ao utilizá-lo como ponto inicial de comparação, estamos, em certa medida, enviesando para cima (em relação ao número que resultaria do movimento tendencial puro) a estimativa da taxa de crescimento do Nordeste. Na análise do crescimento relativo de estados e municípios serão feitas tentativas de correção parcial desse viés.

O FEDERALISMO BRASILEIRO EM SEU LABIRINTO

Várias outras leituras podem ser feitas da tabela 1. Nos períodos 1970/2010 e 1980/2010, por exemplo, o Nordeste cresceu mais que o Brasil, juntando-se, portanto, sob esta ótica, ao Centro-Oeste e ao Norte e reforçando a tendência de redução global das desigualdades entre regiões. De qualquer forma, nessa primeira visão, a mais destacada mudança que houve, na geografia econômica brasileira, entre 1960 e 2010, foi o aparecimento de regiões (Centro-Oeste e Norte) que não existiam, economicamente, mas que passaram a ter alguma relevância, à medida que o país ia ocupando melhor seu território. A segunda mudança importante parece ter sido a tímida, mas perceptível, reação do Nordeste, a partir de 1970.

A tabela 2 traz, por outro prisma, a mesma informação da anterior: se o Centro-Oeste e o Norte cresceram mais que o Brasil, forçosamente sua participação no PIB nacional se tornou maior. Como já foi mencionado, o Norte tinha inexpressivos 2,7% do PIB brasileiro; quase dobrou (para 5%) seu peso, no meio século seguinte. O salto do Centro-Oeste (de 2,6% para 8,9%) foi ainda mais impressionante. Já o Nordeste experimentou oscilações: de ponta a ponta (ou seja, de 1960 a 2010), sua participação caiu (de 14,8% para 13,1%). Mas, entre 1970 e 1990, a região recuperou-se parcialmente.

Tabela 2
Participação das regiões no PIB real do Brasil, 1960/2010

	1960	1970	1980	1991	2000	2010
Norte	2,69	2,31	3,35	4,71	4,60	5,02
Nordeste	14,78	11,71	11,96	13,37	13,09	13,07
Sudeste	62,76	65,55	62,34	58,71	57,79	56,41
Sul	17,77	16,71	16,97	17,11	17,57	16,64
Centro-Oeste	2,57	4,02	5,38	6,10	6,95	8,87
BRASIL	100,00	100,00	100,00	100,00	100,00	100,00

Fonte (dados brutos): IBGE/Ipea, apud Roberto Cavalcanti de Albuquerque, 2011 (para as estimativas de 2010).

O Sudeste, sobretudo, e o Sul, em menor escala, regiões já maduras (em 1960) e de maior PIB do país, foram perdedoras. Isso evidencia um ponto nem sempre ressaltado: ao fazer emergir economicamente territórios que, na prática, não existiam, e ao impor perdas de velocidade de crescimento e de participação no PIB às regiões mais ricas, o desenvolvimento da economia brasileira, nos últimos 50 anos, foi, inegavelmente, de um ponto de vista da distribuição da atividade econômica pelo território, *desconcentrador*. Essa característica fica ainda mais clara a partir de 1970, com a (embora tímida e parcial) recuperação do Nordeste.

Vazios demográficos foram ocupados

Em 1960, o Brasil tinha 70 milhões de habitantes; em 2010, 190 milhões. Entre um ano e outro, a população multiplicou-se 2,7 vezes. Mas, assim como ocorreu com o PIB, esse crescimento não se distribuiu uniformemente entre as regiões, conforme pode ser visto da tabela 3. Regiões que eram vazios demográficos, em larga medida, deixaram de sê-lo. Outras, que já estavam ocupadas, viram sua população aumentar, mas em ritmo menor. Quando observado sob o prisma da distribuição da população pelo território, o Brasil ficou menos desigual nos últimos 50 anos.

Tabela 3
Brasil e regiões: Variações da população

	Variação total absoluta da população (número de vezes que a população se multiplicou, entre os anos indicados)			Variação total da população regional em relação à variação da população brasileira entre os anos indicados (Brasil = 100)		
	1960/2010	1970/2010	1980/2010	1960/2010	1970/2010	1980/2010
Norte	5,47	3,85	2,41	200,91	187,81	148,73
Nordeste	2,39	1,89	1,53	87,90	92,20	94,61
Sudeste	2,62	2,02	1,56	96,37	98,45	96,38
Sul	2,33	1,66	1,44	85,60	81,06	89,29

continua

O FEDERALISMO BRASILEIRO EM SEU LABIRINTO

	Variação total absoluta da população (número de vezes que a população se multiplicou, entre os anos indicados)			Variação total da população regional em relação à variação da população brasileira entre os anos indicados (Brasil = 100)		
	1960/2010	1970/2010	1980/2010	1960/2010	1970/2010	1980/2010
Centro--Oeste	5,40	3,09	2,29	198,33	150,81	141,47
BRASIL	2,72	2,05	1,62	100,00	100,00	100,00

Fonte (dados brutos): IBGE/Ipea, apud Roberto Cavalcanti de Albuquerque, 2011.

Nessas cinco décadas, as populações do Norte e do Centro-Oeste cresceram duas vezes mais rápido que a brasileira. As três outras regiões (sobretudo o Sul e o Nordeste) perderam a corrida, registrando crescimento demográfico mais lento, abaixo da média nacional. O mesmo padrão permaneceu válido nos dois outros períodos estudados (1970/2010 e 1980/2010), sendo observado, entretanto, que o crescimento da população nordestina fica mais próximo da média nacional à medida que o ano inicial do período considerado se aproxima do presente.

Tabela 4

Participação das regiões na população brasileira, 1960/2010

	1960	1970	1980	1991	2000	2010
Norte	4,14	4,43	5,59	6,83	7,60	8,32
Nordeste	31,66	30,18	29,41	28,94	28,12	27,83
Sudeste	43,71	42,79	43,71	42,73	42,65	42,13
Sul	16,77	17,71	16,08	15,07	14,79	14,36
Centro-Oeste	3,72	4,89	5,21	6,42	6,85	7,37
BRASIL	100,00	100,00	100,00	100,00	100,00	100,00

Fonte (dados brutos): IBGE/Ipea, apud Roberto Cavalcanti de Albuquerque, 2011.

Por caminhos diversos, portanto, as estatísticas de produto e de população contam a mesma história, como pode ser mostrado, também, com a ajuda da tabela 4, acima. O Norte tinha 2,9 milhões de habitantes (4,1% da população brasileira) em 1960; passou a ter 15,9 milhões, em 2010 (8,3% do total do país); o Centro-Oeste, partindo de uma base ainda mais baixa (2,6 milhões; 3,7% da população brasileira, em 1960) alcançou 14,1 milhões (7,4%), 50 anos depois. Enquanto isso, as regiões mais antigas e de maior densidade demográfica (Nordeste, Sul e Sudeste) perderam habitantes, em termos relativos.

É claro que, subjacente a isso, houve fortes movimentos migratórios. De um ponto de vista de simples densidade demográfica, esse movimento conduziu a uma distribuição nacionalmente menos desequilibrada da população, relativamente à que prevaleceria se todas as pessoas nascidas em uma região nela permanecessem. De um ponto de vista econômico, também, a tendência é que as migrações reduzam as disparidades regionais de renda e produto por habitante. Pois os homens e mulheres "votam com os pés" quando percebem que há oportunidades de ganhos maiores em outras regiões do que naquelas em que nasceram. Ao saírem, reduzem a oferta de trabalho do local que estão abandonando, fazendo os salários subirem ali onde são mais baixos; ao chegarem a seus novos destinos, fazem o inverso, contribuindo para reduzir os salários nas regiões onde eles são mais altos.

Houve convergência dos PIBs per capita regionais, até 1991; e pequena divergência depois

Os resultados quanto à convergência (ou não) dos PIBs *per capita* das grandes regiões variam de acordo com o período analisado, mas, de forma geral, indicam convergência, até 1991, e quase estabilidade das diferenças (com leve acréscimo), desde então. As tabelas 5 e 6 e a figura 1 contêm os dados.

O Centro-Oeste, como se deveria esperar, viu seu Produto por habitante multiplicar-se por 5,9, quase duas vezes mais do que o do Brasil (3,3). Um passo no sentido da convergência. Mas o Norte caminhou no sentido oposto e, enquanto o Nordeste manteve sua posição relativa (ou seja, não ajudou a piorar nem a melhorar a desigualdade), o PIB *per capita* do Sul, uma região relativamente rica, em 1960, cresceu mais do que o mesmo indicador para o Brasil como um todo (ou seja: contribuiu para o aumento da disparidade). De todo modo, a relação entre os PIBs *per capita* mais baixo (Nordeste) e mais alto (Sudeste) era 32,5%, em 1960, e havia chegado a 35,4%, em 2010, indicando uma redução, embora mínima, da desigualdade, sob esse aspecto específico.

Tabela 5
Brasil e regiões: Variações do PIB *per capita*

	Variação total do PIB *per capita* (número de vezes que o PIB se multiplicou, entre os anos indicados)			Variação total do PIB *per capita* regional em relação à variação do PIB per capita brasileiro entre os anos indicados (Brasil = 100)		
	1960/2010	1970/2010	1980/2010	1960/2010	1970/2010	1980/2010
Norte	3,06	2,79	1,34	94,33	117,66	101,80
Nordeste	3,28	2,88	1,52	100,90	121,49	115,23
Sudeste	3,01	2,06	1,22	92,63	86,80	92,74
Sul	3,54	2,90	1,43	108,85	122,22	108,65
Centro--Oeste	5,85	3,60	1,59	180,23	151,70	120,26
BRASIL	3,25	2,37	1,32	100,00	100,00	100,00

Fonte (dados brutos): IBGE/Ipea, *apud* Roberto Cavalcanti de Albuquerque, 2011 (para 2010, estimativas de RCA).

Para os anos entre 1970 e 2010 e entre 1980 e 2010, entretanto, há maior coerência de movimentos. Todas as regiões, exceto a Sudeste, experimentaram crescimento do PIB per capita acima da média nacional. Os resultados para o Nordeste, a esse respeito, são expressivos. Muito mais (sobretudo entre 1980 e 2010) que os do Norte que, entretanto, também cresceu, neste indicador, mais que o Brasil. O único desvio em relação ao movimento geral de redução das desigualdades em PIBs *per capita* ocorreu no Sul, cujo produto por habitante continuou a se expandir mais rapidamente que o do Brasil como um todo.

Tabela 6
Relação percentual entre o PIB *per capita* das regiões
e o PIB *per capita* brasileiro, 1960/2010

	1960	1970	1980	1991	2000	2010
Norte	65,03	52,14	60,26	68,98	60,53	61,34
Nordeste	46,69	38,78	40,88	46,19	46,55	47,11
Sudeste	143,57	153,20	143,40	137,39	135,49	132,98
Sul	105,96	94,37	106,15	113,52	118,84	115,34
Centro-Oeste	69,27	82,31	103,82	95,04	101,42	124,86
BRASIL	100,00	100,00	100,00	100,00	100,00	100,00

Fonte (dados brutos): IBGE/Ipea, *apud* Roberto Cavalcanti de Albuquerque, 2011 (para 2010, estimativas de RCA).

Entre 2000 e 2010 (pelo que se pode inferir da tabela 6), os movimentos do PIB *per capita* foram no sentido da leve redução das desigualdades entre o conjunto das regiões mais "pobres" (Norte, Nordeste e Centro-Oeste) e mais "ricas" (Sul e Sudeste).

Uma análise um pouco mais precisa (mas não a ponto de se tornar enganosa) pode ser feita com base nos valores do coeficiente de variação dos produtos regionais por habitante. O gráfico 1 resume os fatos, indicando um forte aumento da desigualdade inter-regional de 1960 a 1970, seguido de intensa redução (1970/91) e relativa estabilidade, ou um pequeno aumento da desigualdade, a partir daí. De ponta a ponta (1960 a 2010), houve leve redução das disparidades inter-regionais de produtos *per capita*.[4]

Gráfico 1
Coeficientes de variação dos PIBs *per capita*
das Grandes Regiões, 1960/2010

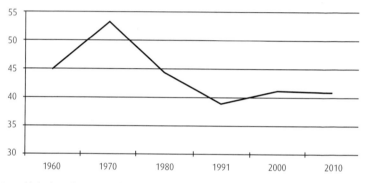

Fonte (dados brutos): IBGE, Ipeadata.

Entre os estados, aconteceram convergências e divergências

As participações dos PIBs estaduais no PIB brasileiro, nos anos de 1960, 1970, 1980, 1990, 2000 e 2009, estão relatadas na tabela 7, a seguir. Um exercício derivado dos mesmos dados (e apresentado na tabela 8) mostra as variações da participação de cada estado no PIB brasileiro. Para reduzir

---

[4] O coeficiente de variação, um número adimensional, é uma medida de dispersão definida pela fórmula CV = 100 (s/m), em que "s" é o desvio-padrão e "m" a média de um conjunto de valores.

a influência de fatores conjunturais (1970, por exemplo, foi um ano de grande seca no Nordeste, com a correspondente perda de produto; 1980 foi um ano de falsa euforia no Brasil; 2009 foi um ano de crise), a comparação da tabela 8 foi feita entre a participação média de 2000 e 2008 e a mesma participação média nos anos de 1970 e 1980.

Para os fins que interessam diretamente ao presente trabalho, importa ressaltar que a Unidade da Federação que mais ganhou participação no PIB, entre os dois períodos, foi o Distrito Federal — o que não constitui surpresa. A que mais perdeu foi o Rio de Janeiro. Tomando como ponto de partida a importância relativa destas duas unidades federadas no PIB brasileiro em 1970/80, a participação do Distrito Federal, em 2000/08, havia se multiplicado por quase cinco, comparativamente à do Rio de Janeiro.

Tabela 7
Relação percentual entre o PIB dos estados
e o PIB brasileiro, 1960/2010

	per capita	1970	. 1980	1990	2000	2009
Norte	2,23	2,16	3,17	4,78	4,38	4,59
Acre	-	0,13	0,12	0,14	0,15	0,23
Amazonas	0,85	0,69	1,11	1,82	1,71	1,53
Amapá	-	0,11	0,08	0,16	0,18	0,23
Pará	1,38	1,10	1,55	2,06	1,72	1,80
Rondônia	-	0,10	0,27	0,49	0,51	0,62
Roraima	-	0,03	0,04	0,11	0,10	0,17
Tocantins	-	-	0,17	0,16	0,22	0,45
Nordeste	14,78	11,71	11,96	12,86	13,09	13,51
Alagoas	0,81	0,68	0,66	0,71	0,64	0,66
Bahia	4,23	3,80	4,33	4,49	4,38	4,23

continua

O FEDERALISMO BRASILEIRO EM SEU LABIRINTO

	per capita	1970	1980	1990	2000	2009
Ceará	1,96	1,44	1,54	1,62	1,89	2,03
Maranhão	1,10	0,82	0,84	0,80	0,84	1,23
Paraíba	1,42	0,71	0,65	0,85	0,84	0,89
Pernambuco	3,47	2,91	2,53	2,66	2,64	2,42
Piauí	0,41	0,37	0,38	0,45	0,48	0,59
Rio G. do Norte	0,89	0,54	0,63	0,72	0,84	0,86
Sergipe	0,49	0,43	0,39	0,57	0,54	0,61
Sudeste	**62,76**	**65,55**	**62,34**	**58,83**	**57,79**	**55,32**
Espírito Santo	1,05	1,18	1,47	1,66	1,96	2,06
Minas Gerais	9,97	8,28	9,42	9,29	9,64	8,86
Rio de Janeiro	17,04	16,67	13,73	10,86	12,52	10,92
São Paulo	34,71	39,43	37,71	37,02	33,67	33,47
Sul	**17,77**	**16,71**	**16,97**	**18,21**	**17,57**	**16,54**
Paraná	6,41	5,43	5,76	6,35	5,99	5,87
Rio G. do Sul	8,78	8,60	7,93	8,13	7,73	6,66
Santa Catarina	2,59	2,68	3,29	3,73	3,85	4,01
Centro-Oeste	**2,46**	**3,87**	**5,39**	**5,16**	**6,95**	**9,59**
Distrito Federal	0,04	1,26	1,99	1,61	2,69	4,06
Goiás	1,41	1,52	1,70	1,75	1,97	2,64
Mato G. do Sul	-	-	1,09	0,96	1,08	1,12
Mato Grosso	1,01	1,09	0,61	0,83	1,22	1,77

Fonte (dados brutos): IBGE/Ipea, Ipeadata (os dados dos PIBs do Brasil e das regiões foram obtidos pela soma dos dados dos PIBs estaduais e podem diferir das estimativas apresentadas anteriormente).

Os dados mostram que houve movimentos intensos nas participações dos estados no PIB nacional. Com base nos resultados resumidos na tabela 8, foram ganhadores os estados do Amazonas, Espírito Santo, Pará, Santa Catarina, Goiás, Sergipe, Piauí, Bahia, Rio Grande do Norte, Paraná, Minas Gerais e Ceará, além, naturalmente, do Distrito Federal. Tiveram perdas de participação os estados de Mato Grosso, São Paulo, Rio Grande do Sul, Alagoas, Maranhão, Pernambuco, Paraíba e Rio de Janeiro.

Tabela 8
Variação da participação do PIB estadual no PIB brasileiro

	Indicador de Variação (média 2000/2008 em relação à média de 1970/1980) x 100
Distrito Federal	330,77
Amazonas	229,22
Espírito Santo	162,33
Pará	152,42
Santa Catarina	143,83
Goiás	126,96
Sergipe	120,65
Piauí	119,23
Bahia	110,46
Rio G. do Norte	109,09
Paraná	104,22
Minas Gerais	103,73
Ceará	103,24
Mato Grosso	97,62
São Paulo	95,35
Rio G. do Sul	91,25
Alagoas	90,60
Maranhão	85,42
Pernambuco	83,07
Paraíba	79,34
Rio de Janeiro	69,36

Fonte (dados brutos): IBGE/Ipea, Ipeadata.

Outra forma de apreciar o mesmo fenômeno é comparar as taxas de crescimento dos PIBs estaduais em diferentes períodos, como é feito na tabela 9. O cálculo das taxas de crescimento, usando mínimos quadrados (nos logaritmos das variáveis), atenua o problema de anos atípicos e permite usar a série mais longa. Com uma ou outra exceção (o caso mais notável parece ser o de Mato Grosso, que tem uma altíssima taxa de crescimento calculada pelo método da regressão, mas aparece entre os estados perdedores, na comparação das participações médias), os resultados das tabelas 7, 8 e 9 são coerentes. Em um sentido importante, eles se reforçam mutuamente: na comprovação empírica de grandes disparidades nas taxas de crescimento (e, consequentemente, na variação das participações) dos PIBs estaduais.

Tabela 9
Estados, Distrito Federal e regiões: Variações anuais do PIB real (%)
(Diferentes períodos entre 1960 e 2009)

	1990/2009	1980/2009	1970/2009	1960/2009
Acre	7,4	5,1	5,6	-
Alagoas	3,8	1,0	1,1	3,7
Amazonas	3,3	0,8	2,3	7,8
Amapá	5,9	4,1	7,4	-
Bahia	3,6	0,9	0,9	3,6
Ceará	2,7	3,1	2,7	4,4
Distrito Federal	7,8	9,7	4,8	7,3
Espírito Santo	5,2	3,7	3,4	4,9
Goiás	6,5	4,5	2,9	4,4
Maranhão	7,9	5,6	3,2	4,7
Minas Gerais	2,6	2,0	1,1	3,7
Mato Grosso do Sul	3,6	3,5	-	-
Mato Grosso	7,6	6,7	8,8	7,6
Pará	3,5	2,4	2,4	5,9
Paraíba	4,7	2,9	2,3	4,6
Pernambuco	2,1	1,5	1,1	3,0
Piauí	5,3	4,1	3,0	4,8
Paraná	4,2	2,4	0,8	3,6

continua

	1990/2009	1980/2009	1970/2009	1960/2009
Rio de Janeiro	2,7	2,7	0,8	2,6
Rio Grande do Norte	4,5	2,7	2,1	4,7
Rondônia	7,6	2,0	4,0	-
Roraima	15,1	4,9	6,4	-
Rio Grande do Sul	1,3	1,3	0,6	2,9
Santa Catarina	4,8	3,1	2,0	5,0
Sergipe	4,0	(0,6)	2,4	4,9
São Paulo	3,7	2,0	0,7	3,1
Tocantins	11,6	-	-	-

Fonte (dados brutos): IBGE/Ipea, Ipeadata (as taxas de crescimento foram calculadas pelo ajustamento de mínimos quadrados dos logaritmos dos produtos).

Gráfico 2
Estados e Distrito Federal: Taxas médias anuais
de crescimento do PIB
(1960/2009)

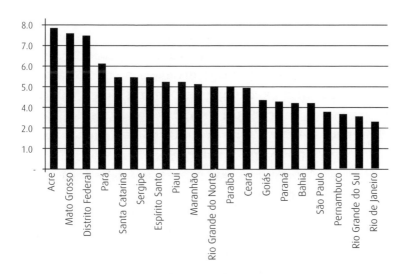

Gráfico 3
Estados e Distrito Federal: Taxas médias anuais de crescimento do PIB
(1990/2009)

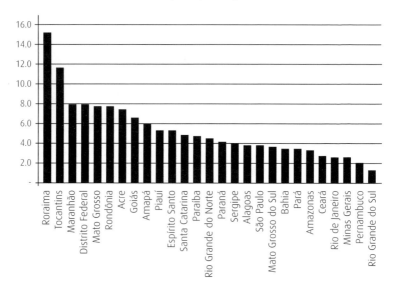

À luz das evidências já coletadas, a história das disparidades entre os PIBs *per capita* estaduais conta-se, resumidamente, da seguinte forma: a divergência entre os produtos por habitante aumentou muito, entre 1960 e 1980; caiu abruptamente, entre 1980 e 1911; e voltou a crescer (porém muito pouco), entre 1991 e 2010. De ponta a ponta, houve um pequeno crescimento da divergência.

O gráfico 4 forneceu a base para as considerações acima.

É interessante assinalar um contraste revelado pela comparação das figuras 1 e 4: entre 1970 e 1980, a desigualdade diminuiu entre as regiões, mas aumentou entre os estados. Nos subperíodos explicitados nos dois gráficos, este é o único exemplo de clara divergência entre as mudanças na desigualdade entre PIBs *per capita* regionais e estaduais.

Gráfico 4
Coeficientes de variação dos PIBs *per capita* dos estados, 1960/2010

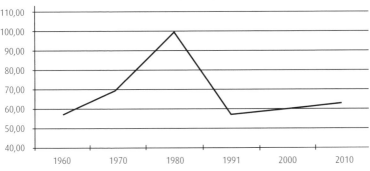

Fonte (dados brutos): IBGE/Ipea, Ipeadata.

As disparidades entre os PIBs *per capita* municipais diminuíram

Se medidas pelo comportamento do coeficiente de variação, as disparidades de PIB *per capita* entre os municípios brasileiros se reduziram de forma mais ou menos contínua, entre 1960 e 2010. Pequenas oscilações para mais, ocorridas de 1970 para 1980 e de 1996 para 2000, não alteram este quadro.

O gráfico 5 traça o gráfico no tempo do coeficiente de variação dos PIBs municipais. Ele contém duas estimativas. Uma abrange 2.760 municípios, para os quais os dados de população e de produto estiveram disponíveis em todos os anos da série (deve ser lembrado que muitos municípios atuais não existiam em 1960). A outra curva, com 4.972 municípios, cobre apenas os anos de 1996, 2000 e 2010. Os resultados de ambas, no período em que elas se sobrepõem, divergem muito pouco. As duas estimativas dos coeficientes de variação para os anos 2000 e 2010, por exemplo, confirmam a acentuada queda nas disparidades dos produtos municipais por habitante que ocorreu entre esses dois anos.

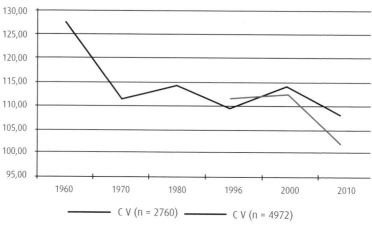

Gráfico 5
Coeficientes de variação dos PIBs *per capita* dos municípios, 1960/2010

C V (n = 2760) —— C V (n = 4972)

Fonte (dados brutos): IBGE/Ipea, Ipeadata.

Mais um contraste a assinalar: entre 2000 e 2010, a disparidade dos PIBs *per capita* se reduziu entre municípios, mas aumentou entre estados.

Reduziram-se as disparidades sociais entre as regiões e entre os estados

Os gráficos 6 e 7 contam exatamente a mesma história e quase com os mesmos valores: quando medidas pelo IDH-2 (o Índice de Desenvolvimento Humano das Nações Unidas, aplicado a estados e regiões), as disparidades *sociais* entre as regiões e os estados brasileiros diminuíram sistemática e acentuadamente, nos últimos 50 anos, e em qualquer dos subperíodos analisados.[5]

---

[5] O que Roberto Cavalcanti de Albuquerque chama IDH-2 é o mesmo IDH criado pelo PNUD-ONU, quando aplicado aos estados e regiões. Combina as

Embora os dados não sejam reproduzidos aqui, a convergência social entre regiões e estados se processou não apenas no indicador agregado (o IDH), mas também em seus componentes saúde e educação. Roberto Cavalcanti de Albuquerque, autor de um extensivo trabalho sobre o tema, comprovou isso. A despeito de o período analisado começar em 1940, as suas conclusões valem para os últimos 50 anos. Citando:

> Em 1940, a esperança de vida do Rio Grande do Norte, de 34 anos, era 18 anos menor que a do Rio Grande do Sul, de 52 anos. A distância dos indicadores desses estados em relação ao país (43 anos) era de nove anos; para menos, no primeiro caso; para mais, no segundo. Setenta anos depois, em 2010, esse mesmo indicador para o Rio Grande do Norte mais do que duplicou, indo para 72 anos, sendo apenas quatro anos menor que o do Rio Grande do Sul (...). Tanto um quanto o outro indicador aproximaram-se da média brasileira de 2010 (74 anos) (Albuquerque, 2011, p. 63).

Conclui o mesmo autor, depois de citar outros dados em apoio à sua tese:

> Houve, pois, expressiva convergência inter-regional e interestadual das expectativas médias de vida (Ibid., p. 63).

---

dimensões saúde (esperança de vida ao nascer); educação (taxa de alfabetização) e renda (o PIB *per capita*).

Gráfico 6
Coeficientes de variação dos IDH-2 das Grandes Regiões, 1960/2010

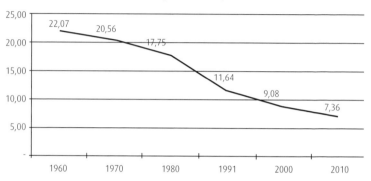

Gráfico 7
Coeficientes de variação dos IDH-2 dos estados, 1960/2010

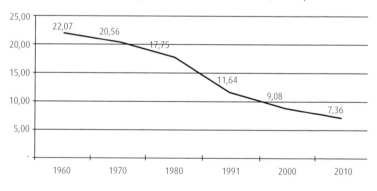

Fonte (dados brutos): IBGE; elaboração dos IDH-2 de Roberto Cavalcanti de Albuquerque.

E, em relação ao componente educação:

Em 1940, a maior taxa estadual de alfabetização da população de 15 anos ou mais, a do Rio de Janeiro, de 65%, superava em 43 pontos percentuais a menor delas, de Alagoas, que foi de 22%. Em 2010, a taxa mais alta, a do Distrito Federal (96%), ultrapassava em 21 pontos a mais baixa, ainda a de Alagoas (75%) (Ibid., p. 63).

Amparado em suas estimativas dos coeficientes de variação para as taxas de analfabetismo, Cavalcanti de Albuquerque conclui que houve:

tendência generalizada de redução das disparidades espaciais [em educação], quando medidas por esse indicador (Ibid., p. 64).

Deve ser notado que essas mesmas conclusões — apontando para uma convergência social entre as regiões e os estados — se confirmaram após uma análise mais detalhada por ele feita, no mesmo livro, sintetizada no que o autor citado chama de IDS (Índice de Desenvolvimento Social).

Por que mudou?

Esta seção é, inevitavelmente, mais especulativa do que a anterior, e as afirmações nela feitas devem ser consideradas hipóteses a serem discutidas, em vez de conclusões definitivas. Estas talvez nunca venham a existir, pois não apenas é difícil identificar os componentes que interagem em processos econômico-sociais complexos, mas, sobretudo, existe o problema ainda maior de se atribuir pesos a cada um deles na explicação do resultado observado, por exemplo, a redução das disparidades de PIB *per capita* entre as regiões. De qualquer modo, não podemos viver sem explicações. Portanto, proponho as minhas.

Política regional, outras políticas públicas e as pressões do mercado

De 1960 ao presente, o governo brasileiro teve políticas regionais de desenvolvimento explícitas e contínuas apenas para o Nordeste e, em menor grau, para a Amazônia. Teve e ainda tem, a menos que definamos o conceito de uma forma muito rígida. Isso se demonstra, em primeiro lugar, pela ininterrupta existência de órgãos (Sudene/Adene/Sudene, BNB; DNOCS, Codevasf; Sudam/ADA/Sudam, Suframa, Basa) (há um glossário de siglas no fim do volume) que, sendo formuladores e executores de políticas e programas de desenvolvimento, têm atuação exclusiva em uma das duas regiões. E, em segundo lugar, pela mais ou menos contínua existência de instrumentos de política também regionalmente exclusivos, como o Finor, FDNE, FNE; o Finam, FDA, FNO e os incentivos fiscais da Suframa.[6]

Até que ponto essa política regional e outros fatores tiveram a ver com as principais mudanças experimentadas pelas regiões, estados e municípios no último meio século, conforme resenhadas acima? Alguns resultados parecem mais fáceis de explicar do que outros. O quadro 1 resume as hipóteses propostas, que se expõem em maior detalhe mais adiante no texto.

---

[6] Houve e há instituições federais com atuação em outras regiões e de instrumentos específicos que só podem ser acionados em determinadas áreas. Um exemplo atual é o FCO, mas, no passado, existiram a Sudeco (recentemente recriada) e a Sudesul. No Centro-Oeste, foram importantes o Polocentro, criado em 1975, e o Prodecer, que começou a funcionar em 1978. Além disso, no presente, o Ministério da Integração executa a chamada Política Nacional de Desenvolvimento Regional, com ações em todas as regiões do país. Mas, como o leitor, provavelmente, concordará, nada disso teve jamais, ou tem, hoje, magnitude e continuidade suficientes para caracterizar a existência de uma política de desenvolvimento de regiões outras que não o Norte e o Nordeste.

Quadro 1
As grandes mudanças regionais e suas possíveis causas, 1960/2010

Mudança	Influência da política regional explícita	Outras explicações, complementares ou substitutas
Novas regiões foram criadas; vazios demográficos foram ocupados.	Muito pequena, no Centro-Oeste; significativa, na Amazônia em geral; grande em Manaus.	Construção e consolidação de Brasília; expansão da soja; construção de estradas; colonização dirigida; extração de minérios.
Houve convergência até 1991 e pequena divergência, depois, dos PIBs *per capita* das regiões. Média, até 1980, mas suplementada por outros fatores; reduzida no período seguinte.		Consolidação de Brasília; expansão da soja; crises econômicas; abertura comercial e globalização.
Entre os estados, aconteceu convergência e divergência.	Nenhuma.	Guerra fiscal; abertura comercial e globalização.
As disparidades entre os PIBs *per capita* municipais diminuíram.	Nenhuma.	Expansão da fronteira agrícola; deslocamento de parte da indústria para o interior; aumento da participação do governo, sobretudo nos pequenos municípios.
As disparidades sociais entre as regiões e os estados ficaram menores.	Nenhuma.	Efeitos positivos do crescimento econômico; políticas públicas explícitas, nacionais, de educação e saúde.

Obs.: As "grandes mudanças" são aquelas relacionadas no início do capítulo.

Brasília, soja, Suframa, minérios: a invenção de novas regiões

O maior êxito da política regional brasileira ocorreu no Centro-Oeste, região para a qual não havia nenhuma, ou havia muito pouca, política regional. Para dizê-lo de forma menos paradoxal, o evento político mais importante que influenciou a mutável geografia econômica brasileira nas cinco décadas desde 1960 foi a construção de Brasília, com tudo aquilo que a ela se associou: a abertura de estradas ligando a futura cidade às demais regiões; a transferência de quantidade significativa e sempre crescente de funcionários públicos para a nova capital; a atração para a cidade de um enorme contingente de pessoas de alto poder aquisitivo — moradores ou visitantes — interessadas em defender seus interesses junto ao governo federal.

Brasília não foi parte de uma política regional, no sentido clássico da expressão. Ou seja, não se pensou, precipuamente, em construir infraestrutura e subsidiar o capital privado para promover o desenvolvimento econômico da região. Aquilo tinha a ver com a "marcha para o Oeste", com a "integração nacional", com a ocupação de partes do território brasileiro que ainda se achavam, em meados do século XX, praticamente, despovoadas. A mesma ideia, embora, neste caso, mesclada com a política regional clássica, guiou, nos anos 1970, o esforço para ocupar a Amazônia. Isso não era o mesmo que tentar promover o desenvolvimento de uma região — como foi o caso, por excelência, da política para o Nordeste — onde já havia gente, mas cuja economia tinha um desempenho muito abaixo da de outras partes do país.

Nem tudo se resume a Brasília, claro. A outra parte da história do sucesso do Centro-Oeste é contada, sobretudo, pelo desbravamento dos cerrados com a cultura da soja. Aqui, houve a influência da política de desenvolvimento regional (efêmera, mas existente, durante uns poucos anos), representada pelo Polocentro e o Prodecer. De qualquer modo, considerando que o Centro-Oeste foi a região brasileira que mais cresceu, economicamente, de 1960 a 2010, e que o PIB do Distrito Federal responde (ainda hoje) por 43% do PIB do Centro-Oeste, a identificação da construção de Brasília como o principal fator explicativo do crescimento parece incontroversa.

Já o povoamento e a expansão econômica da outra região "inventada" (nesse caso, seria melhor dizer, "reinventada") desde a segunda metade do século passado têm relação mais direta com a política explícita de desenvolvimento regional. Nesse sentido, Luiz Antonio Oliveira identificou quatro grandes eixos de ocupação recente da Amazônia, três dos quais são resultados diretos da ação governamental com fins explícitos de promover o desenvolvimento econômico: a Zona Franca de Manaus; o polo mineral de Carajás (comandado pela Vale do Rio Doce, empresa estatal antecessora da atual quase-privada Vale), com área de influência abrangendo as cidades de São Luís, Marabá e Belém, e os projetos de colonização baseados na pequena produção agrícola, especialmente, no Acre e Rondônia (Oliveira, 1996, *apud* Moura e Moreira, 2001).

O quarto eixo, menos dependente da ação governamental explícita e mais reflexo dos estímulos do mercado, é um prolongamento da expansão da soja no Centro-Oeste. Na Amazônia, esse eixo penetra pelo sul do Pará e sul do Maranhão e por áreas de Rondônia, Acre e Amazonas. Conforme Hélio Moura e Morvan Moreira (2001, seção 1):

> [...] a partir dos anos 1980, quando se instala a crise financeira do estado brasileiro e as políticas públicas passam a perder espaço, força e rigidez, a ocupação da região Norte passa a se reger, fundamentalmente, pela lógica do mercado. Abre-se um vácuo no processo de desenvolvimento regional.

Com a superação da crise dos anos 1980, especialmente depois da estabilização promovida pelo Plano Real, o crescimento econômico do Norte iria sofrer um abalo com a abertura da economia (que, entre outras coisas, reduziu a importância dos incentivos fiscais à importação usufruídos pelo polo industrial localizado na capital do Amazonas, já no início dos anos 1990). Esse abalo, apesar da recuperação parcial de Manaus, não foi inteiramente superado, nem mesmo com a ajuda do surto de prosperidade mineral provocada pelo aumento internacional dos preços.

Regiões, estados e municípios: explicações difíceis

A invenção do Centro-Oeste e do Norte contribuiu para reduzir as disparidades regionais na distribuição da atividade econômica no Brasil. Portanto, Brasília, as estradas a ela associadas, a soja e os minérios são parte da explicação para as mudanças que ocorreram nessas disparidades. Outros fatores, que atuaram com pesos variáveis em diferentes épocas, incluem os gastos públicos no Nordeste, em reação à seca de 1979/83, e os impactos regionalmente diferenciados das crises econômicas (1981/83; 1990/92) e da globalização dos anos 1990.

Em termos relativos, o Nordeste passou menos mal do que poderia pela recessão de 1981/83. Por um lado, a crise atingiu com maior força a indústria e, portanto, teve impacto maior no Sudeste; por outro, e de maneira ainda mais importante, os gastos públicos associados ao combate aos efeitos da seca (que incluíram a expansão do investimento público, em direto contraste com o que estava acontecendo no país como um todo) impediram a queda do PIB nordestino, naqueles anos, contribuindo, portanto, para a redução das disparidades regionais no Brasil como um todo.[7]

---

[7] Os impactos regionais diferenciados da crise do início dos anos 1980 foram estudados em Gomes, Osório e Irmão (1986, p. 261-282). As políticas públicas que garantiram o crescimento do Nordeste em meio à dupla crise (recessão nacional e seca na região) estão explicadas em Gomes (1987).

O início dos anos 1990 presenciou outra crise, diretamente relacionada com a hiperinflação e a abertura da economia. Nesse período, a política regional foi enfraquecida pelo esvaziamento das instituições (da Sudene e da Sudam, especialmente) e dos incentivos fiscais, estes submetidos à intensa crítica. Esse pode ter sido o principal fator, entre os muitos que atuaram no processo, responsável pelo leve incremento da disparidade de PIBs *per capita* entre as regiões, observada a partir de 1991.

No caso dos estados, cujas disparidades de produtos per capita alternaram períodos de convergência e de divergência, algumas hipóteses podem ser levantadas. Entre os fatores que operaram para reduzir tais disparidades, uma menção deve ser feita à expansão do Centro-Oeste e do Norte e de seus respectivos estados, e a política regional para os estados do Norte e do Nordeste, embora esta tenha contribuído também para aumentar as disparidades dentro de cada região.

Em adição a isso, o oferecimento de incentivos fiscais do ICMS, como meio de atrair investimentos, pode ter tido um papel no processo de convergência, especialmente se considerarmos que os estados do Nordeste partiram na frente e estão entre os que têm condições de praticar a guerra fiscal com maior intensidade. De qualquer forma, no caso geral, embora os efeitos da guerra fiscal dos anos 1990 sobre a convergência/divergência sejam de difícil detecção, um estudo sugere que ela alcançou seus objetivos nos estados que a praticaram:

> As estimativas mostram que os estados avaliados, individualmente ou em conjunto, apresentam alterações significativas na taxa de crescimento do PIB industrial, em comparação ao estado paulista, depois da intensificação da guerra fiscal. Os mes-

mos resultados parecem não valer para a geração de empregos na indústria e para as receitas do ICMS.[8]

Os estados avaliados por Nascimento foram Paraná, Rio Grande do Sul, Rio de Janeiro, Bahia, Ceará, Goiás, Mato Grosso, Mato Grosso do Sul, Minas Gerais, Espírito Santo e Santa Catarina, vários deles com PIBs *per capita* elevados. Entretanto, a intensidade dos incentivos fiscais oferecidos parece ter sido maior no Norte, Nordeste e Centro-Oeste (que gozam de alíquotas interestaduais do ICMS diferenciadas) de modo que, se a conclusão do autor citado for válida para todos os casos, a guerra fiscal pode ter tido um efeito redutor das disparidades de produto entre os estados brasileiros. Não é uma conclusão garantida. É apenas uma possibilidade.

Finalmente, foi visto que os PIBs *per capita* dos municípios convergiram consistentemente no período estudado. Três fatores principais podem ter sido responsáveis por esse resultado: a expansão da fronteira agrícola, que criou produção onde não havia; o deslocamento de parte da indústria para o interior (notável, por exemplo, em São Paulo), que reduziu as taxas de crescimento econômico dos municípios de maior população e PIB *per capita* e elevou as mesmas taxas nos municípios menores; e o aumento do peso da Administração Pública no PIB, particularmente significativo nos pequenos municípios, cujo número cresceu muito, entre 1980 e 1996.

---

[8] Esta conclusão é discutida e, em vasta medida, negada, mais adiante. A citação é de Pereira (2008).

Convergência social: crescimento econômico e políticas públicas

Finalmente, a convergência em saúde e educação que se produziu entre as regiões e os estados, ao longo dos últimos 50 anos, resultou da ação cumulativa do crescimento econômico e das políticas sociais.

O crescimento da renda das famílias lhes permite alimentarem-se melhor; residir em casas mais bem equipadas; ter melhor acesso a informações, sejam elas gerais ou básicas, de higiene e saúde. É claro que isso ocorreu em todas as regiões e estados, mas os ganhos marginais foram maiores nas classes menos aquinhoadas, pois quando uma pessoa de menor renda ingere mais alimentos, tem menos doenças e mais anos de vida; quando alguém abastado faz o mesmo, engorda e vive menos.

Por sua vez, o acesso a informações gerais — via televisão, por exemplo — pode significar que o menino pobre aprende a ler em menos tempo estabelecendo, portanto, uma enorme diferença de sua situação prévia ao aumento da renda; já os efeitos correspondentes na classe rica tendem a ser positivos, porém, proporcionalmente, menores. Nessas condições, depois de um período de crescimento econômico, a nova distribuição de indicadores tende a ser menos desfavorável às regiões e estados onde a proporção de pobres é maior.

A isso se somou o efeito das políticas públicas de saúde, educação, saneamento que, a despeito de nem sempre terem caminhado na velocidade desejada, nunca deixaram de existir. A difusão das vacinas, o melhor atendimento às gestantes, a atuação do Sistema Único de Saúde (SUS), a expansão das matrículas escolares, tudo isso, apesar de universal, teve impactos marginais muito maiores nas regiões de menor desenvolvimento — especialmente, Norte e Nordeste — onde é maior a proporção de pobres na população total.

Conflitos federativos: criação de estados, guerra fiscal, FPE, Pré-Sal e dívidas

Conflitos regionais que, no caso de nações organizadas como federações, incluem os "conflitos federativos", existem em todos os países de grandes dimensões territoriais e até em alguns que não podem ser assim classificados. Em um trabalho recente, identifiquei cinco tipos de conflitos regionais e sete grupos de respostas governamentais a eles. Os conflitos estariam associados a:

(i) problemas de convivência com etnias e minorias;
(ii) diferenças religiosas;
(iii) disparidades ecológicas ou de acesso a recursos;
(iv) desigualdades econômicas; e
(v) disputas políticas.

Os procedimentos mais comumente adotados pelos países para administrar os seus problemas regionais incluiriam:

(i) a concessão de autonomia parcial a uma ou várias de suas regiões;
(ii) a adoção regionalmente diferenciada de transferências intergovernamentais de recursos tributários;
(iii) a implementação de políticas de desenvolvimento regional;
(iv) o convite à mediação ou à arbitragem estrangeira;
(v) a concordância com a secessão da região descontente;
(vi) a supressão pela violência das demandas; e
(vii) a falta de reação (Gomes, 2011).

No Brasil, os conflitos regionais se originaram, historicamente, em disputas políticas e em disparidades econômicas. As estratégias para lidar com esses conflitos, por sua vez, têm privilegiado as transferências intergovernamentais de recursos e a política de desenvolvimento regional. Também tem havido concessão de autonomia, por exemplo, nos casos de criação de reservas indígenas e de novos estados ou municípios. A não estratégia de apenas ignorar os conflitos e deixar a história se desenrolar por si mesma também tem sido adotada, em alguns casos. A guerra fiscal do ICMS é uma demonstração disso.

O problema é que nem todos estão satisfeitos com as soluções adotadas nessa área. Na verdade, nunca estiveram, mas há indícios de que a insatisfação esteja piorando nos dois lados: nas regiões ricas e nas pobres. Isso submete os responsáveis por tomar decisões nacionais a um permanente estresse do qual eles tentam escapar favorecendo ora um grupo, ora outro, mas sem nunca conseguir chegar a uma situação em que todos se sintam, razoavelmente, atendidos. A abrupta extinção da Sudene e da Sudam, em 2001, foi uma satisfação dada a São Paulo; sua recriação, em 2007, pode ser interpretada como uma tentativa de ganhar pontos políticos com o Norte e o Nordeste. Mas como a Sudene e a Sudam recriadas não passam de ficção política, sem instrumentos mínimos para funcionar, o estado de São Paulo não deve estar preocupado com elas.

Nesta parte do trabalho, serão examinados alguns dos temas políticos e econômicos da atualidade brasileira que mais diretamente se relacionam com conflitos federativos. São eles a criação de estados, a guerra fiscal do ICMS, os critérios de repartição do FPE, os royalties do Pré-Sal e a "renegociação da negociação" das dívidas estaduais.

Criação de estados e municípios

Mais comumente, os projetos de desmembramento de território para dar origem a novos estados ou municípios refletem o oportunismo de políticos que, tendo expressão em algumas áreas (das quais poderiam se tornar prefeitos ou governadores), são, entretanto, eleitoralmente insignificantes em escala estadual.

Mas esse não é, com certeza, o único caso. Há situações estruturalmente mais complicadas. De qualquer modo, as tentativas de desmembrar municípios ou estados para criar outros podem ser interpretadas como evidências de conflitos federativos de duas maneiras diferentes, porém complementares. Por um lado, como, no Brasil, os municípios são considerados entes federativos, se alguns deles ameaçam romper as ligações políticas e administrativas com seus estados de origem, este é um sinal de que não devem estar satisfeitos ali — ou seja, de que há um "conflito" aberto ou latente.

Por outro lado, quando um estado se desmembra em dois, o número de parlamentares representantes da região que formava o antigo estado aumenta: o de senadores duplica; o de deputados pode até chegar a duplicar. Isso significa que o território formado por este estado único que se dividiu passará a ter mais poder político no Congresso Nacional, o que cria motivos para descontentamento dos demais. Além disso, na repartição de verbas, há sempre a expectativa de obter mais recursos do governo federal. Tudo isso tem óbvio potencial de gerar conflitos federativos.[9]

A criação, ou tentativa de criação de estados (e de municípios, mas não tratarei desta) é, portanto, sintoma e fator de conflitos federativos. Isso tem a ver com as mudanças

---

[9] De acordo com uma notícia da época, referente ao período de propaganda a favor ou contra a divisão do Pará: "o deputado federal Lira Maia (DEM), que chefia a frente pela separação de Tapajós, [afirmou que] a divisão resultaria em maiores repasses de verbas federais aos novos estados." Foi sincero (Fellet, 2011). Não é um privilégio do deputado. Para muita gente, dinheiro brota do chão, em quantidades ilimitadas. É só uma questão de ir lá e pegar.

na distribuição espacial da atividade econômica? Em alguns casos, é possível, mas não necessariamente. No recente plebiscito sobre a criação dos estados de Carajás e Tapajós, no Pará, os que defendiam a divisão enfatizavam as "promessas" de mais dinheiro federal e as dificuldades de aquelas regiões serem bem administradas desde Belém. Pouca atenção foi dada, aparentemente, à eventual existência de identidades próprias nas regiões onde se queria formar os novos estados.

Quadro 2
Projetos de criação de estados em tramitação na Câmara Federal

Novo estado (E) ou Território Federal (T)	Estado a ser desmembrado	Ano de apresentação do projeto original
Gurgueia (E)	Piauí	1994
Rio São Francisco (E)	Bahia	1998
Solimões (T)	Amazonas	2000
Alto Rio Negro (T)	Amazonas	2000
Juruá (T)	Amazonas	2000
Araguaia (E)	Mato Grosso	2001
Maranhão do Sul (E)	Maranhão	2001
Oiapoque (T)	Amapá	2001
Mato Grosso do Norte (E)	Mato Grosso	2003

Fonte: Câmara dos Deputados, acesso em 20/3/2012.

Duas implicações importantes, no presente contexto, decorrem das considerações anteriores. Uma é que as iniciativas em favor da criação de estados, com todo seu potencial de gerar ou ampliar conflitos federativos, continuarão a aparecer independentemente do que aconteça com as disparidades intraestaduais. Outra é que, sendo o oportunismo político a principal motivação dessas iniciativas, não há reforma fiscal, tributária ou monetária que as detenha.

Guerra fiscal

Acabar com a "guerra fiscal" (a concessão pelos estados, sem a aprovação do Confaz, de benefícios fiscais do ICMS a fim de atrair investimentos) tornou-se, no discurso corrente, a justificativa mais frequente da Reforma Tributária. Mas o fato histórico de terem os benefícios se tornado o principal instrumento de política de desenvolvimento ao alcance dos governadores sugere um percurso difícil para as propostas de reforma. Em uma demonstração disso, poucos meses depois de o STF (em 1º de junho de 2011) ter declarado a prática inconstitucional, quatro estados voltaram a dar incentivos fiscais sem apoio do Confaz (Watanabe, 2011).

Os setores de atividade econômica que mais receberam incentivos fiscais do ICMS incluem o automotivo, o eletroeletrônico, a agropecuária, o de máquinas e equipamentos, de papel e celulose, de metalurgia e minerais metálicos, aeronáutico, de embarcações, de medicamentos, do comércio atacadista e dos transportes e combustíveis, segundo levantamento feito pelo Instituto Brasileiro de Planejamento Tributário (Cristo, 2011).

A guerra fiscal tem sido defendida de duas formas parecidas, mas não iguais, pelos estados que a praticam. Quando se trata de um estado do Nordeste, ela se justificaria pela "ausência de uma política regional". É o que dizia, por exemplo, a então governadora do Rio Grande do Norte, Wilma de Faria.

> Enquanto não houver uma política regional definida para a região Nordeste, com uma definição de como será essa reforma tributária, com a repartição de recursos para as unidades da federação, nós não vamos aceitar [acabar com a guerra fiscal] (Nery, 2007).

Já quando se trata de estado em uma região rica, a mesma guerra (especialmente na sua variante portuária-aeroportuária, tratada adiante) se justificaria pela "ausência de uma política industrial". Nas palavras do secretário da Fazenda de Santa Catarina, Nelson Serpa:

> A concessão de benefícios fiscais foi uma forma encontrada pelos estados brasileiros para suprir a falta de uma política industrial que atenda todo o território nacional (Bonpam e Lavoratti, 2012).

Embora Sidnei Nascimento, em trabalho citado, tenha encontrado evidências da eficácia dos incentivos como estímulo ao crescimento econômico dos estados que a praticaram, tal conclusão parece, no mínimo, discutível. Nas suas palavras:

> [...] as estimativas mostram que os estados avaliados, individualmente ou em conjunto, apresentam alterações significativas na taxa de crescimento do PIB industrial, em comparação ao estado paulista, depois da intensificação da guerra fiscal (Nascimento, 2008).

Mas, como é fácil de compreender, a eficácia dos incentivos fiscais estaduais para atrair investimentos sofre de um conhecido problema, uma variante do "sofisma da composição": o primeiro a inventar a prática pode se dar bem, mas, quando todos fazem o mesmo, a vantagem relativa desaparece.

Esse ponto já havia sido assinalado em 1997, em um trabalho clássico de Ricardo Varsano, para quem há uma:

> [...] dinâmica perversa da guerra fiscal: as condições financeiras de todos os participantes deterioram-se — e, com elas, as

condições locais de produção —, e as renúncias fiscais perdem seu poder de atrair empreendimentos. Ao final, os vencedores da guerra são os estados financeiramente mais poderosos, capazes de suportar o ônus das renúncias e, ainda assim, assegurar razoáveis condições de produção (Varsano, 1997).

Ou, de forma incisiva, em texto mais recente:

Na medida em que a prática se espraia, todos ou quase todos disputando os investimentos, sua eficiência se esvai. A receita diminui em todos os estados, mas, como os incentivos fiscais oferecidos são semelhantes, o benefício perde o poder de estimular a localização da produção em determinado estado. Em outras palavras, o benefício fiscal deixa de ser um incentivo, tornando-se mera redução de imposto (Varsano, 2001).

Nesse ponto da história, há razões para crer que os estados prefeririam não precisar dessa "eficácia" que, para o conjunto deles, significa redução da receita tributária. O problema é como se livrar da herança maldita.

Mais recentemente, uma variante da guerra fiscal, conhecida como "guerra dos portos" (redução das alíquotas do ICMS para a entrada de mercadorias estrangeiras pelos portos e aeroportos, procedimento adotado pelos estados de Santa Catarina, Espírito Santo, Pernambuco, Paraná, Goiás, Tocantins, Mato Grosso do Sul, Maranhão, Sergipe e Alagoas) motivou protestos da Fiesp. Motivou ainda iniciativas do governo federal para aprovar, no Senado, uma resolução uniformizando essas alíquotas em todos os estados (Bonpam e Lavoratti, 2012).

Critérios de repartição do Fundo de Participação dos Estados

Em 2010, o STF julgou inconstitucional a manutenção após 1991 dos atuais percentuais de rateio dos recursos do FPE. Determinou ainda o STF que, até no máximo o fim de 2012, nova lei complementar seja editada para atender ao disposto na Constituição, ou seja, definir um critério de partilha do FPE que promova o equilíbrio socioeconômico entre estados.

Considerando que os atuais critérios de repartição são altamente favoráveis às regiões Norte, Nordeste e Centro-Oeste, que, juntas, recebem 85% do FPE, pode-se imaginar que a rediscussão dos percentuais de rateio provocará choques regionais (ou "conflitos federativos") de grande magnitude, quando vier a ser feita. Para se ter uma ideia disso, convém citar o depoimento de Clóvis Panzarini (2010), que, durante um período, trabalhou para a Secretaria da Fazenda do estado de São Paulo:

> [...] a Constituição de 1988 não inovou ao criar esses fundos [o FPE e o FPM], que já existiam na Constituição de 1967. Apenas aumentou de 14% e 17% para 21,5% e 22,5%, respectivamente, o porcentual de arrecadação daqueles tributos destinado aos estados e aos municípios. No último ano de vigência [das regras de repartição anteriores à Constituição de 1988], o estado de São Paulo era aquinhoado com 4,0605% dos recursos do FPE.

Com a promulgação da Constituição de 1988, prossegue Panzarini, o Congresso Nacional haveria de editar lei complementar para redefinir o critério de rateio do FPE. Nesse contexto, os secretários estaduais de Fazenda, reunidos no Confaz, recomendaram que estudos técnicos e simulações fossem feitos, para dar suporte à redação de um anteprojeto. Os documentos, então, "deveriam ser encaminhados, discutidos e aprovados naquele colegiado" de secretários de Fazenda. De acordo com o representante paulista, contudo, não foi isto o que aconteceu:

> [as] representações dos estados do Norte, Nordeste e Centro-Oeste, em vez de estudo, apresentaram singela tabelinha de 27 linhas e duas colunas (...) que destinava 85% dos recursos do FPE a seus estados e os restantes 15% aos seis estados das regiões Sudeste e Sul. Essa tabela — que acabou virando a tal LC n. 62/89 — destina a São Paulo redondo 1% dos recursos do FPE, enquanto Bahia e Ceará, por exemplo, foram aquinhoados com 9,3962% e 7,3369%, respectivamente. Maranhão levou 7,2182% (idem).

Suprimi, da citação, algumas frases mais amargas. Mas o que fica já permite antecipar que os debates para a obrigatória revisão dos percentuais do FPE serão quentes.

Os royalties do Pré-Sal

A descoberta das reservas petrolíferas do Pré-Sal suscitou disputas entre entes federados com respeito aos critérios de repartição dos respectivos direitos da futura exploração (royalties). Dada a magnitude que podem vir a assumir esses valores, a pressão para que sejam adotados critérios de repartição menos regionalmente concentrados que os atualmente vigentes será bastante intensa, como já se pôde notar a partir de certas intervenções, por exemplo, de um lado, do governador de Pernambuco, estado que ficaria fora da distribuição dos recursos, se mantidas as regras atuais, e, de outro, do governador do Rio de Janeiro, estado que mais teria a perder com a mudança das regras atuais.

Dívidas estaduais: renegociação da negociação?

Em 1997, o endividamento de grande número de estados, que havia atingido níveis insustentáveis, foi equacionado por meio de uma renegociação. A União assumiu as dívidas que foram, então, refinanciadas em 30 anos. Em contrapartida, rígidos limites de endividamento foram impostos aos estados, e a União recebeu autorização para reter repasses do FPE, na hipótese de ocorrer falta de pagamento das parcelas mensais. Quinze anos depois, os governadores e assembleias legislativas se movimentam para renegociar a renegociação.

Três notícias muito recentes ilustram o ponto:

> *Tarso busca renegociação da dívida.* O governador Tarso Genro busca a renegociação da dívida do Rio Grande do Sul com a União, que em valores atuais chega a R$ 40 bilhões. Alega que o pagamento compromete a capacidade de investimentos do estado.[10]
>
> *Wagner pede que dívida seja repactuada.* O governador Jaques Wagner (BA) defendeu uma repactuação urgente das dívidas dos estados com a União. Segundo ele, "o que foi bom em 1997 não é mais em 2012. Precisamos de novas condições".[11]
>
> *Assembleia discute dívida do estado.* A Assembleia Legislativa de Minas Gerais promove o "Encontro regional para discussão

---

[10] Disponível em: <http://wp.clicrbs. com. br/aparte/2012/04/19/tarso-busca-renegociacao- da-divida-do-estado-com-a-uniao/ ?topo= 52,1,1,,165,77>. Acessado em: 19/4/2012.

[11] Disponível em: <www.bahianoticias.com.br/ principal/noticia/ 114776-wagner-pede-que-divida-do-estado-com-uniao-seja-repactuada.html>. Acessado em: 19/4/2012.

da renegociação da dívida pública do estado com a União". Segundo cálculos do governo estadual, somente em 2011, Minas gastou R$ 3,3 bilhões com pagamentos da dívida com a União.[12]

As dívidas dos estados foram analisadas em recente *Texto para Discussão* do Núcleo de Estudos e Pesquisas do Senado. O autor, Josué Alfredo Pellegrini (2012), constatou que:

houve queda da dívida estadual em relação ao PIB nos últimos 10 anos, queda essa superior à verificada para o passivo federal e na direção oposta da situação de descontrole observada na década de 1990.

Entretanto, prossegue:

grande parte da dívida estadual refere-se a obrigações junto à União, renegociada entre os anos de 1997 e 1999. Desde então, essa parcela do passivo está sendo pouco amortizada, dado o contexto macroeconômico e os termos da renegociação, notadamente a correção pelo IGP-DI e os limites para os desembolsos.

A julgar pelo ritmo passado, conclui Pellegrini:

talvez outros quinze anos sejam necessários para que essa parcela do passivo estadual seja quitada. O esforço fiscal dos estados e o lento ritmo de queda do passivo junto à União resultam em demandas por revisão dos termos contratuais. Entretanto, existem importantes obstáculos para que isso seja feito, em particular a resistência da União em assumir maior parcela do esforço fiscal do setor público.

---

[12] Disponível em: <www.correiodeuberlandia.com.br /cidade-e-regiao/almg-promove-encontro-para-discutir-a-divida-do-estado/>. Acessado em: 18/4/2012.

Por uma nova agenda da política regional[13]

Uma lista de políticas que deveriam ser adotadas para estimular o desenvolvimento econômico e social das regiões de menor produto por habitante e mais frágeis indicadores sociais — possivelmente, como partes de um amplo projeto de reforma fiscal — inclui as seguintes:

(I) Recuperação do investimento, especialmente, do investimento público.

(II) Reforma das instituições regionais (Sudene, Banco do Nordeste, Codevasf, DNOCS, Sudam, Basa, Sudeco).[14]

(III) Fortalecimento da Política Nacional de Desenvolvimento Regional.

(IV) Identificação das vantagens competitivas atuais e potenciais das regiões de menor desenvolvimento relativo.

(V) Ações diretas do governo federal na educação e saúde.

(VI) Apoio à ciência e tecnologia, com ênfase especial nas regiões de menor desenvolvimento relativo.

(VII) Aperfeiçoamento das políticas de transferência de renda.

Recuperação do investimento, especialmente do investimento público

A recuperação do investimento, cuja relação com o PIB vinha caindo desde a década de 1970, mas que cresceu

---

[13] Esta seção segue de perto, fazendo as adaptações necessárias, trabalho anterior do autor, em conjunto com José Vergolino (Gomes e Vergolino, 2010).

[14] A Sudeco voltou a existir em maio de 2011, 21 anos após sua extinção.

um pouco nos anos imediatamente anteriores à crise de 2008/2009 (quando voltou a cair), é a questão central da economia brasileira, não apenas das economias de suas regiões de menor desenvolvimento. O problema principal está no investimento público. Isso porque, mantida a relativa responsabilidade fiscal e regulatória que tem caracterizado os últimos governos, é possível esperar que os investimentos privados voltem a crescer, mais ou menos, por si sós, em resposta aos estímulos de mercado. Dessa vez, com maior estabilidade.

QUEDA DO INVESTIMENTO PÚBLICO FEDERAL

Relativamente à despesa total, o investimento da União caiu continuamente, desde 1980 (gráfico abaixo). Os gastos relativos com previdência e assistência, ao contrário, mais do que duplicaram.

Gráfico 8
Governo federal: "Investimento" e "Previdência e Assistência" como porcentagens da despesa total, 1980/2007

Fonte: STN.

Como a política regional efetiva se amparou muito no investimento federal, o colapso deste significou um duro golpe na efetividade daquela.

Nesses investimentos privados devem ser incluídos os das remanescentes empresas estatais, que têm acesso ao crédito internacional de longo prazo. Em adição a eles, alguns projetos privados de grande porte já estão se instalando no Nordeste e nas outras regiões. A recuperação do investimento em infraestrutura é muito mais problemática. Nos últimos anos, houve enorme expansão dos gastos públicos no Brasil, mas a imensamente maior parte desse crescimento se deu nas despesas correntes. Como diz Raul Velloso (2009), o governo federal fez:

> [...] a opção política de transformar o Orçamento da União em uma grande folha de pagamento, ou em um verdadeiro repositório de transferências para pessoas e outros gastos correntes. [...] A União paga mais de 40 milhões de algum tipo de contracheque e consome com isso R$ 378 bilhões, ou 76% do seu gasto total.

Alguma reformulação dessa política precisa acontecer, se uma efetiva política regional for para ser restabelecida. No caso específico do Nordeste, cabe não apenas manter, mas acelerar a implantação dos grandes projetos de infraestrutura, alguns dos quais, como a ferrovia Transnordestina e a Transposição do São Francisco, mal foram iniciados. É preciso, também, reunir recursos adicionais para financiar novos projetos.

Reforma das instituições regionais

Não se fará o desenvolvimento das regiões em desvantagem relativa (especialmente o Norte e o Nordeste) sem a colaboração de instituições fortes, dotadas de instrumentos eficazes, cuja missão explícita seja promover a expansão do produto e a melhoria dos indicadores sociais na sua área de atuação. Nos últimos anos, alardeou-se bastante a ideia do estado mínimo; atualmente (a julgar pela nossa carga tributária), estamos próximos do estado máximo. Mas esse estado é grande e, no que interessa à presente discussão, ineficiente.

A questão principal não parece ser o tamanho do estado (que pode, sim, ser excessivo), mas o que ele, grande ou pequeno, faz. Nas regiões Norte e Nordeste, há muito tempo, o setor público deixou de promover o desenvolvimento econômico para se tornar um agente que subsidia o consumo. Em um quadro como esse, instituições como a Sudene, o Banco do Nordeste, a Codevasf, a Sudam e o Basa, cuja finalidade seria fomentar a atividade econômica, não têm nenhuma importância diante do Instituto Nacional de Seguridade Social — INSS (aposentadorias, especialmente rurais), do Ministério do Desenvolvimento Social (Bolsa Família, Benefícios de Prestação Continuada — BPC — e outros) ou dos departamentos de pessoal das prefeituras.

Não é verdade, portanto, que o governo federal tenha, desde o colapso do antigo paradigma simbolizado pela Sudene, Sudam e pelos altos investimentos públicos (em meados dos anos 1980), voltado as costas para o Norte e o Nordeste. A diferença é que, onde antes a União e suas empresas construíam infraestrutura e faziam investimentos diretamente produtivos, agora o governo federal faz transferências de renda a pessoas.

Essa tendência se acentuou a partir de 2003. Para considerar somente o caso do Nordeste, são quase R\$ 40 bilhões por ano em transferências, contando apenas os grandes programas (Bolsa Família, BPC e aposentadorias do INSS). Como um marco de comparação, as intenções de investimento da

União no Nordeste em infraestrutura de transporte, recursos hídricos e energia elétrica nos quatro anos de vigência do PAC 2007/2010 somavam pouco mais de R$ 30 bilhões, ou R$ 7,5 bilhões por ano; a previsão do aporte anual do FNE (2010) é de R$ 4,5 bilhões; a do Fundo de Desenvolvimento do Nordeste (FDNE), gerido pela Sudene, é de R$ 1,6 bilhão (em cada ano, nem 10% desse valor tem sido liberado).

A reforma das instituições federais com atuação específica nas regiões em desvantagem é essencial ao seu desenvolvimento. Mas instituições fortes não se fazem sem os instrumentos que possibilitem a transformação das sociedades em que atuam. A coordenação dos investimentos federais no Norte, Nordeste e Centro-Oeste deveria ser devolvida às respectivas regiões; a reinvenção — como substituto à guerra fiscal — de um sistema de estímulos fiscais ao investimento privado que, do contrário, se instalariam nas regiões mais desenvolvidas, é essencial. Não se trata de repetir erros do passado: os incentivos poderiam ser alocados, por exemplo, em função do funcionamento efetivo das empresas e não como aportes de capital, evitando os perigos maiores de fraude.

Fortalecimento da Política Nacional de Desenvolvimento Regional

Existe, no Brasil, uma Política Nacional de Desenvolvimento Regional (PNDR), com atuação em áreas específicas identificadas como carentes, mas distribuídas por todo o território nacional. O fato de que muito poucas pessoas tenham consciência de que essa política já existe é um sinal eloquente de que ela não está funcionando bem. Entretanto, deveria. Inspirada na política regional da União Europeia, a PNDR rompe o círculo de ferro da separação entre grandes regiões "pobres" e "ricas", reconhecendo que territórios menores, por exemplo, um grupo de municípios localizados em um estado de alto PIB *per capita*, pode enfrentar também obstáculos sérios ao seu desenvolvimento, demandando um apoio federal para romper a estagnação.

A PNDR pode, também, ser usada para sub-regionalizar o Norte, Nordeste e Centro-Oeste, separando, nessas grandes regiões, áreas que já ganharam impulso próprio e precisam pouco de políticas específicas para impulsionar seu crescimento de outras que, efetivamente, precisem do apoio.

Na montagem de um amplo acordo político que viabilize a reforma fiscal abrangente, a PNDR poderia vir a ocupar uma posição central.

Identificação das vantagens competitivas atuais e potenciais das regiões de menor desenvolvimento

O debate sobre a viabilidade econômica (e a "desejabilidade" social) da irrigação empresarial de alto rendimento, no Nordeste, para tomar um exemplo importante, demorou quase 30 anos. Hoje, fora de grupos reacionários mais ferrenhos, há poucos adversários da irrigação. Mas a vitória da ideia não foi conseguida sem muita luta, muito debate, muitos estudos.

A ideologia predominante nos anos 1970 e 1980, supostamente de esquerda, sobre a irrigação, sustentava que "como o grande problema do Nordeste é a falta de alimentos, a irrigação deveria ser voltada para a produção de alimentos [de consumo popular]". Importava pouco aos que defendiam essa tese saber que a produção de feijão, milho e mandioca em perímetros irrigados com alto custo de implantação e operação era um convite ao prejuízo.

O fato é que, sob a bandeira da função social da irrigação, rios de dinheiro público foram jogados fora, em perímetros que só funcionavam com pesados subsídios e que hoje estão, em larga medida, abandonados. Custou a ser percebido que a irrigação empresarial, primeiro implantada sob o incentivo da Codevasf, ao gerar oportunidades para pequenos empresários agrícolas e empregos estáveis para muitos trabalhadores, era muito mais "social" que os ensaios de bondade explícita característicos da irrigação estilo DNOCS, nos seus primeiros anos. O caso do turismo é inteiramente semelhante.

Várias outras vantagens competitivas potenciais existem, ou se suspeita que existam, no Nordeste e nas demais regiões em desvantagem. É preciso estudar mais esse potencial; promover iniciativas pioneiras em setores que explorem essas vantagens; e divulgar entre possíveis investidores as características favoráveis de cada região. Trata-se de um programa vasto, que deveria ser implementado pelo esforço conjunto de superintendências (Sudene/ Sudam/ Sudeco) revitalizadas, juntamente com entidades como as que compõem o Sistema S (Sebrae, Senai, Senac, entre outras), o Banco do Nordeste, o Basa, as universidade federais das regiões, entre outras.

Ações diretas do governo federal na educação e saúde

O governo federal, desde a Constituição de 1988, tem aperfeiçoado sua atuação nas áreas de saúde e de educação. Ao enfatizar a necessidade de recuperar o investimento público em infraestrutura, não se está querendo dizer que os ganhos já alcançados na saúde e na educação devam ser relegados a segundo plano. Ao contrário, eles têm de ser reforçados. Considerando que um esforço adicional nessas duas áreas beneficiaria, especialmente, as regiões de menor desenvolvimento, é claro que a promessa de iniciativas dessa natureza poderia ser incluída na pauta de negociações de uma abrangente reforma fiscal.

Na educação, em particular, a hora é de melhoria da qualidade. Uma proposta que deveria ser considerada seriamente é a de promover, em quatro anos, a universalização do ensino público em tempo integral, nos níveis fundamental e médio, inicialmente, no Nordeste (onde a carência é maior) e, em seguida, nas demais regiões de menor desenvolvimento. A União atuaria em conjunto com os estados e municípios, ampliando o esquema de redistribuição de verbas já instituído pelo Fundeb. Já existem experiências sérias de universalização do regime de tempo integral no ensino médio. Os elementos para o cálculo do custo já estão, portanto, disponíveis. É algo perfeitamente compatível com o tamanho dos orçamentos públicos em nosso país.

Apoio à ciência e à tecnologia, com ênfase especial nas regiões de menor desenvolvimento relativo

Propõe-se a adoção de um arrojado programa de pesquisa e de inovação tecnológica que permita o desenvolvimento ou a consolidação de vantagens competitivas em setores nos quais o Nordeste, o Norte ou o Centro-Oeste possuam algum diferencial inicial. A Embrapa, em especial, deveria ser contemplada com meios técnicos e financeiros adicionais para reforçar suas pesquisas com produtos e processos de particular importância para essas regiões.

Além disso, atenção especial deve ser dada ao setor de tecnologia da informação e da comunicação. A experiência do Porto Digital, no Recife, em particular, é amplamente exitosa. Ela fornece uma pista para sua multiplicação em outros estados, com apoio federal. A preparação da infraestrutura para o desenvolvimento, por iniciativa do setor privado, de vários desses polos, pode ser um começo de atuação importante do governo federal. O engajamento das universidades federais também deveria ser incentivado, dentro do mesmo propósito.

Aperfeiçoamento das políticas de transferência de renda

As políticas de transferência de renda substituíram a política regional federal de desenvolvimento, e isso é ruim. Mas elas são importantes, no seu próprio contexto e, indiretamente, podem dar sua contribuição também ao crescimento econômico, ao criarem um mercado (amparado em uma renda monetária pequena, mas constante e confiável) onde antes, em muitos casos, não havia nenhum. O "aperfeiçoamento" das políticas de transferência de renda, no sentido de potencializar sua contribuição ao desenvolvimento econômico, consiste, principalmente, em oferecer oportunidades de capacitação profissional para os beneficiários dos programas, ou para suas famílias.

Os que se capacitarem e, em consequência, passarem a receber rendas maiores, não devem ser descredenciados pelos programas de transferência (por exemplo, o Bolsa Família). Melhor que seja o contrário: quem puder comprovar um incremento de renda decorrente de treinamento, seja oficial ou não, recebido enquanto beneficiário da transferência, deveria ter seu benefício aumentado, como forma de estimular, nele próprio e em outros, a busca da qualificação e da inserção no mercado de trabalho.

Referências bibliográficas

ALBUQUERQUE, Roberto Cavalcanti de. *O desenvolvimento social do Brasil*. Rio de Janeiro: José Olympio, 2011.

BONPAM, Fernanda; LAVORATTI, Liliana. Estados voltam a discutir guerra dos portos, *Diário Comércio Indústria & Serviços*, São Paulo, 13 de fev. de 2012. Disponível em: <www.panoramabrasil.com. br/estados-voltam-a-discutir-guerra-dos-portos-id81018.html>.

CRISTO, Alessandro. Fim de guerra fiscal pode custar R$ 250 bilhões. *Consultor Jurídico*. Disponível em: <www.conjur.com. br/2011-jun-02/fim-beneficios-icms-podem-gerar-conta-250- -bi-empresas>.

FELLET, João. Entenda o plebiscito sobre a divisão do Pará. *BBC-Brasil*, 5 de dez. de 2011. Disponível em: <www.bbc.co.uk/portuguese/noticias/2011/12/111205_entenda_divisaopara_jf.shtml>.

GOMES, Gustavo Maia. Da recessão de 1981-83 aos impactos do Plano Cruzado, no Brasil e no Nordeste: um alerta para o presente. *Boletim Socioeconômico do Nordeste*, Recife, v. 1, n. 1, mar. de 1987.

_____. *Conflito e conciliação*: políticas de desenvolvimento regional no mundo contemporâneo. Fortaleza, Banco do Nordeste do Brasil, 2011. Texto integral disponível em: <https://docs.google. com/open?id=0B_R9cylq9erzenJManB2dHlIX00>.

GOMES, Gustavo Maia; OSÓRIO, Carlos; IRMÃO, José Ferreira. Políticas recessivas, distribuição de renda e os mercados regionais de trabalho, 1981/84. *Pensamiento Iberoamericano*, Madri, v. 10, jul.-dez. 1986.

GOMES, Gustavo Maia; VERGOLINO, José R. Desenvolvimento regional, com especial referência ao Nordeste. *Digesto Econômico*, n. 460, jul. 2010. Disponível em: <http://issuu.com/diario_do_comercio/docs/digesto_460>.

MOURA, Hélio Augusto de; MOREIRA, Morvan de Mello. A população da região Norte: processos de ocupação e de urbanização recentes. *Fundação Joaquim Nabuco*, Trabalhos para discussão, n. 112, jul. de 2001. Disponível em: <http://www. fundaj.gov.br/tpd/112.html>.

NASCIMENTO, Sidnei Pereira do. Guerra fiscal: uma avaliação comparativa entre alguns estados participantes. *Economia Aplicada*, Ribeirão Preto, v. 12, n. 4, out./dez. 2008. Disponível em: <www.scielo.br/scielo.php?script=sci_arttext&pid=S1413-80502008000400007#back1>.

NERY, André Luís. "NE acaba sem guerra fiscal", diz governadora. *Globo.com*. Disponível em: <http://g1.globo.com/Noticias/Politica/0,,MUL104713-5601,00.html>. Acesso em: 21 set. 2007.

OLIVEIRA, Luiz Antonio P. de. Perfil das condições de vida na Amazônia. *Cadernos de Estudos Sociais*, Recife, v. 12, n. 2, jul./dez., 1996.

PANZARINI, Clóvis. Equilíbrio federativo. *O Estado de São Paulo*, São Paulo, 3 de mar. de 2010. Disponível em: <www.cpconsultores.com.br/artigos/artigo51.htm>.

PELLEGRINI, Josué Alfredo. Dívida Estadual. *Núcleo de Estudos e Pesquisas do Senado*, Texto para discussão, n. 110, mar. de 2012. Disponível em: <www.senado.gov.br/senado/ conleg/ textos_discussao/TD110-JosuePellegrini.pdf>.

PEREIRA DO NASCIMENTO, Sidnei. Guerra fiscal: uma avaliação comparativa entre alguns estados participantes. *Economia Aplicada*, Ribeirão Preto, vol. 12, n. 4, out./dez. 2008. Disponível em: <www.scielo.br/scielo.php?script=sci_arttext&pid=S1413-80502008000400007#back1>.

VARSANO, Ricardo. A guerra fiscal do ICMS: quem ganha e quem perde. *Planejamento e Políticas Públicas*, n. 15, 1997.

_____. Reforma Tributária e Guerra Fiscal na Federação Brasileira. *Relatório CAT*, n. 5, set. de 2001. Disponível em: <www.bndespar.com.br/SiteBNDES/export/sites/default/bndes_pt/Galerias/Arquivos/bf_bancos/e0001640.pdf>.

VELLOSO, Raul. Investir para crescer mais. *Portal CNT*. Disponível em: <www.cnt.org.br/portal/webcnt/ArtigoEntrevista.aspx?id=835b1c00-8213-4993-9236-9abd15561b56>. Acesso em: 9 nov. 2009.

WATANABE, Marta. Quatro estados voltam a dar incentivos fiscais sem apoio do Confaz. *Valor Econômico*, 5/9/2011. Disponível em: <http://tributario.net/www/quatro-estados-voltam-a-dar-incentivos-fiscais-sem-apoio-do-confaz/>.

A "FEDERAÇÃO INCONCLUSA":
O PAPEL DOS GOVERNOS ESTADUAIS NA FEDERAÇÃO BRASILEIRA

Sergio Prado[1]

Introdução

Alguns poucos cientistas políticos e economistas, entre os quais nos incluímos, têm chamado a atenção para um possível processo de enfraquecimento da posição dos governos estaduais na Federação brasileira. Essa não é uma questão que esteja na ordem do dia do debate federativo brasileiro. Ela tem, portanto, que ser, em um certo sentido, construída. O tema é vasto e multidisciplinar, exigindo a discussão de questões que vão do âmbito estrito do federalismo fiscal até uma visão histórica de longo prazo da Federação brasileira, passando por importantes questões de análise política. Não temos a pretensão de dominar todos estes aspectos. Pretendemos apenas indicar um conjunto de pontos, na esperança de que interlocutores mais competentes considerem o problema digno de consideração e trabalho.

---

[1] Sergio Prado é professor doutor do Instituto de Economia da Unicamp, especialista em Finanças Públicas e Federalismo. Este texto foi escrito em Campinas, em janeiro de 2013.

A "FEDERAÇÃO INCONCLUSA"

A posição relativa de governos intermediários (doravante GIs)[2] depende essencialmente dos arranjos institucionais que regulam as relações intergovernamentais na Federação. Há enorme diversidade entre as federações contemporâneas, que vão desde sistemas fortemente centralizados, com papel dominante do governo federal, até situações onde os governos regionais têm elevada autonomia e protagonismo. Não é, contudo, o grau de centralização política, decisória e financeira que define a qualidade e a eficiência dos sistemas federativos. Existem federações "eficientes" e justas em ambos os lados do espectro. Entender o estatuto dos governos intermediários em diferentes federações exige analisar como cada federação formata os arranjos institucionais que viabilizam as relações federativas políticas, financeiras e executivas.

O trabalho está montado em duas partes. Na primeira, introduzimos sob o ponto de vista teórico e da análise comparada uma proposição sobre as instituições centrais que organizam as federações, buscando elementos para analisar o papel dos governos intermediários. Na segunda parte, tentamos entender a evolução desse problema na Federação brasileira. Para os leitores interessados em uma síntese mais rápida da argumentação, recomendamos a leitura do item 3 da parte 2.

Federação e instituições — teoria e análise comparada

Ainda que cada federação existente seja um organismo único, com especificidades e idiossincrasias que tornam duvidoso e até perigoso tentar copiar e reproduzir modelos e ar-

---

[2] A partir daqui passaremos a nos referir sempre a *governos intermediários* querendo significar estados, províncias, *länder*, cantões e todas as demais denominações existentes para indicar os poderes regionais nas federações.

ranjos institucionais em outro contexto, parece-nos possível identificar alguns aspectos fundamentais da dinâmica federativa, nos quais a experiência internacional indica a necessidade de arranjos institucionais que regulem, coordenem e controlem a interação entre os níveis de governo. Dentro da enorme diversidade, é possível identificar, pela análise comparada, soluções e arranjos mais frequentes e mais bem-sucedidos que ocorrem, de forma geral, em todas as federações.

Federações são intrinsecamente conflituosas, pois se apoiam em um compromisso entre a formação do Todo — a Nação — e um grau elevado de autonomia para as partes, as regiões. Essa tensão entre os requisitos do Todo — as regras de equidade e uniformidade, a existência de uma gestão macroeconômica centralizada, o controle para o equilíbrio orçamentário etc. — e a individualidade regional exige e se expressa no desenvolvimento de instituições políticas e fiscais que são exclusivas das federações, pois visam a resolver problemas que só nelas se apresentam como críticos.

Nossa abordagem aqui parte, portanto, do pressuposto de que o bom funcionamento das federações (leia-se, das relações federativas intergovernamentais) depende, de forma geral, da existência de algumas instituições básicas, que podem existir formal ou informalmente.[3] É evidentemente um juízo valorativo a indicação de um determinado arranjo institucional como *necessário* na federação,[4] mas a observação

---

[3] Em todo este trabalho, nosso entendimento do termo "instituições" não se refere a órgãos e regras formais, mas apenas a acordos tácitos em torno a procedimentos aceitos de forma geral pelos agentes envolvidos. É secundário se eles assumem formato legal e contam com mecanismos formais de *enforcement*.

[4] Por exemplo, a proposição geral de que sistemas de equalização são essenciais para garantir a equidade e o equilíbrio federativo definitivamente não se aplica aos Estados Unidos, cujas instituições nunca atribuíram valor elevado à equidade e é a única federação sem sistemas formais de equalização. Ainda assim, assumimos o risco de, a partir da experiência das federações contemporâneas,

das federações "bem-sucedidas" permite identificar determinados recursos institucionais que estão sempre, de alguma forma, presentes.

Vamos sugerir que qualquer federação deverá, necessariamente, prover mecanismos institucionais para lidar no mínimo com os seguintes problemas básicos:

- viabilizar a *articulação* e a *coordenação* tanto vertical (cooperação entre níveis de governo) como horizontal dos governos subnacionais entre si, e principalmente no seu relacionamento com o governo federal;
- garantir que a distribuição dos recursos fiscais será adequadamente ajustada aos encargos atribuídos a cada nível de governo (equilíbrio vertical);
- garantir que a distribuição de recursos fiscais vai levar em conta as disparidades regionais em capacidade de gasto, viabilizando algum grau de redução dessas disparidades (equilíbrio horizontal); e
- viabilizar a estabilidade macrofiscal, estabelecendo mecanismos de controle sobre o déficit público e sobre o acesso ao crédito público entre os governos (equilíbrio financeiro-orçamentário).

Essas instituições podem ser descritas a partir de um aspecto comum: todas elas se destinam a organizar o relacionamento entre o "Todo", a Nação — aqui representada pelo poder central, o governo federal — e as individualidades constituintes, os poderes regionais. *A existência ou não de instituições voltadas para cada um desses problemas, e a forma específica que elas assumem em cada federação é* que permitem entender a inserção dos governos intermediários. Ca-

---

indicar alguns aspectos institucionais que parecem contribuir para seu sucesso e estabilidade.

da federação do mundo tem suas próprias soluções para tais problemas, e elas são muito diversas.

Damos grande importância aos problemas institucionais associados à articulação e à cooperação intergovernamental, que são destacados na seção seguinte. As demais dimensões institucionais — equilíbrio vertical, equilíbrio horizontal e equilíbrio financeiro-orçamentário — são abordadas de forma mais abreviada na seção "instituições orçamentárias da Federação", não porque sejam menos importantes, mas, pelo contrário, porque cada uma delas envolve em si mesma uma profunda discussão que está fora do alcance deste trabalho. Interessa-nos abordá-las seletivamente nos aspectos em que afetem a posição dos governos intermediários nas federações.

Relações intergovernamentais, cooperação e competição

Um aspecto que se tornou dominante e essencial nas estruturas federativas contemporâneas é a crescente complexidade e adensamento das relações de interação e cooperação intergovernamental, aqui entendida no sentido de relação entre níveis de governo. A velha concepção apoiada no paradigma norte-americano, de governos mutuamente independentes e atuando separadamente (*federalismo dual*), foi superada mesmo no país que a inspirou.[5] Ao longo do século XX, com a progressiva constituição do Estado de bem-estar, cada vez mais governos centrais e subnacionais aprofundaram intrincadas relações cooperativas financeiras, executivas e legislativas. Em certo sentido, as exigências do Estado moderno forçaram as fe-

---

[5] A abordagem clássica é a de Wheare, que define o seu "princípio federativo" como "the method of dividing powers so that the general and regional governments are each, within a sphere, coordinate and independent" (Wheare, 1946).

derações a assumirem alguns aspectos que mimetizem as práticas dos estados unitários, afastando-se da separação de poderes clássica: é necessário, de alguma forma, reproduzir os efeitos de um orçamento nacional unificado. Resulta que hoje praticamente todas as federações estabeleceram um *federalismo cooperativo* no sentido vertical das relações. Em todas as grandes federações, o governo federal exerce intensa atividade através dos governos subnacionais, seja meramente delegando funções (Alemanha), seja através do financiamento de grandes programas nacionais (Canadá) ou mais diretamente através de transferências condicionadas com aplicação restrita (Austrália).

Por outro lado, e de forma um tanto paradoxal e bastante dialética, este mesmo adensamento das relações intergovernamentais, que é essencial para a coordenação cooperativa das ações, traz consigo seu oposto, gerando também relações de conflito e competição entre níveis de governo. A própria interpenetração entre governos, que caracteriza essa disseminação do *federalismo cooperativo*, traz consigo enorme carga de conflitos verticais em torno à apropriação dos recursos fiscais (competências tributária e transferências), controle sobre a gestão dos serviços, prioridades de gasto, aspectos legislativos que regulam os serviços (no caso de diferenças étnicas e religiosas) etc.

Nesse contexto, assumem importância crescente os mecanismos pelos quais se estabelecem as relações intergovernamentais necessárias para ajustar e aperfeiçoar as relações cooperativas, e ao mesmo tempo equacionar os conflitos distributivos, jurisdicionais e legais. As federações modernas se encontram sempre diante de um desafio institucional com duas faces: organizar e ampliar a cooperação, uma exigência inexorável da própria sofisticação da intervenção estatal, e, ao mesmo tempo, criar mecanismos de negociação e resolução de conflitos entre níveis de governo.

É nesse ambiente de decisão conjunta e interativa entre os diversos níveis de governo que se coloca a relevância da questão sobre o poder relativo desses governos, e em particular dos governos intermediários. Quais seriam, de forma geral, as bases para a proposição de que governos intermediários em uma dada federação são "fracos" ou "fortes"? Qual a conotação valorativa que associamos a isto: "GIs fracos" é um traço negativo, desfavorável ao funcionamento das federações? Mais precisamente, do que depende o poder dos governos intermediários no complexo jogo de relações intergovernamentais?

A questão exige, primeiro, que aprofundemos a discussão de três conceitos correlatos: poder individual, poder coletivo e autonomia dos governos subnacionais na federação. Em segundo lugar, cabe questionar qual a forma de expressão/manifestação desses poderes. Isso nos levará a discutir o problema da organização horizontal de interesses dos governos intermediários. Finalmente, temos que trazer outro tópico relativo à dinâmica das relações intergovernamentais, de grande importância no Brasil: a questão da autonomia dos governos municipais, a qual afeta diretamente a posição de poder dos governos estaduais na Federação.

Em um resumo radical, o argumento aqui é que, no contexto das federações modernas, caracterizadas por forte simetria de poderes, o estatuto dos governos intermediários na federação depende essencialmente da qualidade de seu poder coletivo, ou seja, da medida em que são capazes de gerar instituições de negociação horizontal que lhes garantam canais e peso político nos conflitos verticais. No mesmo sentido, a força e a importância dos governos intermediários nas federações contemporâneas decorrem, em grande medida, de que eles são, de fato, os representantes de todo o setor público subnacional atuante em seu território, uma vez que os governos locais são subordinados a eles. Quando os governos locais são autônomos (o que só acontece no Brasil), é evidente a fragilização estrutural do papel dos GIs.

Poder e autonomia

A nosso ver, o poder de um governo individual (intermediário ou local) pode ser pensado sob dois aspectos básicos:

- Poder como capacidade econômica: os interesses econômicos de estados e regiões mais desenvolvidos economicamente, e com grande peso no PIB nacional, terão maior força junto à política macroeconômica da federação.
- Poder como autonomia: controle sobre aspectos estratégicos da intervenção pública em seu espaço territorial.

De forma geral, entendemos *poder como autonomia* a medida em que um governo constituinte em uma federação:

- detém controle sobre a prestação de serviços públicos em sua jurisdição (autonomia/abrangência executiva);
- tem autonomia para executá-los conforme suas preferências políticas (autonomia legislativa);
- tem capacidade fiscal para decidir qual o nível de dispêndio que irá praticar nessa execução, sendo pouco dependente de transferências (autonomia orçamentária).

A noção aqui utilizada de autonomia executiva difere da usual. Não se trata, como é o caso desta, do poder dos governos subnacionais para controlar os aspectos práticos da prestação de serviços, decidirem sobre formação de quadros de servidores, as formas organizacionais adotadas nas diversas frentes de intervenção, a composição entre gasto corrente e investimento etc. Na maior parte das federações contemporâneas, desde que estes governos detenham o encargo pela prestação de um dado serviço, esse tipo de autonomia sempre se verifica e não há maior interesse em observá-la. O que interessa observar é a efetiva abrangência da competência dos governos sobre os serviços a serem prestados a seus cidadãos, e em que extensão o governo tem poder decisório sobre a execução de maior ou menor parte dos serviços que interessam aos seus cidadãos, não sendo expectador passivo da atuação de um governo de nível superior em seu território.

Em uma federação, onde existe por princípio interdependência entre os agentes, o *poder econômico* não significa diretamente *poder como autonomia* de igual dimensão. A tendência moderna para equidade e simetria na atribuição de poderes faz com que, pelo menos do ponto de vista executivo e legislativo, não existam diferenças significativas entre GIs muito ricos e outros muito pobres. O *poder como autonomia* pode existir de forma proporcional à capacidade econômica apenas no que se refere à autonomia orçamentária, e somente na medida em que as competências tributárias sejam descentralizadas e/ou as transferências do governo federal sejam garantidas e livres de condicionalidades. Por exemplo, na Austrália, embora existam províncias muito ricas, a elevada centralização da arrecadação tributária no governo federal, e a elevada participação das transferências condicionadas, faz com que estas províncias detenham menor *poder como autonomia*.

Outra diferenciação importante é que o *poder econômico* de uma região se projeta sobre toda a federação, interfere na sua vida econômica e política, enquanto o *poder como autonomia* se refere à capacidade de controlar as funções públicas em seu território com menor intervenção da Federação.

Uma região pode ter, sob certas condições, elevado *poder como autonomia*, e não exercer qualquer influência maior sobre escolhas políticas e econômicas da federação.

Ousamos propor que o *poder como capacidade econômica* pode ter grande alcance sobre as políticas macroeconômicas do país, mas, nas modernas federações democráticas, governos regionais ricos têm limitada capacidade de impor suas posições no que se refere aos aspectos federativos da distribuição de poderes. O Brasil pode servir de exemplo: hoje não é mais possível algo parecido ao sistema de poder da República Velha, com a conhecida "política dos governadores", quando o poder se alternava entre os dois estados mais ricos do Sudeste. São Paulo tem hoje dupla dimensão de poder individual na Federação: capacidade econômica e população. Mesmo assim, sua influência nas escolhas federativas é limitada, se não for mesmo desfavorecida.

Entendemos que se segue de tudo isto que, quando visto pela ótica dos governos individuais, o poder dos governos tem limitado alcance para explicar a dinâmica das relações federativas. O poder econômico das regiões ricas é um dado do problema, de vital importância para diversos aspectos da vida federativa, principalmente no que se refere ao equilíbrio vertical, mas não se reflete em poder nas relações federativas, até pelo contrário. Já sob a ótica do poder como autonomia individual, é evidente que ele é muito mais um resultado da dinâmica política na federação do que um ponto de partida para seu entendimento.

Tudo isto nos leva, necessariamente, a considerar outra diferenciação fundamental: *aquela entre poder individual e poder coletivo*. Em oposição à noção de *poder individual*, a noção de *poder coletivo* se constitui plenamente no contexto das relações de interdependência que caracterizam uma federação.

O poder coletivo

Sua importância decorre da crescente neutralização do poder econômico individual nas federações, decorrente do aprofundamento do Estado de bem-estar social e da qualidade do processo democrático. As federações não se tornaram mais equilibradas economicamente, longe disso, mas sua evolução levou a que a simples e crua imposição das vontades das elites dos governos de regiões ricas fosse cada vez mais inibida. Isso leva a que, crescentemente, dado o caráter essencialmente simétrico que caracteriza a maioria das federações, fortemente embasado em uma noção de equidade entre os governos constituintes, não existe, em geral, a possibilidade de conceder poderes individuais a estados específicos, exceto em certos casos particulares.[6] Exceto em tais situações específicas, a simetria tende a dominar os arranjos, com o que, excetuado o aspecto estritamente fiscal-financeiro, os demais poderes dos governos constituintes tendem a ser homogêneos, e, portanto, sua ampliação passa a depender não mais da atuação individual de cada governo, mas da existência e força de um corpo coletivo que represente *o nível de governo* como um todo, sem consideração prioritária para este ou aquele governo individual.[7] Na maior parte das federações contemporâneas a constituição do chamado "pacto federativo" envolve definir poderes e deveres *dos estados*, ou *dos*

---

[6] Deve-se registrar, contudo, que muitas federações utilizam-se de assimetrias para atribuir poderes limitados a determinadas regiões, em geral aquelas mais atrasadas, ou compostas por populações indígenas. Da mesma forma, federações heterogêneas fazem uso da assimetria para acomodar estados membros muito diferenciados, como é o caso de Quebec no Canadá. Sobre esse ponto, ver Watts, 2008.

[7] Seria ingênuo sustentar que o poder individual não atua nesse processo. O ponto essencial é que cabe ao conjunto dos governos intermediários lograr a negociação política que permita a expressão coletiva, o que pode, evidentemente, envolver concessões para estados mais fortes.

municípios, mas nunca deste ou daquele governo subnacional. Assim, a maior parte dos poderes individuais tem sua atribuição condicionada a um processo de negociação federativa, no qual os governos subnacionais aparecem enquanto coletivo, e não individualmente.

Trata-se, aqui, dos processos de negociação que estabelecem os elementos fundamentais da grande divisão de trabalho entre níveis de governo que constitui uma Federação:
- divisão de encargos (responsabilidades) entre os três níveis de governo;
- divisão de poderes legislativos entre os três níveis de governo;
- divisão dos recursos fiscais gerados pela carga tributária total: problema do equilíbrio vertical, ou seja, da distribuição adequada e eficiente entre os níveis de governo dos recursos gerados pela carga tributária global.

O ponto essencial aqui é que uma parte crescente dos elementos envolvidos na "divisão de poderes" é objeto de decisões políticas cujos atores não são mais os governos subnacionais individuais, mas suas formas de representação coletiva. A posição de força/poder dos governos intermediários em uma federação depende não do poder individual deste ou daquele GI, mas da capacidade do conjunto desses governos de estabelecer arranjos e mecanismos horizontais de negociação, que permitam constituir um corpo político minimamente coeso na sua relação (competitiva) com o governo central.

Em consequência, os governos constituintes como força coletiva — ou seja, o conjunto dos governos intermediário ou o conjunto dos governos locais — são os atores por excelência dos mais relevantes processos que regulam a dinâmica federativa nas federações modernas. De forma geral, todos os processos que envolvem reformas institucionais, sejam as relativas à distribuição de poderes (processos de descentralização e devolução), sejam as relativas à distribuição de recursos, têm como atores fundamentais os corpos coletivos de estados, províncias, e, em alguns países, governos locais, através de formas horizontais de organização de interesses.

Competição Federativa e distribuição de poderes

Existe outro importante aspecto da tensão entre comportamento individual e coletivo dos governos subnacionais nas federações. Note-se que a maior parte dos poderes individuais a que nos referimos acima envolve tipicamente um "jogo de soma zero": o maior poder de um governo implica redução do poder de outro. Isso vale duplamente, tanto para a relação entre governos de mesmo nível como na relação entre níveis de governo. Isso é verdade imediatamente no que se refere aos poderes tributários, seja pela competência para arrecadar, seja pelo direito de receber transferências. É também válido no que se refere ao poder legislativo — maior poder do governo central significa menor poder dos governos subnacionais — e, obviamente, no que concerne à abrangência das competências sobre serviços. É, finalmente, válido no que se refere ao acesso a crédito, pois o endividamento público é um recurso limitado que deve se distribuído entre os níveis de governo de forma parcimoniosa, para que o setor público não gere *crowding out,* retirando recursos do setor privado.

Apenas no caso do poder econômico a afirmação deve ser relativizada, mas não plenamente negada. A busca pelo desenvolvimento local/regional é uma forma de ampliar o poder individual e a autonomia, na medida em que amplia a capacidade de autofinanciamento dos governos constituintes.

A "FEDERAÇÃO INCONCLUSA"

Nesse caso, o processo não é inequivocamente de "soma zero": é possível que um dado governo amplie seu poder, através de políticas eficientes de desenvolvimento, sem com isso estar reduzindo as possibilidades de desenvolvimento de outras regiões, mas, até pelo contrário, ampliando-as. Mas por outro lado, como a malfadada "guerra fiscal" brasileira demonstra, em determinadas circunstâncias as iniciativas dos governos pelo desenvolvimento local só são efetivas ao custo de impor perdas e prejuízos a outros governos constituintes.

Em decorrência de grande parte dos poderes serem intrinsecamente limitados, torna-se inevitável e inerente ao processo uma constante competição entre os governos constituintes por uma parcela maior deles. *Federações são, portanto, intrinsecamente conflitivas, em decorrência da competição permanente por maior poder por parte dos governos constituintes.* É fato que, na atribuição de encargos, há a possibilidade de competências concorrentes, o que indicaria, em princípio, que os governos cooperam na execução conjunta dos serviços. Mas isso também envolve, no fim, outra forma de conflito, em torno de qual parcela dos serviços deve ser produzida por qual governo, e, principalmente, como se financia esta produção.

Aqui devemos estender nossa dualidade *individual x coletiva* para o problema das formas de competição. Esquematicamente, podemos dizer que a competição pode ser *individual e horizontal*, ou *vertical e coletiva*.

A primeira forma de competição é aquela que se dá entre pares, ou seja, a competição ao mesmo tempo individual e horizontal. Ela é endêmica nas federações, e tem duas vias básicas de manifestação. A primeira se dá na relação dos governos com o setor privado, sob as diversas formas do que pode genericamente ser chamado de "competição fiscal", na

O FEDERALISMO BRASILEIRO EM SEU LABIRINTO

qual os governos competem por capacidade produtiva, mercados (enquanto patrocinadores das firmas residentes em seu território), investimentos, força de trabalho qualificada e habitantes de alta renda.

A segunda via da competição individual/horizontal se dá no âmbito interno ao setor público, ou seja, no espaço das relações intergovernamentais, e seu foco essencial é a repartição dos recursos fiscais originados do orçamento federal.[8] Uma parcela relevante dos gastos federais é territorialmente localizada, principalmente no caso dos investimentos. A atuação política dos governos constituintes pode ser decisiva na definição da localização e da dimensão de determinados projetos. Essa incessante competição se estende desde os grandes projetos estruturantes, tais como siderúrgicas e refinarias, até o varejo das transferências federais decididas em tempo de orçamento, que no Brasil são chamadas "voluntárias" ou de convênio.

A dimensão dessa forma de competição individual depende diretamente da dimensão dos recursos fiscais de que o orçamento federal dispõe para transferir discricionariamente, a cada ano, sem ser restringido por normas legais ou constitucionais. Quanto mais as transferências verticais forem legalmente reguladas, menor o espaço para a competição individual operar por dentro da elaboração ou da execução orçamentária. Dois exemplos contrastantes: na Austrália, metade das transferências federais é condicionada e definida em tempo de orçamento, sem imposições legais prévias, correspondendo ao que chamamos usualmente de "voluntárias". No Brasil, as transferências ditas voluntárias compõem em média

---

[8] Estamos nos referindo aqui a investimentos do governo federal e transferências não legais ou constitucionais, ou seja, aquelas que se definem no orçamento de cada ano, e são no Brasil conhecidas como discricionárias ou "de convênio".

8% das transferências totais. Todas as restantes têm por trás algum tipo de imposição legal ou constitucional.

A segunda forma básica de competição, e a que mais nos interessa destacar aqui, é aquela que não pode ser operada por governos individuais, mas se dá *através dos, e entre os*, níveis de governo enquanto coletivo, enquanto poderes autônomos constitutivos da federação. É, portanto, *coletiva* e *vertical*. Trata-se dos processos de negociação que estabelecem os elementos fundamentais da grande divisão de trabalho entre níveis de governo em que se constitui uma Federação, citados acima.

Note-se que a competição por recursos fiscais tem duas dimensões, que misturam duas formas de competição. A primeira, mencionada acima como competição individual, refere-se às transferências que são decididas conjunturalmente em tempo de orçamento, dependendo, portanto, das conexões individuais dos governos junto a partidos e ministérios do governo central. Já as transferências a que podemos chamar legais ou constitucionais, que têm montantes e critérios de distribuição permanentemente definidos, dependem, para sua definição, da força coletiva dos governos. É evidente que a primeira divide e opõe horizontalmente os governos, enquanto a segunda exige cooperação e ação conjunta.

Dado o caráter essencialmente simétrico que caracteriza a maioria das federações, fortemente embasado em uma noção de equidade entre governos constituintes, não existe, em geral, a possibilidade de conceder poderes individuais a GIs específicas, exceto nos casos particulares já discutidos, não muito importantes (ver nota 4). Assim, a maior parte dos poderes individuais tem sua atribuição condicionada a um processo de negociação federativa no qual os governos subnacionais aparecem como um coletivo, e não individualmente. Na maior parte das federações contemporâneas, a constituição do chamado "pacto federativo" envolve definir poderes e deveres *dos estados*, ou *dos municípios*, mas nunca deste ou daquele governo subnacional.

Os governos constituintes como força coletiva são os atores por excelência dos mais relevantes processos que regulam a dinâmica federativa. De forma geral, todos os processos que envolvem reformas institucionais, sejam relativas à distribuição de poderes (processos de descentralização e devolução), sejam relativas à distribuição de recursos, têm como atores fundamentais os corpos coletivos de estados, províncias, e, em alguns países, governos locais, através de formas horizontais de organização de interesses.

Aspecto absolutamente fundamental, neste ponto, é a constatação de que é inerente às federações uma permanente tensão entre a busca de vantagens individuais, que induzem à competição horizontal, e a necessidade da cooperação horizontal, que crie poder coletivo, essencial na relação com o governo federal. Na primeira, o ganho de um corresponde à perda do parceiro próximo. Na segunda, estes mesmos dois atores têm que se juntar, buscar uma agenda comum e defendê-la coletivamente perante o governo federal. Não existem boas explicações teóricas para o fato de que certas federações apresentam forte propensão individualista, a ponto de virtualmente anular a possibilidade da construção e explicitação de um poder coletivo, e, em outras, haver um espírito coletivo mais forte atuando inclusive para limitar e inibir a competição horizontal individual.

Instituições de relacionamento intergovernamental

Pondo de lado um pouco a competição individual, cabe agora discutir os processos que permitem a manifestação do poder coletivo. Se as federações são, por um lado, como

A "FEDERAÇÃO INCONCLUSA"

argumentado acima, intrinsecamente conflituosas e competitivas, por outro, a estrutura dos sistemas federativos induz também à criação de laços de identidade horizontais, que aproximam os governos intermediários entre si, assim como os governos locais entre si, por compartilharem direitos, encargos e restrições semelhantes. Em grande medida, isso decorre da existência mais frequente de simetria nas estruturas federativas, com o que os governos intermediários e locais compartilham cada um os mesmos direitos e deveres. De forma geral, a indução à cooperação horizontal tem como eixo o processo constante de negociação entre governos subnacionais e governo central em torno a receitas, legislação, medidas de política macroeconômica etc. A observação das federações permite dizer, com segurança, que a qualidade da *governance* federativa, nesses países, depende em grande medida dos mecanismos formais ou informais[9] de organização horizontal que permitem a manifestação do poder coletivo. Aqui estamos discutindo o lado competitivo das relações verticais, sem perder de vista que ele se desenvolve de forma inseparável das relações verticais cooperativas.

Há dois caminhos básicos para se lograr a expressão dos interesses dos governos intermediários. Primeiro, pelo menos formalmente, as câmaras altas deveriam cumprir parcialmente essa função. Isso pressupõe que exista, em algum grau, coordenação política entre executivos estaduais e representantes regionais no Senado, de forma a que a câmara alta se torne um espaço de negociação entre governos. A es-

---

[9] Não é necessário que existam organismos formais, como no modelo alemão. O Canadá é conhecido pelo seu modelo de "federalismo executivo", pouco formalizado, e fortemente apoiado em negociações diretas entre governos federal e de províncias.

sa forma os canadenses chamam *intrastate relationship*.[10] Essa conexão, contudo, é frequentemente comprometida pela "partidarização" dos senados. Essa parece ter sido a direção do processo no Brasil pós-1988, e este espaço de coordenação deixou de ser viável, se é que algum dia foi efetivo. Fenômeno semelhante se verifica em federações desenvolvidas, como Austrália e Canadá.[11] Vale aqui contrastar essa situação com o modelo alemão. Naquele país, sendo a câmara alta — *Bundesrat* — não eleita, mas indicada pelos executivos dos *länder*, ela se torna naturalmente um espaço de negociação técnica e política, que expressa diretamente o poder *coletivo* dos estados.[12]

Agregue-se a isso o fato de que os senados podem atuar apenas na criação da estrutura legal e constitucional. Mas, como já colocado acima, o federalismo contemporâneo é caracterizado por profunda interdependência e cooperação executiva entre governos, ou seja, tem que responder por uma dinâmica executiva que opera no contexto dado de certo conjunto de leis.

Em caso de omissão ou inadequação dessa primeira instância, resta apenas a cooperação horizontal direta entre governos intermediários, através da constituição de comitês, conselhos e similares, ou seja, *institucionalizar o poder coletivo*. Essa é a prática comum em federações desenvolvidas, e é chamada na teoria canadense *interstate relationship*

---

[10] O conceito refere-se a relações entre governos que são introjetadas no corpo político da instância federal, o Senado. Dessa forma, as negociações e decisões principais são tomadas por representantes políticos das regiões (senadores). Ver Watts e Smiley (1985).

[11] No Canadá o problema é agravado pelo fato de que o Senado não é escolhido em eleições democráticas, mas por indicação do governo central.

[12] Isso leva à paradoxal observação de que, na Alemanha, os *länder* não têm de fato poder individual relevante, mas o seu poder coletivo é o maior entre todas as federações do mundo.

A "FEDERAÇÃO INCONCLUSA"

(ver nota 8). Mesmo naquelas onde há barreiras culturais e étnicas, como no Canadá, estas não impedem que as províncias se organizem em conselhos permanentes e bem estruturados para conduzir seu relacionamento com o governo federal, nos temas que são de interesse comum a todos. Tais instituições são vistas como essenciais para preservar o equilíbrio entre governos, no que se refere aos poderes financeiros e legislativos.

Dois casos devem ser citados para análise comparativa. Na Austrália, a partir de 1990, iniciaram-se encontros chamados de *Special Premiers Conferences*, nos quais primeiros-ministros do governo federal e das províncias buscavam negociar, no plano executivo, a coordenação da intervenção estatal. Essas reuniões *ad hoc* evoluíram para a criação de um conselho permanente, o *Council of Australian Governments* (COAG) (OCDE, 1997). No Canadá, em 2003, as províncias criaram o *Council of Federations*, uma clara tentativa de avançar a coordenação entre províncias além dos estreitos limites do chamado *federalismo executivo*. Este se apoiou sempre no relacionamento consultivo e informal entre ministérios do governo federal e das províncias, o que sempre logrou organizar a ação cooperativa com mínima ou nenhuma formalização, apoiada apenas em reuniões de autoridades e comunicação constante (Brown, 2003), mas não funcionava adequadamente para as grandes decisões políticas.

Há três importantes observações a fazer. Primeiro, estas instituições têm sido, sempre, geradas a partir de iniciativas dos governos intermediários, na busca de um espaço de negociação e coordenação com o governo central. Implicam, em boa medida, em uma forma de contrabalançar o elevado poder financeiro do governo federal, que se traduz em capacidade de coordenação *up-down* sobre o conjunto dos GIs (províncias). Segundo, em boa medida, elas decorrem da frustração com o papel dos Senados.[13] Terceiro, embora esses organismos sejam essencialmente executivos (no sentido de que operam dentro de determinado marco legal-constitucional), é evidente que eles acabam se constituindo em fonte de importantes iniciativas legislativas, posteriormente levadas à apreciação dos parlamentos.

Hierarquia federativa e autonomia dos governos municipais

Talvez a mais sólida e generalizada opção institucional nas federações contemporânea seja o que podemos resumir na expressão *hierarquia federativa*. Ela envolve duas relações de subordinação de natureza distinta. Primeiro, os governos intermediários são subordinados à Federação no sentido de que não detêm soberania e sua autonomia é limitada pela Constituição Nacional. O grau de autoridade e ingerência do governo federal sobre a gestão dos GIs, enquanto expressão do poder *da Federação* varia enormemente entre as federações, sendo a questão da sua autonomia um tema central e polêmico no debate federativo.

Em segundo lugar, é uniforme e dominante, nas 24 federações existentes, a subordinação dos governos locais ao governo intermediário. Apenas Brasil e Índia têm os governos locais definidos na Constituição, e na Índia não existe a noção de autonomia municipal. Nas demais, os governos locais são definidos em leis ou constituições estaduais/provinciais (Shah, 2006), sendo, portanto, claramente, "criaturas" desses governos e a eles subordinadas.

---

[13] Ilustrado, por exemplo, pelos depoimentos sobre o caso australiano em: Parliament of Victoria (1998).

Entendemos que na essência do conceito de "federação" está situado o poder e a individualidade *regional* (ou seja, do que vimos chamando governos intermediários). Em contraposição à solução intuitivamente óbvia, que seria um governo unitário, a federação existe porque existem *regiões* que demandam autonomia para definir suas próprias regras no que se refere ao relacionamento do setor público com a sociedade e a economia. Por outro lado, não é do interesse dessas regiões a total autonomia, sob a forma de estados soberanos, porque seriam menores e mais fracas. Isso implica, portanto, um compromisso entre força (da nação maior) e autonomia (da região).

Sob qualquer ponto de vista, portanto, o conceito de federação preserva, como conceito nuclear, a noção da autonomia *regional*. Trata-se de que um determinado espaço geográfico e econômico, composto por grande quantidade de governos locais, que detêm o poder de se autogerir, de cobrar seus próprios impostos e tomar decisões sobre sua utilização.

No ambiente fortemente favorável à descentralização que vem se desenvolvendo nas últimas décadas, o tema da autonomia *local* tem ganhado espaço na literatura sobre federalismo. Ele aparece em parte devido à maior pressão dos governos locais por maior autonomia decisória *perante os governos intermediários, aos quais são subordinados*. Ele aparece, também, de forma destacada, na discussão dos processos de descentralização em países unitários, como Japão, Inglaterra e nórdicos. *Nada disso, contudo, se aproxima da ideia de que governos locais devem ser totalmente autônomos*. Municípios, condados, comunas, *municipalities* e similares em todo o mundo não têm identidade *regional* e raramente representam grupos sociais diferenciados do ponto de vista religioso, cultural ou étnico ou mesmo econômico. Como se poderia defender a noção de uma federação na qual governos locais sejam entes federativos autônomos? Federações têm a autonomia regional como conceito central e nucleador. Foram inventadas para permitir que *regiões* contassem com identidade própria e poder de autogestão em algum grau.

Nas federações "normais" — aquelas onde os governos locais são "criaturas" dos governos intermediários — o que se entende por "relações intergovernamentais" tem dois sentidos. Dentro de cada estado/província, a noção refere-se aos mecanismos pelos quais os governos intermediários se relacionam com seus governos locais, nos assuntos nos quais cabe esta gestão.[14] No âmbito federativo nacional, trata-se essencialmente das relações entre estados e governo central.

Em geral, em todas as federações existem diferenças na legislação que regula os governos locais em diferentes estados/províncias, assim como nos arranjos institucionais que operam o diálogo político entre governos intermediários e localidades. Isso é uma expressão da autonomia regional, sentido maior da existência de federações. É muito frequente, contudo, que os governos intermediários reproduzam, internamente, instituições e arranjos desenvolvidos no âmbito mais geral da federação. Um exemplo claro é dado pelos sistemas de equalização de receitas. No Canadá e na Austrália, as províncias operam internamente mecanismos de equalização semelhantes àqueles que são operados no nível nacional.

É evidente que, em uma situação em que os governos intermediários não têm autoridade sobre os governos locais, este conjunto de instituições é vazio. Consequentemente, o

---

[14] A maior parte dos gastos e encargos municipais, na maioria dos países, é evidentemente composta por serviços urbanos e sociais locais. No entanto, o processo de descentralização que marcou as últimas décadas tem ampliado o papel dos governos locais como braços executores de diversas políticas sociais, o que inclui educação, saúde e assistência social (redes básicas locais).

A "FEDERAÇÃO INCONCLUSA"

eventual relacionamento entre GIs e governos locais acaba ocorrendo de forma subordinada a normas e critérios federais, ou então sob processos eminentemente voluntários e cooperativos, em geral sob iniciativa estadual.

Existem duas implicações básicas dessa situação, que serão mais desenvolvidas à frente quando analisarmos o caso singular do Brasil. Primeiro, deixam de existir, no sentido pleno da expressão, políticas estaduais em grande parte dos setores fundamentais. Apenas naqueles setores nos quais o governo intermediário é o provedor exclusivo do serviço a expressão se mantém. Em todas as áreas nas quais há atuação concorrente dos dois níveis de governo — educação, saúde, assistência social etc. — estabelece-se um tipo de "esquizofrenia" na qual o governo local atua com base em políticas próprias, ou guiado pelo governo federal, quase sempre desconectado das práticas paralelas encaminhadas pelo governo estadual.

Disto se segue a segunda implicação. Nessas condições, a única condição que permite alguma coerência nas políticas é transferir para o governo federal o poder de coordenar ambos os níveis de governos subnacionais autônomos. Ou seja, a coerência da intervenção estatal em um regime com governos locais autônomos é potencialmente centralizadora.

Para registro, vale lembrar que, na última década, começaram a surgir nas federações desenvolvidas algumas iniciativas de articulação direta entre governos federais e municípios. Isso, contudo, tem sido restrito ao apoio federal a regiões metropolitanas, devido às dificuldades financeiras para lidar com os problemas de infraestrutura urbana e de transportes. Essas iniciativas, contudo, não rompem, de forma alguma, com o princípio da subordinação municipal aos governos intermediários, do ponto de vista fiscal e administrativo.

Instituições orçamentárias da Federação

Federações não contam com um orçamento único que englobe todas as receitas e as distribua entre todos os gastos, como acontece em um estado unitário. Se, por um lado, isso permite que as regiões constitutivas da federação possam fazer suas próprias escolhas orçamentárias, por outro, evidentemente, traz enormes problemas de gestão fiscal para o país. Esses problemas exigem o desenvolvimento de arranjos institucionais específicos, não existentes em estados unitários. Entre eles, três têm especial relevância, e estão presentes, de alguma forma, em todas as federações:

- instituições para obter equilíbrio vertical;
- instituições para obter o equilíbrio horizontal;
- instituições para preservar o equilíbrio orçamentário do setor público conjunto.

Em todas as federações existe o que é chamado *vertical gap*: por diversas razões que não podemos aqui aprofundar, tanto de ordem técnico-tributária como históricas, a arrecadação tende a se concentrar no governo federal. Ao mesmo tempo, principalmente na segunda metade do século, cada vez mais os processos de descentralização deslocaram os encargos executivos para os governos subnacionais. Disso resulta a necessidade estrutural de complexos sistemas de transferências, também existentes em todas as federações.

Tais transferências cumprem um duplo papel: equilíbrio vertical e equilíbrio horizontal. O primeiro refere-se à distribuição de recursos entre os níveis de governo de forma a adequar recursos a encargos. Como os governos subnacionais arrecadam menos e gastam mais, o governo federal deve transferir a eles grande volume de recursos. Trata-se, evi-

A "FEDERAÇÃO INCONCLUSA"

dentemente, de uma tarefa complexa definir qual é a distribuição vertical mais adequada.

O equilíbrio vertical é usualmente buscado através de três tipos de transferências, e as federações se diferenciam muito pela dimensão relativa que esses tipos atingem em seus sistemas. O primeiro tipo são as transferências que chamamos discricionárias, ou seja, aquelas que não são impostas por lei ou Constituição, e são decididas em tempo e no processo de orçamento anual. Em alguns países, elas cumprem um papel muito relevante, como na Austrália. Em outros, como o Brasil, elas são marginais, uma vez que a maioria absoluta das transferências é definida legalmente.

As transferências ditas legais ou constitucionais compõem os outros dois tipos. O primeiro é o que podemos chamar *programas nacionais*: o governo federal tem como obrigação legal transferir recursos para determinadas funções, em geral sociais, que são integralmente executadas pelos governos subnacionais. Um exemplo típico é o SUS, no Brasil, e o CHST (*Canadian Health and Social Transfer*), no Canadá. Como regra geral, essas transferências são condicionadas, portanto, embora financiem os orçamentos subnacionais, não são recursos livres que ampliam sua autonomia diretamente.

Esse papel — ampliar a autonomia — é executado pelo terceiro tipo de transferências, as equalizadoras. Elas existem devido à existência de diferentes capacidades econômicas das regiões do país, que se refletem em diferentes capacidades fiscais *per capita*. Governos de regiões pobres teriam que sobretaxar seus cidadãos para conseguir oferecer a eles o padrão médio de serviços existentes no país. Teriam também, nessa situação, dificuldades para reservar recursos para investimento, o que reproduziria e perpetuaria a situação de pobreza. Assim, cabe à Federação, através do governo federal, arrecadar impostos nas regiões ricas e distribuir os recursos com preferência para as regiões pobres. Isso é feito pela reserva de uma parte, em geral fixa, da arrecadação federal e sua distribuição por critérios redistributivos, o que vem a compor os chamados sistemas de equalização.

Nas federações desenvolvidas, os conflitos constantes em torno à distribuição vertical ao longo do século XX levaram ao desenvolvimento de instituições capazes de realizar tal ajustamento. Em algumas — Alemanha, Áustria — foram criados dispositivos formais para revisão da distribuição, em geral realizada a cada cinco anos. Esse é o caso também na Índia. Em outras, o governo federal acaba sendo responsável pelo ajustamento através de seu orçamento. Na Austrália, as transferências condicionadas cumprem o mesmo papel. No Canadá, quem realiza o ajustamento é o CHST, programa nacional cuja dotação é definida pelo governo federal. Em ambos os casos, os governos intermediários atuam de todas as formas para influir nas decisões sobre o volume das transferências. Nesses países, a bandeira constante dessa luta é reduzir as transferências condicionadas, substituindo-as por recursos livres, para aumentar a autonomia orçamentária.

Na ausência destes dois dispositivos — revisão periódica da distribuição ou atuação permanente do governo federal, regulando transferências de grande porte — a distribuição vertical passa a depender das oscilações na conjuntura política que levam ao fortalecimento do governo federal em certos períodos, sua fragilização em outros, evoluindo a distribuição vertical pelos movimentos que já foram chamados de *sístole* e *diástole*. As federações latino-americanas em geral se caracterizam por um vazio institucional no que se refere ao problema vertical. Nenhuma delas conta com qualquer instituição voltada para lidar com esse problema, e os governos federais têm, em geral, limitado papel nessa função.

No jogo de soma zero que é a distribuição vertical, o desenvolvimento de instituições que preservem o equilíbrio vai depender crucialmente da força política dos governos intermediários em impor ao governo federal compromissos com normas e dimensões mínimas de transferências. Aqui temos que retomar novamente o problema já analisado das dimensões individuais e coletiva da ação subnacional. Enquanto governos individuais, eles podem ter algum alcance na obtenção de recursos apenas na medida em que seja relevante no total das transferências verticais o montante que é discricionário, ou seja, aquele definido em tempo de orçamento, sem requisito legal. Quando o sistema vigente se concentra em programas nacionais e sistemas de equalização, todos em geral legalmente definidos, predomina a simetria, e *apenas o poder coletivo desses governos pode obter, através do Parlamento e pela negociação política com o governo federal, a ampliação das transferências verticais.*

Cabe um comentário adicional sobre uma parte importante das transferências verticais, aquelas destinadas à equalização. Qual a relação que se pode estabelecer entre os sistemas de equalização e os problemas que analisamos anteriormente, relativos ao conflito estrutural entre cooperação e competição nas federações? Parece evidente que, quanto mais potente um sistema de equalização,[15] e, portanto, quanto mais ele reduza as disparidades inter-regionais em capacidade de gasto fiscal, maiores são as chances de se desenvolverem posturas cooperativas entre governos intermediários e, portanto, maiores as chances de surgir uma posição mais forte nesse nível de governo. Se regiões mais pobres se sentem "aban-

---

[15] A potência de um sistema de equalização depende de dois fatores: da dimensão da dotação de recursos destinada a essa finalidade e do grau de redistributividade dos critérios de distribuição adotados.

donadas" pela federação, a propensão natural é para posturas competitivas individuais, e não para soluções coletivas. O caso da "guerra fiscal" no Brasil é ilustrativo. Na medida em que o Governo Federal abandonou totalmente as políticas de desenvolvimento regional (que, diga-se de passagem, não eram exatamente exitosas), os governos estaduais partiram decididamente para uma política do "cada um por si", através da "guerra fiscal", criando-se uma situação de deterioração das relações cooperativas até um ponto onde não há perspectiva de qualquer ação coletiva.

Assim, uma condição essencial para a implementação de políticas de cooperação horizontal entre governos intermediários é que exista um sistema de equalização minimamente consistente, o que necessariamente vai exigir a mobilização de uma quantidade significativa dos recursos federais.

Isso nos permite estabelecer uma conexão, que reconhecemos ser bastante indireta, mas sólida, entre a qualidade dos sistemas de equalização e a força dos governos intermediários nas federações. Nos casos em que há elevadas disparidades de desenvolvimento inter-regionais, a possibilidade de alguma coesão horizontal entre governos intermediários e a constituição de uma agenda comum de diretrizes depende essencialmente da redução e do controle das diferenças em capacidade fiscal de gasto. Quando essas disparidades continuam grandes, não faz sentido esperar posturas cooperativas das regiões pobres. Nesse caso, dependendo da estrutura fiscal da federação, é mais proveitoso buscar resultados na competição individual por investimentos públicos, privados (guerra fiscal) e transferências orçamentárias, do que buscar acordos que permitam dar forma a uma personalidade coletiva dos governos intermediários.

Finalmente, vale a pena trazer aqui um terceiro aspecto institucional essencial nas federações. Os processos de descentra-

A "FEDERAÇÃO INCONCLUSA"

lização operados em todo o mundo trouxeram à tona problemas antes não percebidos. O principal deles reside em que, na medida direta em que se concede autonomia fiscal para governos subnacionais, reduz-se em igual proporção a capacidade do governo central de operar políticas de estabilização, com particular destaque para o problema do déficit público. Aumentando a parcela do gasto público operado pelos governos subnacionais, e dada primazia para a autonomia orçamentária, aumenta a possibilidade de que comportamentos autônomos dos governos subnacionais, indiferentes aos problemas da política de estabilização, acabem fragilizando essa política.

A questão central reside na dificuldade de constituir instâncias e mecanismos que permitam compartilhar a responsabilidade pela estabilização. Governos subnacionais, em maior ou menor grau, tendem a considerar esse problema como não sendo seu, e frequentemente reagem negativamente a medidas voltadas para a estabilização macroeconômica que os afetam negativamente.

Isso tem levado, em todo o mundo, a que o movimento da descentralização seja acompanhado por movimentos concomitantes de ampliação do controle sobre as finanças subnacionais. Isso assume o formato de desenvolvimento de "regras fiscais", usualmente organizadas sob a forma das chamadas "leis de responsabilidade fiscal". A partir da experiência pioneira da Nova Zelândia, a prática se difundiu pelo mundo. Hoje, muitos países na América Latina e na Ásia ensaiam ou já têm encaminhadas legislações nesse sentido.

Um desdobramento dessa questão refere-se especificamente ao controle do endividamento subnacional. Em algumas federações, das quais os Estados Unidos são o exemplo destacado, o endividamento subnacional está submetido a dois tipos de restrição concomitantes. Primeiro, inexiste o suposto de *bail-out* automático, ou seja, não faz parte das instituições

149

vigentes a suposição de que, em uma crise fiscal de estados ou municípios, o governo central irá intervir socorrendo financeiramente o governo e "federalizando" a dívida ou parte dela. Consequentemente, os governos se financiam em relação direta com o mercado, sem qualquer regulamentação federal que não aquelas que incidem sobre todo o mercado financeiro, e existe a possibilidade concreta de que um governo possa "quebrar". Segundo, as legislações estaduais contêm, sob diversas modalidades, regras fiscais restritivas sobre déficits e acumulação de dívidas. Em outras palavras, as sociedades estaduais impõem controles e restrições sobre seus próprios governos (Ter-Minassian e Craig, 1997).

Quando tais dispositivos inexistem, na prática os orçamentos subnacionais se tornam extensões do orçamento federal. O endividamento de governos subnacionais traz já o pressuposto de que, em caso de crise, o governo federal irá intervir para garantir o equilíbrio. Isso impõe a existência de arranjos institucionais que permitam o controle do endividamento subnacional, para impedir a ação *free rider* de governos que abusam do endividamento e depois apresentam a conta ao governo central (vale registrar que um comportamento fiscal aparentemente mais frouxo de um governo intermediário pode não significar má disciplina fiscal, mas indicar a existência de desequilíbrio vertical na federação).

Coloca-se aí um dilema: ou se estabelece alguma forma de negociação cooperativa entre governos para definir a apropriação do crédito público, ou então torna-se necessária a elaboração de uma legislação central forte, punitiva e unilateral, como a Lei de Responsabilidade Fiscal brasileira (LRF).

Em algumas federações avançadas — por exemplo, a Austrália —, foram desenvolvidos arranjos institucionais intergovernamentais para a regulação do endividamento. O pressuposto desses arranjos é a existência de um limite para o endividamento público total, dada a restrição de crédito na economia, a possibilidade de *crowding-out* do investimento privado etc. Assim, governo central e intermediários se reúnem em conselhos onde se discute a dimensão e a distribuição do endividamento público, em função da situação orçamentária dos governos.

O ponto essencial aqui é que a possibilidade de incluir na sua política fiscal a decisão sobre endividamento é um componente essencial da autonomia dos governos. Para muitos, o melhor arranjo é submeter os governos subnacionais plenamente ao rigor do mercado, eliminando integralmente qualquer possibilidade efetiva de *bail-outs* pelo governo central. Este é o caso nos Estados Unidos. Essa medida, para ser bem-sucedida, provavelmente exigiria também uma mudança cultural nas sociedades locais/regionais, no sentido de introduzir em suas constituições regras fiscais preventivas.

Em não existindo esse controle "natural" pelo mercado, a existência de algum arranjo para controlar e regular o acesso ao crédito faz-se necessária. Na medida em que os governos intermediários tenham força coletiva, podem forçar a criação de instituições cooperativas e negociadas, como é o caso do referido *Loan Council*, na Austrália, um órgão intergovernamental cooperativo. Se os GIs não tiverem força coletiva, o governo federal terá mais espaço para impor sistemas de controle unilaterais, como claramente ocorre no Brasil com os contratos de dívida e a LRF.

Fragilidade dos estados na Federação brasileira

Nosso objetivo nesta parte é arguir sobre o estatuto do governo estadual na Federação brasileira. Nossa hipótese é a existência de uma fragilidade congênita desse nível de governo na Federação. Tal fragilidade decorre de fatores histórico-estruturais importantes e, mais recentemente, tem sido agravada e aprofundada pela evolução dos padrões de intervenção estatal na Federação. Para manter o artigo em um tamanho aceitável, nosso foco maior será o período recente dessa evolução, que se abre com a Constituição de 1988, mas muitos dos aspectos do problema exigirão algumas referências sumárias a fatores mais a longo prazo.

Nossa análise aqui será realizada em três passos. Primeiro, de uma forma mais superficial e apenas indicativa, pontuaremos alguns aspectos da longa evolução histórica que vai da criação da Federação até a Constituição de 1988, sob um ponto de vista histórico e político mais geral. Nosso objetivo é inquirir o significado de 1988 para os rumos do arranjo federativo. Depois, com um nível um pouco maior de detalhes, sob um enfoque mais fiscal-orçamentário e institucional, se discutirá a situação dos estados no contexto político-econômico dos 15 anos posteriores à Constituinte, nos quais se concentram as reformas mais relevantes. Finalmente, retomaremos o tema da fragilidade, em uma tentativa de síntese que remeterá a todas as etapas anteriores.

O papel dos estados em um século de Federação até 1988

A proposição sobre a fragilidade atual dos estados na Federação brasileira conduz imediatamente a uma questão complementar, de natureza histórica: *Terá existido algum momento em que os estados foram fortes na Federação brasileira?* Temos que retomar aqui, sob um ponto de vista histórico, a questão já analisada teoricamente acima, da distinção entre poder individual e poder coletivo.

Brevíssimas observações sobre a República Velha

A Federação brasileira, surgida formalmente na Constituição republicana de 1891, não foi uma obra dos governos regionais, tal como acontecido na maioria das federações surgidas nesse mesmo amplo período. Nas colônias britânicas (Canadá, Estados Unidos e Austrália), o governo central e, portanto, em um certo sentido, a Federação, foram criaturas das províncias. O mesmo vale para a Suíça, onde a Federação evoluiu lentamente a partir de uma confederação. Nessas federações, existe o que chamaríamos de compromisso original com a construção da União, sua organização e aperfeiçoamento. Essa dimensão cultural e ideológica do Estado nesses países tem enorme importância no processo de construção institucional.

No Brasil, a Federação foi outorgada[16] a um grande número de estados fora do eixo político-econômico da região Sudeste. Não se criou um governo federal, ele já era uma instância poderosa gerada por três séculos de domínio colonial português. Ao contrário dos casos citados logo acima, portanto, não faz parte da história inicial da Federação brasileira nada semelhante ao conceito de poder coletivo que discutimos no início deste artigo, e que emergiria necessariamente de processo de *state building*. O grande compromisso que sustentou por meio século a chamada República Velha implicava autonomia e distanciamento dos estados das regiões atrasadas em relação ao poder central. Este último era efetivamente limitado ao centro econômico do país na região Sudeste e dominado pela alternância da "república de governadores", que dispunha de mecanismos eficientes para isolar o poder central nas mãos dos dois estados mais importan-

---

[16] Como coloca o ministro Gilmar Mendes (2006), de forma precisa: "No Brasil, ao contrário, o movimento partiu do centro, sem a participação das províncias. Por isso, em análise da realidade pátria do final do século XIX, não se pode afirmar a existência inicial de um "pacto federativo", no sentido estrito do termo".

tes, ao mesmo tempo em que garantia a autonomia das elites locais e a reprodução do coronelismo.

A ruptura da República Velha não significou qualquer mudança nessa situação. As reformas impostas pelas constituições autoritárias dos anos 1930 parecem ter tido, pelo contrário, o objetivo de reduzir o poder desses governos, visando principalmente a quebrar a estrutura de poder da "república de governadores". Até, portanto, o momento da transição da economia agrário-exportadora para o processo de substituição de importações, não parece existir sob nenhuma forma a presença política e institucional *dos estados* enquanto coletivo na Federação brasileira.

"Sístoles", "diástoles" e a Constituição de 1988

Nosso próximo passo é questionar o significado histórico do processo constituinte de 1988, sob cuja égide vivemos até hoje, observado como uma fase que se segue a períodos anteriores de centralização e descentralização, e refletir sobre a possibilidade de que ele tenha eventualmente aberto, naquele momento, a consolidação de uma estrutura federativa equilibrada.

Como é sabido e expresso na clássica noção da "sístole e diástole", após o período autoritário da era getulista o Brasil atravessou três nítidos períodos caracterizados por certa simetria nas relações federativas. Ampla descentralização e abertura no período da Constituição de 1946, passando a um regime fortemente centralizado durante o período militar, de 1964 a meados dos anos 1980, e retornando com força e radicalismo para um amplo processo de descentralização fiscal e política na Constituição de 1988. Mas, como a história não se repete senão como farsa, por trás dessa aparente alternância se escondem mudanças qualitativas relevantes.

A "FEDERAÇÃO INCONCLUSA"

Durante o período da Constituição de 1946, o fato relevante e nem sempre notado é que, em parte, o seu caráter descentralizado decorre de uma relativa fragilidade fiscal do governo central. Embora não haja dados confiáveis, estimativas sugerem que os governos subnacionais controlavam mais de 50% do gasto público final, com os estados sozinhos chegando a mais de 40% do gasto nos anos 1950. No plano institucional, inexistiam quaisquer mecanismos de controle e regulação central sobre a atividade orçamentária dos governos estaduais.

Por outro lado, outro fato pouco notado é que os municípios brasileiros sempre contaram, em todas as constituições da República, com a garantia de autonomia. Não há qualquer dispositivo constitucional que reproduza a prática universal de considerar os governos locais "criaturas dos governos intermediários", subordinando-os financeira e administrativamente a eles.[17] Durante longo período, isso não teve implicações maiores, pelo fato simples de que as atribuições dos municípios eram essencialmente restritas aos assuntos estritamente locais. Nos anos 1960, os municípios no conjunto respondiam ainda por apenas 5% do gasto público total. A ideia de que a federação era bastante descentralizada, naquele período, está definitivamente relacionada à importância dos estados.

Na conjugação desses aspectos — governo central relativamente fraco, municípios autônomos e governos estaduais fortalecidos — aquele período pós-1946 talvez tenha contido uma primeira oportunidade histórica de constituição de uma estrutura federativa equilibrada, na qual os governos

---

[17] Muito laconicamente, todas as constituições desde 1891 trazem alguma frase no sentido de que será garantida a autonomia dos municípios. No período, a quase totalidade das funções municipais era constituída por serviços urbanos locais.

regionais assumissem o papel que lhes cabe nas federações, de principais interlocutores a representar os interesses regionais nas instâncias maiores do País-Federação.[18] Não há, contudo, qualquer evidência histórica de que esses governos, enquanto um coletivo, tenham atuado no sentido de constituir instâncias e mecanismos para *atuação conjunta e integrada na defesa de seus interesses comuns*, o que, implicitamente, deixa aberto o espaço e define a necessidade de um papel protagônico para o governo central.

Desse ponto de vista, o período do regime militar não significaria, então, apenas o "retorno do pêndulo" para uma situação autoritária, mas também, e principalmente, a definitiva constituição de um governo central forte,[19] necessário para a função de eixo regulador e coordenador das relações federativas. Compõem este processo as reformas modernizadoras na área monetária e financeira, a Reforma Tributária de 1967 que trouxe em caráter irreversível a centralização tributária,[20] a Reforma Administrativa, a criação do Confaz e diversas outras medidas.

É evidente que o regime militar, ao suspender os processos democráticos mais elementares e forçar a centralização dos recursos fiscais e o controle estrito do endividamento, impôs enorme fragilização ao nível intermediário de governo, que se adicionava à já relevante "cisão macrorregional"

---

[18] O que constitui o essencial do processo político federativo, exceto para algumas mentes municipalistas radicais, que acreditam na total autonomia municipal e em uma interlocução direta entre governo central e municípios autônomos, algo que se assemelha muito a uma "república municipalista", sem governos intermediários.

[19] Obra de referência sobre essa ideia é Draibe, 1985.

[20] O fortalecimento tributário do governo federal foi acompanhado da criação de sistemas permanentes de transferências verticais, via fundos de participação e, pelo menos até 1968, o forte dinamismo do então ICM preservou a posição relativa dos estados na arrecadação. A partir daí, o governo federal forçou grande centralização fiscal.

que impedia qualquer atuação coletiva, que não fosse ao nível de macrorregiões.[21]

A "cisão macrorregional"

Um ponto de partida obrigatório na análise da Federação brasileira refere-se à secular divisão do país em regiões industrializadas/desenvolvidas e regiões ditas atrasadas. Esse recorte básico moldou os traços fundamentais das relações federativas no país desde o início da industrialização. Ao longo do tempo, ele levou à consolidação de um conceito simultaneamente econômico e político de macrorregiões como atores fundamentais, que passou a balizar todos os sistemas e regras do federalismo fiscal brasileiro. A nosso ver, esse recorte é um importante (embora não único) fator que impediu o desenvolvimento de uma "personalidade coletiva" para os estados brasileiros e contribuiu para a fragilização de sua posição no federalismo, um dos temas fundamentais deste trabalho.

A cisão macrorregional poderia ter sido historicamente datada e superada, caso o processo de convergência econômica iniciado nos anos 1970 tivesse se consolidado como um novo padrão do desenvolvimento brasileiro. O processo, pelo tempo em que existiu, atenuou os conflitos federativos diante da perspectiva de longo prazo de redução e virtual eliminação das disparidades. No entanto, por razões que não cabe aprofundar aqui,[22] ele foi interrompido a partir do início dos anos 1990, e pode, talvez, ter sido até revertido. Esse fato trouxe de volta os velhos antagonismos, agravados agora pela virtual falência dos sistemas tradicionais de fomento ao desenvolvi-

---

[21] A rigor, apenas as regiões atrasadas se constituíram de fato em frentes políticas de intervenção e defesa de interesses regionais. As regiões Sul e Sudeste sempre se mostraram mais limitadas em sua capacidade de aglutinar forças do lado desenvolvido do país.

[22] Ver, a respeito, Cano (2007), entre outros.

mento regional e pelo abandono evidente, por parte do GF, já desde os anos 1980, de qualquer atenção à problemática do desenvolvimento regional. Deveremos explorar, à frente, diversas implicações contemporâneas desses fatos.

Seriam esses antagonismos clássicos — que assumiram a forma de contraposição política entre regiões, quase como se elas fossem poderes estaduais em uma federação de cinco estados — por si só capazes de explicar a fragilidade dos governos estaduais na Federação? Deixamos a questão introduzida aqui.

Constituição de 1988: oportunidade histórica?

No ocaso do regime militar, ao final dos anos 1980, a pergunta relevante, a nosso ver, refere-se às possibilidades de que as forças federativas — os grupos políticos regionais, seus governos — pudessem se impor diante de um governo federal que, embora momentaneamente fragilizado do ponto de vista político, mantinha ainda elevado poder de intervenção e decisão sobre os orçamentos públicos através de suas empresas estatais, bancos públicos, autarquias e entidades regulatórias. O processo de redemocratização e sua expressão maior, o processo constituinte de 1988, representariam uma segunda e crucial oportunidade histórica de edificação de uma estrutura federativa equilibrada e estável? Diversos aspectos apontam nessa direção.

Primeiro, a antecipação das eleições diretas subnacionais em relação à eleição presidencial fez dos governadores eleitos uma força política destacada no período. Naquele momento, observadores chegaram a falar de "república de governadores", "Barões da República", impressionados pelo poder dos recém-eleitos em montar e influenciar politicamente suas bancadas no Congresso, aparentemente emergindo como força política decisiva no processo em curso.

Segundo, duas décadas de centralismo autoritário levaram a que o processo constituinte assumisse um caráter decisivamente descentralizador, *pelo menos em suas manifestações imediatas*. A apropriação vertical de recursos fiscais foi modificada a favor dos GSNs (governos subnacionais), e a autonomia estadual para gerir o ICMS foi muito ampliada, eliminando-se virtualmente todas as possibilidades de ingerência do GF.

Terceiro, a Constituição também definiu explicitamente uma diretriz descentralizadora dos encargos, ao indicar a atribuição das funções do ensino básico e atendimento à saúde aos municípios.

Quarto, e não menos importante, ela sacramentou a tradição constitucional de conceder autonomia aos municípios, indo um passo adiante e atribuindo status de ente autônomo da Federação aos governos locais.

Poderíamos então supor que, naquele momento, estava colocada a oportunidade histórica para a constituição de uma estrutura federativa equilibrada? Um competente e lúcido observador diz:

> Todas essas mudanças trazidas com a Constituição de 1988 revelam uma tendência de equilíbrio na organização federativa brasileira, com atribuição de equânimes poderes e competências à União, Estados, Distrito Federal e Municípios. Na ordem constitucional de 1988, estão plantados os fundamentos para a construção de um federalismo equilibrado, simétrico e cooperativo (Mendes, 2006, grifos nossos).

Talvez sim, mas a evolução posterior rejeitou essa hipótese. Assistiu-se à recomposição do poder central na federação brasileira, ao fortalecimento dos governos locais não apenas em autonomia como também em capacidade de gasto, e, principalmente, à lenta e progressiva marginalização dos governos estaduais de todos os processos decisórios relevantes na Federação, em paralelo a redução de sua participação no gasto público total.

No que se segue, tentaremos uma explicação para isso, apondo uma nova questão àquela formulada logo acima: Conteria a Constituição de 1988, de fato, dispositivos de médio e longo prazo que conduzissem a Federação brasileira à edificação de uma estrutura equilibrada? Nossa resposta decisiva é negativa. Já existiam nela contradições e ambiguidades que prenunciavam o caminho contrário. Os elementos que se projetavam ao médio e longo prazo, todos eles, apontavam para a provável recomposição do poder central na Federação.

Dedicaremos os itens seguintes a justificar a seguinte afirmação: embora a Constituição de 1988 fosse imediatamente descentralizadora, ela era de fato centralizadora a médio e longo prazo, por, primeiro, conter dispositivos que garantiam apenas ao governo federal a iniciativa no campo tributário, através da criação de contribuições sociais. Ao mesmo tempo, os governos estaduais combinavam, naquele momento, a sua característica histórica de divisão e conflitos a uma situação conjuntural de fragilidade fiscal, marcada por desequilíbrios orçamentários crescentes que se estendem por uma década de 1985 até 1995, e que determinam sua subordinação a um papel crescentemente regulador do poder central. A contrapartida natural desse processo e das diretrizes estabelecidas na constituição foi o aumento da importância fiscal e política dos municípios na Federação, criando de fato uma "federação trinária". Em terceiro lugar, aquela Constituição deixa em aberto diversos aspectos fundamentais da institucionalidade federativa, que, de fato, exigiriam nas décadas seguintes a atuação do governo federal no sentido de consolidação dessas instituições, o que foi feito sem participação ativa (na realidade, quando muito, reativa) dos governos estaduais, assumindo, portanto, sentido centralizador.

Nos próximos dois itens, exploramos os aspectos macrofiscal-orçamentários da questão, abordando primeiro a evolução macrofiscal do período, enfatizando a progressiva reversão da descentralização momentânea operada em 1988, e complementando depois com algumas observações sobre a evolução orçamentária dos governos estaduais.

Aspectos da evolução macrofiscal: implicações da Constituição de 1988

Seguindo em nossa abordagem seletiva, devemos examinar aqui os seguintes aspectos da evolução macrofiscal que decorre da Constituição de 1988, com ênfase nas relações entre governo federal e estados:

- os poderes tributários na constituição de 1988;
- a situação fiscal dos governos estaduais em 1988;
- a recomposição do poder tributário da União e a degradação dos fundos de participação;
- implicações da crise fiscal de 1995: renegociação de dívidas e LRF;
- a regulamentação da divisão federativa de encargos em saúde e educação.

A Constituição de 1988 e as competências tributárias

Havia claramente duas "frentes" prioritárias, um tanto quanto esquizofrênicas, no processo de revisão fiscal na constituinte. A primeira refere-se à questão financeiro-tributária vertical, em particular ao processo de descentralização das receitas fiscais em prejuízo do governo federal, questão sobre a qual se concentravam as forças políticas estaduais e municipais. A segunda reside na defesa dos direitos sociais, também sustentada por poderosos grupos de interesse, e orientada para o fortalecimento financeiro do gasto social. Os processos que encaminharam essas duas "frentes fundamentais" da Constituinte avançaram de forma relativamente independente, como se o que se decidisse de um lado não tivesse nada a ver com as decisões do outro.

Como se sabe, a distribuição das receitas fiscais foi duplamente descentralizada, uma vez pela ampliação da base tributária do ICMS e outra pela ampliação da parcela de IR e IPI a serem compartilhados com GSNs através dos fundos de participação (FPE e FPM). Essas medidas basicamente completavam a reversão da centralização da arrecadação fiscal que se estabelecera durante o regime militar,[23] em particular pela elevada dimensão potencial das receitas derivadas das novas bases do ICMS, que estavam deprimidas pela ausência de investimentos das empresas estatais, e que foram liberadas a partir da privatização desses setores e da correção das tarifas.

Outra frente de debates, relativamente autônoma e separada, reunia os interesses dedicados ao resgate da chamada "dívida social", muito ampliada durante o período autoritário. Desta frente resultaram medidas fundamentais como a universalização do acesso à saúde e à ampliação da Previdência Social. O dispositivo institucional escolhido para viabilizar tais medidas foi a criação do Orçamento da Seguridade Social — OSS, complementado pela atribuição ao governo federal do poder de instituir contribuições sociais.

Uma das preocupações centrais desses interesses referia-se à fragilidade do financiamento dos gastos sociais no Bra-

---

[23] Nesse aspecto específico, a Constituinte foi apenas a culminância de um processo progressivo de descentralização iniciado já no começo dos anos 1980.

A "FEDERAÇÃO INCONCLUSA"

sil, demasiadamente dependentes da contribuição previdenciária, que até então bancava não apenas o sistema de pensões, como grande parte dos gastos em saúde. A elevada sensibilidade cíclica dessa fonte motivava, desde o início dos anos 1980, a luta por diversificação das fontes de financiamento social. Essa bandeira veio a se concretizar na Constituinte, talvez de uma forma não muito feliz: a contrapartida da descentralização de receitas tributárias foi a entrega ao governo federal, em caráter exclusivo, do poder de instituir contribuições sociais sempre que necessário para garantir o financiamento do OSS.

Em suma, a Constituinte operou uma forte descentralização no curto prazo, via ICMS e fundos de participação, mas, no longo prazo, ao reservar o poder tributário residual à União via contribuições sociais, abria caminho para a recuperação do espaço fiscal perdido e a consequente recentralização fiscal. Um aspecto fundamental desse dispositivo foi que ele abriu para o governo federal acesso às bases tributárias que, em princípio, eram reservadas para governos subnacionais, uma vez que autorizava a criação de contribuições também sobre receitas, ou seja, faturamento. A subsequente expansão da carga tributária de contribuições viria a impor uma restrição ao crescimento da receita do ICMS, contribuindo para a fragilização dos estados.

O desequilíbrio fiscal dos governos estaduais

Embora os governos subnacionais chegassem politicamente fortalecidos às portas do processo constituinte, do ponto de vista orçamentário a situação era bem outra. Já desde 1985 (crise dos bancos estaduais) se iniciou um processo recorrente de *bail-outs*, que vai se estender até 1996-98. A nosso ver, estabelece-se nesse período uma situação bem-definida de *soft budget constraint*. A desordem fiscal dos governos estaduais, ampliada pelo poder de recorrer a empresas e bancos estaduais, era sistematicamente assistida e realimentada pelos socorros do governo federal, realizados em 1984 e 1987 (bancos estaduais), 1989, 1993 e de forma terminativa em 1996-98 (governos).[24] O ponto a ser destacado aqui é que existia, na época da Constituinte, um problema relevante de controle fiscal federativo. As dificuldades de consolidação fiscal não se limitavam às finanças federais, mas se estendiam também aos governos estaduais. No entanto, em um ambiente de exorcismo de qualquer papel controlador do governo federal, não havia clima para tratar seriamente desse problema.

Não se pode, contudo, dizer que Constituição de 1988 tenha ignorado a questão. No art. 163 ela estabelece que Lei Complementar deveria dispor sobre finanças públicas, dívida etc. Ela se limitou, portanto, a indicar a necessidade de que fosse elaborada, posteriormente, uma legislação adequada para modernizar os controles sobre o processo orçamentário do setor público em geral, em substituição à Lei nº 4.320/62, desatualizada sob diversos pontos de vista.[25] No entanto, nada foi feito, naquele momento, para sustar o nítido processo de liberalização fiscal concedida aos governos estaduais, mesmo diante do fato óbvio de que a ampliação das receitas abria uma janela de oportunidade para reformas institucionais.

Em particular, ficou pendente naquele momento qualquer iniciativa para rever e atualizar os processos de controle sobre o endividamento subnacional, que foram progres-

---

[24] Uma descrição detalhada da evolução da dívida estadual nos anos 1980 pode ser vista em Lopreato (2000).

[25] Nosso ponto aqui não se refere à qualidade da Lei nº 4.320, muito avançada sob diversos aspectos, mas omissa no sentido de criar regras e mecanismos de controle que coibissem as práticas orçamentárias prejudiciais. Nesse sentido, a Lei de Responsabilidade Fiscal veio a preencher uma lacuna.

sivamente desvirtuados e desgastados pelas manipulações realizadas no regime militar (Lopreato, 2000).[26] No período pós-1988, a situação do endividamento estadual continuou se agravando, com elevado comprometimento dos bancos estaduais e uma dívida mobiliária em franca expansão. Tentativas do GF de impedir que os juros da dívida fossem financiados pela sua expansão, através da EC nº 3/1993, fracassaram diante da pressão dos governos estaduais, e resoluções do Senado em 1994 e 1995 relaxaram a proibição, permitindo a rolagem inclusive dos juros (Lopreato, 2000, p. 22).

A crise fiscal de 1995

Como é sabido, uma das principais consequências do Plano Real foi romper com determinada dinâmica orçamentária que decorria da adaptação ao regime de alta inflação. Ao longo de uma década, a administração tributária aprendeu a conviver com a inflação, ampliando a indexação das receitas e evitando o "efeito Tanzi",[27] e os governos souberam aproveitar a outra face da moeda, a erosão dos gastos correntes, principalmente salários, pela inflação. Quando a inflação foi interrompida, o ganho pelo lado da receita se revelou irrelevante perante as perdas decorrentes de não existir mais a erosão inflacionária das despesas. Esse efeito, associado a uma postura fiscal relativamente frouxa, explicitou o desequilíbrio orçamentário generalizado dos três níveis de governo a partir de 1995.

---

[26] Durante esse período, o governo federal utilizou os controles de endividamento pelo BC essencialmente para direcionar o gasto subnacional, trabalhando sistematicamente com a liberação de crédito seletiva, os chamados "extralimites", e outros expedientes.

[27] Efeito Tanzi refere-se à perda do valor real da arrecadação tributária decorrente da inflação existente entre o ato gerador da receita e o efetivo pagamento ao Estado.

Do ponto de vista político, a diferença fundamental nesse novo momento foi a ocorrência uma clara inversão de poder em relação a 1988. Naquele momento, o governo federal estava "nas cordas": regime autoritário agonizante, presidente sem legitimidade e que esteve praticamente ausente no processo constituinte e os governos subnacionais se colocando como portadores do futuro e da esperança. Em 1995, quem detinha capital político forte era o governo federal, alavancado pelo sucesso no controle da inflação. Os governos estaduais, por outro lado, com destaque para os desenvolvidos, encontravam-se em situação crítica, pressionados por dívidas elevadas roladas em mercado a taxas altíssimas.

Repetiram-se, como em 1989 e 1993, as iniciativas para a intervenção salvadora da União. Dessa vez, contudo, o poder central detinha capital político para forçar uma negociação qualitativamente diferente. A renegociação da dívida em mercado, e sua substituição por títulos federais, foi condicionada a acordos envolvendo ajuste fiscal e privatização de bancos e empresas. Em tempos diferentes, com maior ou menor resistência, todos os estados acabaram aceitando os acordos, realizados no período de 1997/98. Vale lembrar que os governos estaduais vinham, até então, resistindo fortemente a iniciar processos voluntários de privatização, quando o governo federal já tinha avançado muito no seu processo.

Interessa-nos aqui destacar um aspecto da questão. Os acordos de dívida fechados no período vieram a se constituir em uma alternativa imediata e imediatista para a inexistência de uma legislação consistente que regulasse as práticas orçamentárias federativas. Essa legislação infraconstitucional, cobrada genericamente pela Constituição de 1988, foi ignorada pelo Congresso e pelo Executivo na década seguinte. Os acordos de dívida acabaram cumprindo o papel de um instrumento, supostamente provisório, de controle da Federação sobre o comportamento fiscal dos GSNs.

Estamos plenamente convencidos de que, dado o baixo comprometimento dos governos estaduais com as políticas de estabilização macroeconômica do período, e os incentivos perversos embutidos nas práticas anteriores de *bail-out* e *soft budget constraint*, não havia alternativa senão encontrar um caminho para recuperar em curto prazo a estabilidade fiscal perdida. No entanto, o esdrúxulo arranjo concebido se assemelhava mais a uma "camisa de força fiscal" do que a um sistema institucional democrático e adequado à negociação entre entes federativos para administração do endividamento público. Embora fosse o limite do possível naquele momento, deixava em aberto o problema de avançar no desenvolvimento institucional da Federação.

Na continuidade do processo, o agravamento da situação macroeconômica levou, em 1998, como é sabido, à ruptura do modelo adotado em 1994, centrado na âncora cambial. Isso explicitou a necessidade de ampliar o controle macroeconômico no campo fiscal, pois o barco exigia agora uma "âncora fiscal". Em um desdobramento natural dos contratos de renegociação, o governo federal deu um passo adicional no sentido de concretizar a legislação exigida pela Constituição de 1988 sobre os processos orçamentários, ainda que o alvo preferencial fossem os governos subnacionais. Disso resultou a Lei de Responsabilidade Fiscal, que veio a complementar o processo emergencial de renegociação das dívidas, a consolidar a normatização sobre as práticas orçamentárias do ponto de vista das suas implicações macroeconômicas, mas que é essencialmente um diploma um diploma negativo e punitivo. Ele deixou em aberto a questão da revisão do arranjo institucional para regular a questão do endividamento público em sua dimensão federativa.

O FEDERALISMO BRASILEIRO EM SEU LABIRINTO

A recuperação fiscal da União e a atrofia dos fundos de participação

No contexto dos desenvolvimentos acima relatados, existem dois movimentos básicos que caracterizam a situação fiscal--federativa desse longo período. Primeiro, a partir do início dos anos 1990, a União iniciou a contraofensiva tributária através das contribuições sociais, recuperando plenamente o espaço fiscal perdido em 1988 através da elevação continuada do PIS, Cofins e outras contribuições. No essencial, o processo realizou plenamente as expectativas dos defensores da política social: os recursos do OSS foram sucessivamente ampliados, em grande medida absorvidos pelo atendimento às demandas crescentes colocadas pela ampliação dos direitos previdenciários. O governo federal auferia alguma receita livre adicional para atender aos seus outros encargos, através do dispositivo da Desvinculação de Receitas da União (DRU), que liberava 20% dos recursos de sua vinculação social.[28]

Note-se que, do ponto de vista federativo, esse processo, essencialmente tributário, implicava na geração de uma "pressão invisível" sobre a capacidade dos estados para gerir o ICMS. Na medida em que o governo federal entra tributando fortemente transações econômicas com bens e serviços, através de arcaicos impostos cumulativos, não apenas a qualidade do sistema tributário se degrada como o espaço dos governos estaduais é restringido, dada a resistência dos agentes econômicos a níveis elevados de tributação indireta.

O outro lado desse processo refere-se à atrofia da base dos fundos de participação. Essa base é composta, desde 1991, por 21,5% da receita do IR e do IPI. Durante o período em tela, essa base de recursos, que financia as transferências re-

---

[28] A mais completa descrição desse processo e suas implicações foi feita por Fernando Rezende (2007).

distributivas dos fundos de participação, perdeu participação tanto em relação à receita total federal como em relação à carga tributária total. Isso se deveu à combinação de diversos movimentos: abandono do IPI como instrumento de arrecadação e sua redução ao papel de instrumento de política industrial e de ativação macroeconômica; fortalecimento de impostos sobre a renda não partilhados: contribuição sobre o lucro líquido — CSLL; e ampliação das contribuições sociais, que não são compartilhadas com os governos subnacionais.

Gráfico 1
Base do FPE (IPI + IR) em relação receita administrada

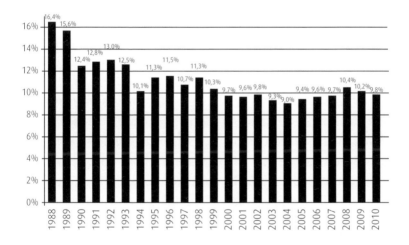

Fonte: Secretaria da Receita Federal.

Como resultado do processo, as receitas não compartilhadas cresceram de 24% para 55% das receitas federais, enquanto as compartilhadas caíram de 76% para 46% no período de vigência da Constituição de 1988. Se o FPE fosse corrigido hoje para a mesma participação que detinha em

1988, em relação à receita federal, subiria de R$ 53 bilhões para R$ 89 bilhões.

O reequilíbrio de encargos em Educação e Saúde

Outro aspecto federativo desse processo macrofiscal deve ser ressaltado. Na Constituição, de 1988 a formatação legal do chamado OSS foi deixada frouxa e indefinida, sob o ponto de vista federativo. Mais um sintoma do predomínio das esferas subnacionais naquele processo, o art. 195 da Constituição define que esse orçamento deve contar com a participação da União e dos governos subnacionais, mas não detalha a forma e os mecanismos de controle para isso necessários. A consequência foi que o dito "orçamento" nunca chegou a existir como tal, acabando sendo apenas um capítulo do orçamento geral da União.

No contexto da crise que se iniciou em 1995 e se explicitou em 1998, mesmo com a ampliação das receitas providas pelas contribuições sociais, o governo federal encontrou dificuldades para financiar os gastos em educação e saúde, simultaneamente à vigorosa expansão dos gastos previdenciários. Em 1993, diante da forte pressão dos gastos previdenciários expandidos pela Constituição de 1988 e do baixo dinamismo da receita previdenciária, o governo federal conseguiu aprovar uma lei tornando a receita da contribuição previdenciária exclusiva do INSS, o que viabilizou que o sistema de Previdência abandonasse a função que historicamente exercia, de financiar os gastos do sistema de saúde.[29] Isso levou a nova mobilização das forças políticas defensoras das políticas sociais, o que resultou, por um lado, na criação da CPMF, e, de outro, na EC nº 29/1996, que impunha aos

---

[29] Em 1988, na criação do OSS, as receitas nele incluídas passaram a ser solidárias, ou seja, não havia qualquer exclusividade. Uma parcela da contribuição previdenciária, acordada em 30%, financiava os gastos em Saúde. A mudança de 1993 rompeu com a solidariedade das fontes.

orçamentos subnacionais uma vinculação de receitas a gastos em saúde semelhante aquela que já existia desde os anos 1980, que vinculava 25% do orçamento a gastos em educação (Emenda Calmon).

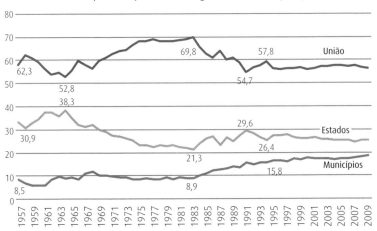

Gráfico 2
Receita disponível por nível de governo — composição %

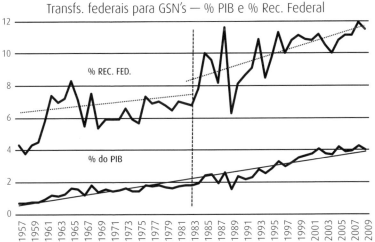

Gráfico 3
Transfs. federais para GSN's — % PIB e % Rec. Federal

Fonte: Elaboração própria. Baseado em Varsano *et alii* (1998), com atualização dos dados para os anos de 1997 a 2005.

O FEDERALISMO BRASILEIRO EM SEU LABIRINTO

Ao mesmo tempo, o governo federal tomou a iniciativa de criar o Fundef, atual Fundeb, que, no essencial, tinha a lógica de otimizar a utilização dos recursos vinculados à educação, reforçando o foco na educação fundamental e depois na básica, e com isto limitando/reduzindo a necessidade de recursos federais para esse setor.[30]

A atribuição de encargos, na Federação brasileira, tem caráter concorrente, em contraste com os poderes tributários, que são basicamente exclusivos. Em particular nos setores de serviços sociais básicos — educação e saúde — os três níveis de governo têm atuação relevante. A coordenação da intervenção estatal nesses setores possivelmente era o objetivo do arranjo previsto no OSS, o qual, no plano abstrato das intenções, supunha um trabalho cooperativo. Sua patente inviabilidade e posterior atrofia e virtual desaparecimento deixava um vazio de articulação federativa. As iniciativas do GF que resultam em maiores restrições à autonomia dos orçamentos subnacionais buscavam um reequilíbrio na distribuição de encargos entre os níveis de governo.

Estados e a distribuição vertical da capacidade de gasto

Um aspecto importante para o entendimento da situação dos governos estaduais na Federação brasileira refere-se à sua situação orçamentária. O problema de fundo a ser aqui discutido é a perda de importância dos orçamentos estaduais no gasto público total do país. O gráfico apresenta a evolução da receita disponível, ou seja, a receita própria acrescida da totalidade das transferências recebidas pelos

---

[30] Indicativo disso é que, no período do Fundef, o governo federal nunca cumpriu plenamente sua parte, que consistia na complementação para os estados cujo recurso *per capita* médio não atingisse a média nacional. Os repasses federais foram sistematicamente reduzidos, através de interpretações duvidosas da legislação. Quando veio o Fundeb, a participação federal foi ampliada e garantida.

A "FEDERAÇÃO INCONCLUSA"

governos. É uma boa medida da capacidade final de gasto desses governos. Ele mostra que, durante o regime militar, até 1983, ocorreu significativa centralização do gasto público na União, em detrimento exclusivamente dos governos estaduais. A partir de 1983, principalmente em função da progressiva ampliação dos fundos de participação, os governos subnacionais começam a recuperar receita, o que já sinaliza o afrouxamento da centralização fiscal autoritária. Esse processo de recuperação se estende com nitidez até 1991, quando se completam os efeitos das medidas redistributivas tomadas na Constituição de 1988. A partir daí, a apropriação final da receita fiscal na Federação brasileira se estabilizou por alguns anos, para retomar a partir da crise de 1998 sua tendência de recentralização.

Duas coisas chamam a atenção nesses dados. Primeiro, a evolução de longo prazo demonstra uma clara redução da participação dos governos estaduais no gasto público total. Respondendo por quase 40% no final do período descentralizador da Constituição de 1946, ela cai para 25% nos anos 2000. Em segundo lugar é a natureza peculiar do que poderíamos chamar de "processo de descentralização" na Federação brasileira. Tomando como referência 1988, quando as principais medidas foram tomadas, o processo que se verifica é de fato uma *municipalização*, uma vez que os estados contam hoje com a mesma participação que detinham em 1988. Ao contrário do que muitos supõem, nas duas últimas décadas a União não recuperou sequer a participação já reduzida que detinha em 1988. Embora a União tenha recuperado sua participação na receita arrecadada, via contribuições sociais, isso não se traduziu em maior participação federal no gasto final, porque simultaneamente foram aumentadas as transferências, com especial destaque para aquelas vinculadas à Saúde.

A receita disponível dos GSNs é basicamente determinada pela evolução do ICMS, das bases dos fundos de participação e do conjunto das demais transferências federais. Nos estados desenvolvidos, a arrecadação própria dos municípios tem boa participação, mas nas regiões atrasadas, os governos dependem essencialmente da cota-parte do ICMS, do FPM e do SUS.

Gráfico 4
Tributação bens serviços — contribuições x impostos com % PIB

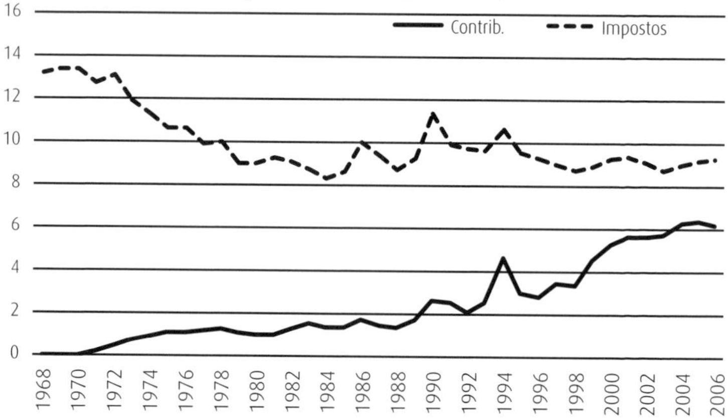

Gráfico 5
Participação do IPI e ICMS na carga total sobre bens e serviços

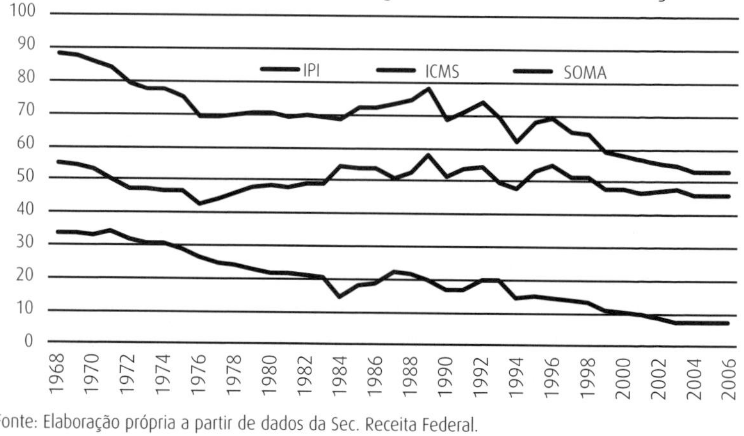

Fonte: Elaboração própria a partir de dados da Sec. Receita Federal.

O principal motivo da perda relativa das receitas estaduais decorre da evolução do ICMS. Essa fonte se manteve estável como parcela do PIB, em torno a 7%, desde início dos anos 1990, após um crescimento significativo nos anos 1980. No mesmo período, ocorreu uma forte elevação da tributação de bens e serviços, por conta da expansão das contribuições sociais.

Essa expansão se deu claramente por um processo progressivo de "expulsão" do ICMS, que perdeu participação na tributação dessas bases. Esse processo de *crowding-out* da tributação "boa" — impostos — pela tributação "ruim" — contribuições em cascata — foi reforçado pela atrofia do IPI, que cada vez mais perde o papel de imposto arrecadador, como era na concepção original, e passa a ser instrumento de política macroeconômica.

Os orçamentos estaduais foram, portanto, duplamente afetados. Primeiro diretamente pelo encurtamento do espaço tributário nos bens e serviços. Segundo, pela redução das bases dos fundos de participação, determinada pela redução da receita do IPI.

A Constituição de 1988 indicava a possibilidade de um fortalecimento dos governos estaduais, forçando uma acentuada fragilização temporária da posição fiscal da União. Ao mesmo tempo, abria, no capítulo social, a possibilidade de reversão desse processo, o "ovo da serpente" (Rezende, 2007). O bem-sucedido processo que levou o GF a recuperar o poder de controle sobre gastos e receitas poderia ter sido obstado caso os governos estaduais tivessem aproveitado o momento em 1988 e fortalecido sua situação fiscal consolidando práticas fiscais sólidas e instituições fortes de cooperação horizontal. Isso não ocorrendo, o sucesso do Plano Real encontrou os governos estaduais em situação duplamente frágil, e o governo federal em condições de conso-

O FEDERALISMO BRASILEIRO EM SEU LABIRINTO

lidar o movimento de retomada do poder fiscal que já iniciara, estendendo agora o poder federal através da renegociação da dívida e da regulamentação da participação dos GSNs nas áreas de educação e saúde, o que constituiu um processo tipicamente não cooperativo.

Por outro lado, diversas das medidas aqui descritas vêm a instituir, também, mecanismos e procedimentos evidentemente necessários para o ordenamento fiscal da Federação: ordenamento da prática orçamentária subnacional, divisão de encargos nas áreas fundamentais de educação e saúde. Em boa medida, elas acabaram mais outorgadas que negociadas, particularmente no que se refere à dívida e práticas orçamentárias. No entanto, isso se deve também à crônica fragilidade dos estados enquanto corpo coletivo na Federação, incapazes de atuar senão reativamente em relação aos problemas institucionais e fiscais.

A nosso ver, tudo isto decorreu de um processo de reformas que se estendeu aproximadamente de 1988 ao início dos anos 2000, quando se concentraram as medidas que, de certa forma, conformaram a atual situação das relações fiscais federativas. A partir do primeiro governo Lula, não há mais mudanças relevantes nesses arranjos fiscais e institucionais.[31]

Conclusões: retomando a questão da fragilidade

Cabe agora retomar nossa questão inicial e buscar, ainda que precariamente, uma síntese dos diversos aspectos le-

---

[31] A era Lula não apresenta qualquer iniciativa relevante no âmbito das relações fiscais federativas. As únicas reformas relevantes realizadas referem-se à Previdência Social e não afetaram os governos subnacionais. Pelo contrário, a postura adotada sistematicamente pelo GF tem sido a de evitar a todo custo a abordagem dos problemas federativos.

vantados na análise anterior. O fato fundamental, a nosso ver, é que na constituição dessa problemática da fragilidade convergem tanto fatores históricos de longo prazo, características estruturais da Federação brasileira, como situações e pontos de inflexão conjunturais do período recente. Tentamos descrever essas duas ordens de fatores nos dois itens anteriores.

Propomos, portanto, buscar uma síntese decompondo nosso problema em três diferentes óticas: a herança do passado, nos aspectos histórico-estruturais; alguns aspectos do presente, em fatores conjunturais relevantes; e a questão do futuro, expressa nas ambições de edificação do estado de bem-estar social. É na consideração conjunta dessas três óticas que talvez seja possível entender o estatuto dos estados na Federação brasileira.

A herança do passado: traços históricos e estruturais

Sob essa ótica se incluem duas questões já analisadas: o problema da inexistência de instituições de coesão horizontal entre os estados brasileiros e a nebulosa instituição da autonomia municipal, que sempre existiu de fato, e se tornou *de jure* na Constituição de 1988. A isso se soma um novo aspecto, a que ainda não nos referimos: a forte vocação da Federação brasileira para a centralização do poder legislativo. Esses são três temas que só podem ser devidamente elucidados por uma pesquisa histórica que ultrapassa em muito os limites deste trabalho e a competência do autor. De qualquer forma, queremos enfatizar que essa "herança" molda as alternativas para o desenvolvimento recente do equilíbrio federativo no Brasil, o típico problema de *path dependency*.

A fragilidade horizontal: a inexistência política do coletivo estadual

No início deste trabalho, discutimos, de um ponto de vista teórico, o problema das formas de representação de interesses nas federações. Um aspecto eminente do federalismo brasileiro é a crônica e renitente ausência de instituições de negociação horizontal entre governos estaduais que permitam constituir *o nível dos governos estadual* como um ente político na federação.

Primeiro, tendo sido a federação outorgada, desde o início o coletivo estadual não teve motivos para se erguer e atuar. As elites regionais das regiões Norte e Nordeste, e até da região Sul, ilhadas em seus espaços econômicos próprios, sem qualquer integração econômica via mercado interno, articuladas muito mais com o exterior do que com o restante do país, satisfaziam-se com a autonomia consentida pelo governo central. Em um século de evolução, apenas o breve período da Constituição de 1946 teria sido favorável para tais desenvolvimentos. Por outro lado, a "cisão macrorregional" aparentemente sempre neutralizou qualquer possibilidade de uma agenda mínima. Essa foi substituída por agendas macrorregionais, ou, mais precisamente, dada a escassa coordenação políticas das regiões desenvolvidas, por apenas uma agenda básica das regiões atrasadas, à qual o resto da Federação apenas reagia. Essa vem pautando, há décadas, as decisões acerca da distribuição vertical de recursos, da distribuição horizontal da receita do ICMS e das estratégias de desenvolvimento regional, para dizer o mínimo.

É provável, também, que a iniciativa do governo federal, nos anos 1970, de organizar a gestão horizontal do ICMS, criando o Confaz, tenha reduzido os incentivos para a criação de instituições de negociação horizontal entre estados (não custa notar, de passagem, que esta, a única instância de

A "FEDERAÇÃO INCONCLUSA"

articulação horizontal que existe, foi imposta pelo GF, e não surgiu de iniciativa dos estados).[32] Na legislação de origem, esse órgão deveria se ater exclusivamente à coordenação da política de administração tributária das bases do ICMS, ou seja, incentivos e benefícios. Na prática, ele acabou se tornando, com todos seus vícios de deliberações secretas e unanimidade, o espaço natural de negociação dos problemas fiscais estaduais em geral. Por outro lado, ele nunca perdeu seu caráter essencial de câmara de negociação do ICMS, e nunca deixou também de ser um espaço de conflitos permanentes em torno a perdas e ganhos individuais. Principalmente, o Confaz nunca reúne governadores para um processo político de discussão e negociação, e não oferece virtualmente nenhuma transparência para a sociedade sobre suas discussões e deliberações. Sua existência acabou gerando um processo distorcido em que a comunicação entre estados, quando ocorre, qualquer que seja o tema, envolve apenas secretários de Fazenda sob uma ótica tributária.

A inexistência de um corpo político *coletivo* estadual deixa apenas a alternativa da inserção individual nos processo decisórios centrais. Isso acaba por ampliar o poder das estruturas partidárias, que se tornam canais naturais de direcionamento de recursos, mas a dimensão restrita das transferências discricionárias torna limitada essa alternativa. Em um contexto como o atual, de presidencialismo de coalizão, isso abre espaço para o desenvolvimento do "clientelismo de coalizão".

---

[32] No final dos anos 1960, diante do acirramento de conflitos inter-regionais em torno a incentivos tributários do ICMS, o GF promoveu inicialmente reuniões periódicas dos secretários de Fazenda, sob a batuta do ministro da Fazenda, para apaziguar os conflitos. Em 1975, o processo foi formalizado pela LC nº 24, que deu origem à posterior criação do Confaz.

Essa mesma omissão do corpo coletivo estadual torna-o incapaz de abordar até mesmo os problemas que lhe dizem respeito diretamente e de negociar soluções que defendam seus interesses mínimos. Exemplo notório recente é dado pela exigência de revisão dos critérios do FPE, feita por sentença do STF. O tema afeta apenas e exclusivamente os estados. Mesmo assim, eles foram incapazes sequer de realizar uma discussão de princípios que deveriam nortear uma solução, muito menos propor algum modelo viável.[33] Nessa situação, os estados brasileiros deverão cair na prática política que tem caracterizado sua atuação: aguardam que propostas apareçam no Congresso, por iniciativa de parlamentares ou por obra do governo federal, e a partir delas encaminham intervenções voltadas para "controle de danos". Em geral esses processos acabam reproduzindo os conflitos subjacentes à "cisão macrorregional". Outro exemplo é dado pelo interminável processo de Reforma Tributária, que nos assombra há mais de uma década. Os estados nunca conseguiram elaborar uma proposta minimamente consensual para encaminhar ao Congresso. Em geral, quando o GF propõe, alguma ação reativa e tentativas de veto por grupos regionais de estados são induzidas.

A inexistência de um espaço de debate e negociação federativa exclusivamente estadual reflete, em grande parte, o fato de que, por motivos que merecem melhor reflexão, as elites regionais não se veem como membros corresponsáveis pela construção da Federação, mas apenas como atores indi-

---

[33] Durante dois anos após a sentença do STF declarando inconstitucional a distribuição vigente do FPE, a Comissão Técnica Permanente do ICMS (Cotepe) — braço técnico do Confaz — debateu internamente, a portas fechadas, soluções alternativas para o problema, sem conseguir chegar a um projeto que pudesse receber o apoio de todos os estados, ou, pelo menos, propor princípios gerais que devessem nortear a decisão.

viduais que buscam otimizar sua situação política e financeira ainda que em detrimento do país. Há outra forma de interpretar a guerra fiscal em geral, e a "guerra dos portos" em particular?

Enfatizamos nesta análise a noção de poder político *do nível de governo estadual*, ou seja, dos estados enquanto coletivo na defesa dos seus interesses comuns. É evidente que esse poder existe em conflito e tensão com a dimensão individual do poder político, ou seja, aquela capaz de defender os interesses dos estados individuais. É logicamente necessário que, para constituir força política coletiva, exista renúncia parcial aos ganhos individuais. À medida que o individualismo predomine, o provável resultado é que o coletivo perca, ainda que alguns indivíduos do grupo ganhem. A fragilidade fundamental dos governos estaduais no Brasil, a nosso ver, reside na incapacidade de enxergar esse fato. Predomina a busca da vantagem individual, sem a percepção de que, sob uma articulação coletiva mais eficiente, os ganhos individuais poderiam ser maiores. Intuímos que, no Brasil, apenas quando as diferenças internas às macrorregiões, em termos de nível e perfil de desenvolvimento econômico, evoluírem e crescerem, será possível romper a camisa de força do conceito político-econômico de "macrorregião", avançando para o estágio em que se encontram as federações desenvolvidas, ou seja, de uma contraposição mais simples entre estados atrasados e estados desenvolvidos, independentemente de sua localização no mapa.

A autonomia municipal

Um componente fundamental a definir o estatuto do governo estadual na Federação é, a nosso ver, a autonomia municipal. Já elaboramos, acima, aspectos mais gerais do problema. No caso da Federação brasileira, ele se torna cada vez mais importante na medida em que passamos a atribuir crescentes encargos e recursos aos governos locais. Em épocas passadas, quando os municípios respondiam por não mais que 5% do gasto total (e isso devido a algumas poucas capitais), e sua virtual totalidade em funções tradicionais de serviços e amenidades urbanas, a autonomia não se destacava como problema relevante. Dado o movimento de fortalecimento municipal que descrevemos acima, no período pós-1988 a questão da autonomia se revelou.

As implicações desse fato são imediatas:

- Quando passamos a deslocar "para baixo" parcelas crescentes do gasto público, e, em particular, dos serviços sociais básicos, caminhamos para criar uma estrutura federativa estranha a todas as práticas mundiais existentes. Perde seu sentido tradicional a noção de "políticas estaduais" ou mesmo regionais. Ela pressupõe que o governo estadual tenha algum controle *hierárquico* sobre a intervenção estatal em seu território. Nesse arranjo peculiar, em que os municípios são autônomos, eventuais políticas estaduais só são viáveis sob uma lógica eminentemente *cooperativa*. Na ausência da relação hierárquica, a relação cooperativa passa a ser fortemente condicionada pelas relações político-partidárias, que estabelecem um limite natural a uma orientação mais técnica e planejada na intervenção. Um governo do partido A, com grande parte dos municípios sob controle dos partidos B e C, é um forte indicativo de limitações à cooperação, embora não a exclua. *Inexiste, na Federação brasileira, a dimensão estadual de controle dessas políticas.*

- Configura-se um déficit de *accountability* de natureza estrutural. Na medida em que o poder estadual não tem autoridade para gerir e fiscalizar, a governança municipal passa a depender do desenvolvimento de mecanismos internos de cidadania e participação, e, naqueles setores onde o poder central é o agente financiador e regulador, de uma possível fiscalização por parte da burocracia federal. Em federações desenvolvidas, com populações altamente educadas e sistemas de organização cidadã eficientes, a autonomia local assume a feição de um virtuoso avanço no sentido da autogestão e liberdade de escolha de cada comunidade quanto a como gerir seus serviços públicos. Nos países ditos "em desenvolvimento", qual é a parcela dos governos locais capazes de realizar uma autogestão?

O déficit de *accountability* é dramático no Brasil. Apenas uma parcela irrelevante dos municípios conta com sistemas autônomos de controle e gestão, tais como os tribunais de conta municipais, se é que isso faz realmente alguma diferença. A possibilidade do controle local via participação cidadã pode até começar a existir em regiões muito desenvolvidas do país, embora saibamos pouco sobre o grau e a eficácia desses processos. Nas regiões atrasadas, décadas ainda nos separam de contar com participação cidadã para controle das administrações municipais. Quanto ao GF, é evidente que não lhe interessa e nem é ele capaz de executar a fiscalização de milhares de pequenos municípios pelo país a fora.

- Por outro lado, a anulação do poder intermediário abre caminho e acaba tornando necessário, para o bem e para o mal, a articulação direta entre governo federal e municípios. A necessidade de coordenar as políticas sociais, administrar externalidades e problemas de escala exige alguma ação coordenadora de nível supramunicipal em grande quantidade de setores. Se o governo intermediário não tem poder para fazê-lo, isso caberia ao governo central. Isso leva ao desenvolvimento de articulações políticas diretas entre a esfera federal e a municipal, ignorando os poderes estaduais, o pode ser observado hoje nas conexões que se desenvolvem na área de saúde, nos investimentos do PAC, entre outras. Essa conexão direta caracteriza também, em grande medida, a prática atual do Congresso Nacional. Deputados e senadores buscam a ligação direta com prefeitos, mobilizam recursos e emendas que visam localidades específicas, e cada vez menos se percebe ação das "bancadas estaduais" que costumavam defender interesses do governo estadual.

Um caso que merece citação é a criação, pelo Decreto nº 6.181, de 3 de agosto de 2007, do Comitê de Articulação Federativa (CAF), com o objetivo de coordenar as ações no âmbito federativo.[34] Nele tem assento 36 membros, sendo 18 representantes ministeriais e 18 representantes das entidades municipais. Não há, em todo o corpo do decreto, qualquer referência a essa entidade abstrata denominada "governo estadual". Não se prevê qualquer forma de participação desses governos, com o que a "articulação federativa", de fato, se dá em uma relação direta entre governo federal e municípios. É necessário algo mais para ilustrar a questão em tela?

- Em contrapartida, as funções que seriam naturalmente realizadas por um governo estadual "normal", como, por exemplo, coordenar serviços supramunicipais que envolvam economias de escala ou externalidades (como saneamento, por exemplo), têm que ser viabilizadas através de cooperação horizontal entre municípios,

---

[34] A instituição existe ainda hoje e tem caráter consultivo a serviço da Presidência da República.

para o que desenvolvemos leis de consórcios sofisticadas. Até onde sabemos, está por ser realizada uma avaliação abrangente das consequências da autonomia municipal sob este aspecto específico.

- O impacto da autonomia municipal no estatuto do governo estadual na Federação brasileira pode ser ainda agravado se consideramos algumas interpretações recentes dos especialistas em desenvolvimento regional. Conforme trabalhos recentes de Clélio Campolina Diniz, crescentemente a dinâmica regional passa a evoluir pela constituição de localidades que atuam como polos dinâmicos e fatores de impulso econômico em seus espaços. Isso desloca as decisões relevantes para o desenvolvimento econômico, em grande medida, para a órbita municipal das regiões metropolitanas e grandes municípios.
- O estatuto de ente autônomo municipal facilita a constituição de entidades de representação em âmbito nacional. Enquanto os governos estaduais não têm (ou não conseguem ter) como ser representados coletivamente, os municípios têm três diferentes e poderosas entidades que vocalizam seus interesses sem qualquer entrave que pudesse ser criado pela autoridade estadual.

Bom senso e realismo sugerem que uma instituição como esta — a autonomia municipal — com raízes seculares, pode ser tida já como constitutiva da essência dessa "federação". Parece que estamos fadados a buscar um caminho novo em uma "Federação" em que o poder estadual é limitado e o desenvolvimento de instituições cooperativas seja o único caminho. Paradoxalmente, tal arranjo, no essencial, deixa de ter o caráter de *federação* no sentido em que ela é usualmente entendida, e assume mais a feição de um estado unitário

O FEDERALISMO BRASILEIRO EM SEU LABIRINTO

peculiar, no qual o governo central se defronta caoticamente com governos subnacionais igualmente autônomos, uns maiores outros menores.

Se quisermos ser otimistas, podemos pensar que, em um mundo onde a ideia de descentralização se torna dominante, o Brasil está de fato um passo à frente, e podemos estar desenvolvendo novos modelos de organização federativa nunca antes tentados. Isso exige admitir que só nós estamos certos, enquanto 58% do PIB mundial[35] se organiza de forma equivocada em federações tradicionais, boa parte delas desenvolvidas e bem-sucedidas.

Finalmente, vale registrar que a peculiar inexistência de poder estadual sobre os municípios não é algo que lhes tenha sido imposto em algum momento específico. É provável que alguns aspectos das constituições do período getulista, que restringem este poder, tivessem o objetivo de enfraquecer o poder estadual naquele que foi o primeiro momento de afirmação do poder federal (o segundo ocorrendo no regime militar). Mas, de forma geral, nos parece que esse resultado decorre, em maior medida, do desinteresse que os governos estaduais sempre revelaram pela tarefa. Não há registro que conheçamos de iniciativas significativas desses governos para aumentar sua influência sobre seus municípios e viabilizar políticas estaduais no sentido pleno da palavra.

Tudo isso se agrava e se consolida pelas peculiaridades do dito "processo de descentralização" brasileiro. Já indicamos que ele é, de fato, um processo de municipalização. Convém acrescentar que, tendo sido concebido em um contexto no qual a autonomia municipal já existia de fato e tinha se tornado constitucional, *o processo de transferência de encargos*

---

[35] Refere-se apenas às 14 maiores entre as federações existentes, conforme dados do Banco Mundial para 2010.

para os municípios foi realizado de forma a minimizar e até prescindir de qualquer papel coordenador para os estados.

O processo constitucional pelo qual, simultaneamente, se definiu a autonomia municipal e a municipalização de saúde e educação não parece ter sofrido oposição dos governos estaduais. Uma leitura impressionista seria que, na situação orçamentária em que os estados se encontravam, a lógica adotada foi maximizar receitas e minimizar encargos, abrindo mão do poder de gerir a intervenção estatal em seus territórios. É inevitável, contudo, registrar o contraste com outras federações onde os estados existem como parceiros e construtores das instituições federais. Não seria concebível no Canadá, Alemanha ou Austrália um processo de reforma que redefinisse encargos federativos sem a participação ativa e decisiva dos governos intermediários.

A vocação centralista no poder legislativo

O Brasil, no que se refere a encargos de governos, tem uma lógica básica de encargos concorrentes. São poucos os encargos que as constituições brasileiras, em suas diversas edições, atribuem a um só nível de governo.[36] Em tese, pelos princípios previstos nas constituições recentes, a lógica da divisão de trabalho legislativo entre níveis de governo reserva para o governo federal a função de definir parâmetros gerais básicos da legislação, cabendo aos governos subnacionais autonomia para definir detalhes específicos em suas legislações próprias.[37]

---

[36] Com a exceção óbvia dos poderes usualmente reservados ao governo central, como exército, relações exteriores etc.

[37] Conforme Gilmar Mendes (2006), "A competência legislativa concorrente abre a oportunidade aos Estados e ao Distrito Federal de legislar sobre direito econômico e financeiro, direito urbanístico, proteção do meio ambiente e do patrimônio histórico, procedimentos em matéria processual, previdência social, educação, cultura, ensino e desporto. Nesse campo, a legislação federal limita-se

Disso deveria resultar uma estrutura balanceada em que as legislações estaduais próprias teriam alguma importância, estabelecendo diferenças e coloridos próprios entre os estados. No entanto, a prática indica que na maior parte dos casos a legislação federal acaba por fazer o papel que caberia ao legislador estadual, uniformizando de forma detalhada e a tal ponto que não sobra qualquer espaço para a legislação estadual.

Isso fica expresso no cotidiano. Quantas vezes a imprensa noticia qualquer polêmica sobre alguma legislação estadual relevante? Quantas vezes a pauta das assembleias legislativas estaduais ganha espaço nos debates políticos ou na imprensa?

Mais uma vez cabe a pergunta: Isso ocorre porque a vontade federal é imposta aos estados, ou, mais provavelmente, porque os governos estaduais são omissos em reivindicar seu direito de *customizar* as normas legais que controlam os serviços públicos, deixando um vazio que o governo federal necessariamente tem que preencher, sob risco de desorganização da atuação do setor público?

É evidente que a federação brasileira não enfrenta as diversidades de natureza étnica e cultural que perturbam outras federações. A homogeneidade linguística, cultural e religiosa é excepcional. O ambiente é propício, portanto, para um sistema de normas jurídicas mais homogêneo e centralizado. Seria isto justificativa para a total apatia legislativa dos governos intermediários?

às normas gerais, cabendo aos estados o exercício da legislação complementar; ou, no caso de inexistência de normas gerais, faculta-se aos estados a legislação primária, para atender às suas peculiaridades (CF, art. 24, §§ 1º a 4º)."

Aspectos conjunturais no período pós-1988

Se a herança histórica traz elementos de fragilidade crônica dos estados, o contexto estabelecido pelas reformas de 1988, associado à situação conjuntural das finanças estaduais, parece também pouco favorável à constituição de um equilíbrio federativo.

Destaca-se primeiro o fato de que, por ocasião do processo constituinte, os governos estaduais estavam em situação fiscal desequilibrada, sustentada precariamente por forte dependência das operações de *bail-out* do governo federal, o que se agravou ao longo dos anos 1990, e trouxe estes governos a uma posição de virtual submissão ao governo federal, no processo de renegociação das dívidas. Assim, qualquer possibilidade de que a Constituição de 1988 propiciasse uma oportunidade de fortalecimento da Federação, no sentido pleno, estava de fato momentaneamente comprometida pela situação orçamentária estadual. Entendemos também que tal situação influenciou a postura dos governos no processo constituinte e na década que se seguiu.

Do ponto de vista dos encargos executivos, é inegável que ocorreu uma mudança significativa na sua distribuição entre níveis de governo devido à ampliação dos direitos sociais. As responsabilidades federais foram as que mais cresceram, principalmente pela pressão do gasto previdenciário e pela universalização do acesso à saúde. Do outro lado, a descentralização "à brasileira" transferiu aos municípios a maior parte dos encargos executivos com educação básica e saúde.

Os setores sociais que contavam com o apoio de grupos de interesse fortes — previdência, educação e saúde — foram sucessivamente protegidos e fortalecidos, o que preservou e ampliou o espaço orçamentário do governo federal e dos municípios. Em contraste, alguns setores fundamentais, nos quais predominam encargos estaduais, que não contavam com sistemas políticos organizados de apoio — infraestrutura, habitação, saneamento — tornaram-se a variável de ajuste nos orçamentos. Assim, seria já pertinente que a distribuição dos recursos fosse ajustada, visando ao equilíbrio vertical, o que implicaria redução relativa da parcela estadual.

Os governos estaduais, fortalecidos conjunturalmente pelas eleições recentes e pela fragilidade do regime militar em seus momentos finais, limitaram-se na Constituinte à disputa por recursos, o que conseguiram naquele momento, mas foram omissos na discussão sobre encargos. Naquele momento, a tradicional inapetência destes governos em assumir posição de controle e influência sobre a natureza dos serviços prestados, somou-se à situação de crise fiscal que já estava instalada por ocasião da Constituinte.

No que se refere aos recursos, o fator decisivo decorreu, como vimos, da lógica da estabilização dos recursos para a área social, que levaram a criação do OSS e à entrega de poderosa arma tributária para a União: as contribuições sociais. Isso tornou o ganho financeiro imediato da reforma — ICMS e fundos de participação — uma vitória de Pirro, rapidamente revertida pelo deslocamento da tributação federal para impostos não compartilhados (as contribuições) o que, associado à desfiguração do IPI, forçou forte redução na parcela da carga tributária total apropriada pelos estados.

No entanto, mesmo que se suponha que a redução de receitas em parte corresponda à redução *relativa* de encargos, duas constatações se impõem: primeiro, os orçamentos estaduais foram forçados a abandonar setores de atuação não protegidos por vinculações. Segundo, nesse processo os orçamentos estaduais se tornaram inegavelmente mais rígidos e sua autonomia foi reduzida. A redução ocorrida no aporte de recursos livres (fundos de participação) foi em parte compensada pelo aumento das transferências, mas com isso os governos subnacionais passaram a atuar, cada vez mais, sob uma agenda centralmente definida, pois essas transferências foram ampliadas integralmente sob a forma de recursos vinculados.

Do ponto de vista das mudanças institucionais, o que se destaca é o papel secundário ou totalmente omisso dos governos estaduais. Todas as reformas feitas no período foram iniciativas do governo federal ou dos grupos de interesse ligados ao gasto social. Todas elas visavam sanar, mesmo que precariamente, deficiências estruturais herdadas do processo constituinte ou mais antigas. O disciplinamento do processo orçamentário pela combinação de renegociação de dívida e LRF era condição essencial para o enfrentamento da crise fiscal. A reorganização da vinculação à educação e a criação da vinculação à saúde (EC nº 29) visavam recompor o tripé federativo de financiamento dessas áreas, definido de forma frouxa na Constituição de 1988.

Por outro lado, é evidente que o governo federal atua para sanar os problemas que o afetam, seja do ponto de vista fiscal-orçamentário, seja pela ótica das políticas de estabilização, ameaçadas pela existência de orçamentos autônomos e não regulados. Assim, sua "não agenda" inclui diversos outros aspectos deficientes da institucionalidade federativa, nos quais não tem interesse em interferir para não sofrer as consequências. Os três casos emblemáticos são o equilíbrio vertical, o sistema de equalização — FPE e FPM — e o controle do endividamento subnacional.

A Federação brasileira continua não contando com qualquer mecanismo institucional para avaliar a distribuição vertical de recursos. Ela continua oscilando ao sabor do fortalecimento eventual de um ou outro nível de governo. Na situação que se consolidou na última década, ela é favorável ao governo federal, que conseguiu reverter as mudanças radicais feitas na Constituinte. O sistema de fundos de participação transformou-se hoje em uma grande crise político-institucional, sem que o governo federal em nenhum momento agisse como coordenador das negociações federativas sobre o tema. O governo omitiu-se por razões bem claras: o temor de que suas iniciativas desaguassem na discussão do equilíbrio vertical, e que em decorrência disso ele fosse confrontado a uma conta salgada. Finalmente, a "institucionalidade" de controle do endividamento subnacional ficou reduzida aos contratos de renegociação, que continuam funcionando como uma camisa de força sobre os orçamentos estaduais e dos grandes municípios, peça fundamental do controle fiscal.

O que impressiona é o fato de que os governos estaduais não foram capazes de trazer ao debate político nenhum desses problemas. Em relação ao primeiro, limitaram-se a fazer escaramuças eventuais em torno à compensação de exportações e, mais recentemente, ao fundo de desenvolvimento regional, sempre ignorados pelo governo federal. Quanto aos fundos de participação, o vexame foi maior. Pressionados pelo STF, os governos não foram capazes de fechar uma proposta de reforma para os critérios do FPE, após dois anos de discussões. A questão foi devolvida para o Congresso sem que uma posição dos estados fosse adotada. Quanto aos contratos de dívida, os estados têm limitado-se a pedir mudanças nas suas condições, mas são incapazes de enfrentar o problema maior, que é a ampla reforma do processo de endividamento público na federação.

A questão do futuro: a expansão do Estado Social e a Federação

Resta analisar o que chamamos de a questão do futuro. O esquizofrênico processo constituinte de 1988, ao mesmo tempo em que exprimiu as pressões imediatas e urgentes dos governos subnacionais por recursos fiscais, também buscou resultados de mais longo prazo, através de medidas que visavam constituir os primeiros passos para um efetivo estado de bem-estar social no país. Mostramos que estas últimas, consubstanciadas na criação dos direitos sociais ampliados via Seguridade Social e no seu financiamento via contribuições sociais, tiveram implicações duradouras e dominantes na evolução posterior da situação fiscal-orçamentária da Federação.

Seria possível viabilizar a forte ampliação do Estado Social sem um concomitante processo de centralização orçamentária e regulatória? Entendemos que as diretrizes emanadas da Constituição de 1988 implicavam, em alguma medida, nessa centralização fiscal e regulatória. Primeiro, porque ampliam fortemente as transferências diretas para famílias, e estas, no mundo inteiro, são responsabilidade do governo central, e, felizmente, não inovamos nesse quesito. A drástica ampliação das responsabilidades do governo central, decorrentes da Seguridade Social, exigiu não apenas a recentralização da receita fiscal como o abandono das funções de Estado-Empresário e a retração das fronteiras público-privadas via processos de privatização. Segundo, porque deixou indefinidos os critérios da divisão de trabalho entre níveis de governo, principalmente do ponto de vista do financiamento, para setores fundamentais nos quais a atribuição constitucional de encargos é concorrente. Diante da retração dos aportes dos GSNs para a saúde e a enorme ineficiência gerada pelo dispositivo da vinculação orçamentária na educação, o governo federal foi induzido a estabelecer normas legais que disciplinassem a participação subnacional no financiamento desses setores.

Seria impossível um processo de expansão do Estado Social concomitante ao fortalecimento dos governos intermediários? Claramente não, mas os requisitos seriam de grande porte. O processo dependeria de uma postura mais ativa destes governos na Constituinte, reclamando para si o papel de coordenadores das ações públicas em seus territórios. Em uma federação "normal", na qual os municípios fossem subordinados, a expansão do gasto social automaticamente fortaleceria o governo intermediário. Na nossa Federação trinária, abriu-se a alternativa de encaminhar a expansão via governo federal e municípios, consolidando-se progressivamente o tipo de vínculo direto entre esses governos, que parece lançar as bases para uma federação municipalista. Paradoxalmente, isso acaba sendo um fator adicional a exigir o fortalecimento do poder central em todas as funções do Estado Social. Desse ponto de vista, a "Federação" brasileira se assemelha mais a um estado unitário peculiar, no qual o que seriam regiões administrativas na hierarquia do setor público têm a prerrogativa de eleger governantes.

Observações finais: a "Federação Inconclusa"

A suposta fragilidade dos governos estaduais na Federação brasileira é um tema complexo. A pergunta de partida seria: Eles foram fortes e determinantes, enquanto coletivo, em algum momento? A resposta mais provável é que não foram. Isso não significa, contudo, que, ao atingir padrões e instituições típicas de capitalismo moderno desenvolvido, o Brasil não pudesse desenvolver também instituições usualmente existentes em federações desenvolvidas, entre as quais um

A "FEDERAÇÃO INCONCLUSA"

poder regional forte é um requisito essencial. É provável que o ocaso do regime militar, pelas suas diversas características, pudesse ter sido a oportunidade histórica para a realização dessa evolução. Tentamos alinhar diversos argumentos, que vão desde a situação conjuntural dos estados naquela ocasião, passando pela natureza da Reforma Constitucional de 1988 e percorrendo a turbulenta década de 1990, para entender por que o processo de estabilização da Federação brasileira se deu consolidando instituições e arranjos fiscais que, em grande medida, excluíam ou tornavam atores menores os governos estaduais. É possível que a "linha de menor resistência" no processo de ajustamento tenha conjugado estados cronicamente individualistas e coletivamente fracos com municípios já em grande medida autônomos e politicamente articulados, definindo, para o bem ou para o mal, o que parece ser o desenvolvimento de uma autêntica "jabuticaba federativa" do século XXI, a república federativa sem instâncias intermediárias politicamente fortes e plenamente representativas das sociedades dos seus territórios. Será isso, de fato, uma federação?

Nesse complexo conjunto de questões, para nós, individualmente, resta uma percepção essencial, que pode ser resumida na expressão *federação inconclusa*. Outorgada que foi em 1891, a Federação brasileira passou a depender, para sua maioridade e complementação, da constituição do poder dos governos intermediários. Isso não foi nem remotamente possível na República Velha, e também não avançou na "janela" federativa da Constituição de 1946. O momento crucial poderia ter sido 1988? Se foi, no entanto, não se realizou. Não teremos uma federação enquanto não se estabelecer equilíbrio nas relações federativas, o que exige, entre outras coisas, que as elites estaduais avancem além do individualismo estreito que tem pautado seu comportamento.

Referências bibliográficas

BROWN, D. M. Getting Things done in the Federation: Do we need new Rules for an Old Game? In: *Constructive and Co-operative Federalism*: a Series of Commentaries on the Council of the Federation. Institute of Intergovernmental Relations, Queen's University, Montreal, 2003.

CANO, W. *Desconcentração produtiva regional do Brasil*. São Paulo: Ed.Unesp, 2007.

DRAIBE, S. *Rumos e Metamorfoses* — Estado e industrialização no Brasil 1930-1960. São Paulo: Paz e Terra, 1985.

LOPREATO, F. O endividamento dos governos estaduais nos anos 1990. *Economia e Sociedade*, Campinas, Instituto de Economia Unicamp, n. 15, p. 117-158, dez. 2000.

MENDES, G. *Federalismo*: histórico e tendências. Palestra proferida em março de 2006. *mimeo*.

OCDE. Managing Across Levels of government — Australia. *Managing Across Levels of Government — Country Case Studies*, p. 78-80, 1997. Disponível em: <www.oecd.org/luxembourg/managingacrosslevelsofgovernment-countrycasestudies.htm1997>.

PARLIAMENT OF VICTORIA. Federal-State Relations Committee *Report on Australian Federalism: the Role of the States*. Chapter 1: Australian federalism and intergovernmental relations, 1998. Disponível em: <www.parliament.vic.gov.au/fsrc/report2/default.htm>.

REZENDE, F. *O Dilema Fiscal*: Emendar ou reformar. Rio de Janeiro: Editora FGV, 2007.

SHAH, A. A Comparative Institutional Framework for Responsive, Responsible and Accountable Local Governance. In: Shah, A. (edit.). *Local Government in Industrial countries*, World Bank, 2006. cap. 1.

TER-MINASSIAN, T.; CRAIG, J. Control of Subnational Borrowing. In: *Fiscal Federalism in Theory and Practice*. Washington: International Monetary Fund, 1997.

WATTS, R. *Comparing Federal Systems*. Institute of Intergovernmental Relations. Ontario: Queen's University, 2008, cap. 6.

WATTS. R; Smiley, D. *Intrastate Federalism in Canada*. The Collected Research Studies, Royal Commission on the Economic Union and Development Prospects for Canada, 1985.

WHEARE, K. C. *Federal Government*. Oxford: Oxford Paperbacks, 1946.

WORLD BANK. World Development Indicators database, 2010. Disponível em: <http://data.worldbank.org/data-catalog/world-development-indicators/wdi-2010>.

ICMS
DIAGNÓSTICO E PERSPECTIVAS

José Roberto R. Afonso[1]

Introdução

Se há uma crise (potencial ou já presente) na Federação Brasileira, ela é, antes de tudo, uma crise dos estados. É inegável que a esfera intermediária de governo perdeu espaço, do campo fiscal ao do poder político, que já tiveram dentro do governo consolidado brasileiro (em alguns aspectos, talvez tenha encolhido tanto quanto ou até mais do que nos tempos de ditadura militar).

A face mais marcante dessa crise estadual federativa, ou ao menos da perda de espaço histórico dessa esfera de governo, está estampada no imposto estadual sobre circulação de

---

[1] Economista, doutor pela Unicamp e mestre pela UFRJ. Trabalho apresentado ao Workshop Conflitos Federativos, Competitividade e Crescimento, realizado na FGV de São Paulo, em 4/9/2012, com apoio do BID. Fernando Rezende e Ricardo Varsano apresentaram sugestões e críticas que muito aprimoraram a análise, assim como Marcia Monteiro, Felipe Azevedo e Kleber Castro deram apoio às pesquisas. Porém, as opiniões aqui expressas e os erros e omissões são de responsabilidade exclusiva do autor. Outros trabalhos próprios que complementam o objeto deste estudo, elaborados por terceiros, estão disponíveis no blog do autor em: <http://bit.ly/PoJV1Z>.

mercadorias e serviços de comunicações e transportes inter-municipais — o ICMS.

Outrora, o ICMS (na época e até 1988 ICM) foi um pioneiro dos Impostos sobre Valor Adicionado (IVA) no mundo,[2] o maior e mais importante tributo do sistema brasileiro, o que monopolizava as atenções dos projetos de reforma tributária.

Hoje, a sua cobrança se desfigurou a ponto de não constituir nem mais um parente distante de um tributo tipo IVA.[3] Ainda é o tributo que mais arrecada no Brasil, porém, ano após ano perdeu importância relativa na estrutura da carga tributária nacional.[4] Mas não custa registrar que o ICMS nem é o mais abrangente tributo do país, pois as contribuições sociais da União sobre faturamento e receitas (como Cofins e PIS/Pasep) incidem também sobre todo o setor terciário, como serviços, instituições financeiras, entidades sem fins lucrativos e até mesmo os próprios governos (caso do Pasep). Apesar disso, o ICMS continua con-

---

[2] É interessante conhecer a gestação do ICMS estadual em meio à reforma tributária de 1965, recuperada por Rezende (2012). Não custa registrar que o ICMS sucedeu um antigo imposto estadual sobre faturamento bruto, o Imposto Sobre Vendas e Consignações (IVC), e na votação da emenda constitucional que o criou, já patrocinada pelo governo militar, houve ferrenha oposição dos governos estaduais, notadamente de São Paulo.

[3] O ICMS brasileiro apresenta deficiências estruturais até mesmo em relação às economias emergências como mostrado em Varsano (2010).

[4] O conceito de carga tributária a ser utilizado neste trabalho é o mais abrangente, próximo ao adotado por organismos internacionais, computando todas as contribuições, inclusive as ditas paraestatais (como o Fundo de Garantia do Tempo de Serviço — FGTS e as destinadas a entidades sindicais — o sistema S), os juros e multas das dívidas ativas tributárias e, ainda, royalties e demais participações governamentais (em petróleo, minerais e energia elétrica). O método de mensuração também adota os balanços contábeis (consolidados pela STN) como a fonte primária de informações, no lugar das informações gerenciais (como as do Confaz). Chama-se a atenção para o quão são expressivas as diferenças decorrentes de metodologias (como as da Receita Federal e mesmo do IBGE) e, também, das fontes primárias dos dados. O presente trabalho adota a análise recente, compreendendo metodologia, estatísticas e contas, de Afonso e Castro (2010).

centrando as atenções quando se discute reforma tributária, mesmo quando o governo promete realizá-la de forma fatiada. Do mesmo modo que nas últimas duas décadas, os vários projetos de reforma, seja do Executivo Federal, seja de outras origens, quase sempre tiveram o ICMS no eixo central das mudanças.

O futuro é ainda mais sombrio para o ICMS porque sua principal base de cálculo (o valor adicionado na indústria e na agricultura) tem tendência decrescente diante da (inevitável, para alguns) desindustrialização da economia brasileira (para alguns, como no resto do mundo), enquanto os serviços, já majoritários na formação do produto nacional e que certamente crescerão cada vez mais com a modernização da economia, não contribuem para o imposto (apenas são tributados indiretamente, se adquirirem mercadorias como insumos).

O objetivo deste trabalho é apresentar reflexões, muitas vezes convertidas reconhecidamente em provocações, visando fornecer subsídios técnicos ao debate sobre os desafios do ICMS e dos estados na Federação brasileira. A próxima seção apresenta uma brevíssima contextualização histórica da criação e cobrança desse imposto estadual. A seção seguinte foca na questão da competitividade, comentando as barreiras de origem tributárias, as tentativas fracassadas de reformar aquele imposto e especulando sobre os seus novos desafios. A penúltima seção situa melhor a conjuntura econômica de adversidades e crises e daí partem para discutir o futuro do ICMS e dos estados, e para tanto discorrerá sobre novos arranjos produtivos e as possíveis alternativas para reformar o ICMS. As observações finais tratam da necessidade de novos esquemas institucionais para melhorar a articulação entre governadores e a defesa do espaço dos estados na Federação brasileira.

Breve contexto histórico

A melhor expressão numérica da decadência do ICMS é a comparação entre o que arrecadava quando foi criado e quanto arrecada atualmente, como pode ser visualizado no gráfico da série histórica de sua arrecadação.

Gráfico 1
Evolução dos indicadores de arrecadação do ICMS
1968-2012 e em % do PIB e da carga tributária bruta

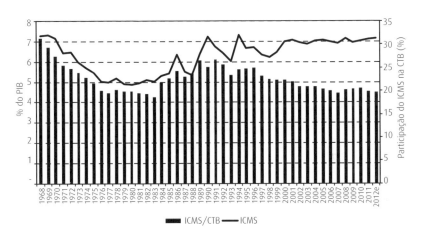

Fontes primárias: Contas Nacionais; Confaz (ICMS). Elaboração própria, inclusive o cálculo da carga tributária global.

O imposto estadual sobre circulação de mercadorias (ICM), que não alcançava petróleo, gás e combustíveis, energia elétrica, minerais e serviços de comunicações e transportes, e tinha uma alíquota genérica de 17%, arrecadou em 1968 o equivalente a 7,28% do PIB, e gerou sozinho 31% da carga tributária bruta global. Ampliado pela Constituição de 1988 com novas, sólidas e crescentes bases de cálculo (36%

da arrecadação atual)[5] e submetido a alíquotas internas diversificadas e muito maiores (de até 25% ou 30%), o ICMS arrecadou em 2011 o equivalente a 7,11% do PIB, e mal respondeu por 20% da mesma carga nacional. Logo, mais de quatro décadas depois de criado o ICM, com base mais ampla e maiores alíquotas, o ICMS arrecada relativamente menos na economia brasileira.

Essa evolução do ICM/ICMS antecipou e espelhou o que aconteceu com o peso relativo, ainda mais decrescente, dos estados na divisão da receita tributária nacional, como evidenciado na tabela apresentada a seguir.[6]

Tabela 1

Evolução da divisão federativa da receita tributária – 1960-2011

Conceito	Carga — % do PIB				Composição — % do Total			
	Central	Estadual	Local	Total	Central	Estadual	Local	Total
ARRECADAÇÃO DIRETA								
1960	11,14	5,45	0,82	17,41	64,0	31,3	4,7	100,0
1970	17,33	7,95	0,70	25,98	66,7	30,6	2,7	100,0
1980	18,31	5,31	0,90	24,52	74,7	21,6	3,7	100,0
1988	16,08	5,74	0,61	22,43	71,7	25,6	2,7	100,0
2000	20,77	8,61	1,77	31,15	66,7	27,6	5,7	100,0
2012	25,03	9,27	2,08	36,39	68,8	25,5	5,7	100,0

continua

---

[5] A melhor fonte atualizada de estatísticas sobre o ICMS é o boletim publicado pela Cotepe, do Confaz, no portal do Ministério da Fazenda na internet, que apresenta uma longa série histórica mensal do ICMS, total e discriminado por principais bases ou setores (<http://bit.ly/SxYjsI>).

[6] As citações a seguir podem ser mais bem visualizadas em figuras da evolução da divisão federativa da arrecadação tributária, e depois da receita disponível, apresentadas ao longo do detalhamento deste trabalho. Sempre recordando que o total de tributos aqui considerado, como já alertado, compreende o universo mais abrangente de impostos, taxas, contribuições e participações compulsórias e tendo os balanços como fonte primária.

ICMS

Conceito	Carga — % do PIB				Composição — % do Total			
	Central	Estadual	Local	Total	Central	Estadual	Local	Total
RECEITA DISPONÍVEL								
1960	10,37	5,94	1,11	17,41	59,5	34,1	6,4	100,0
1970	15,79	7,59	2,60	25,98	60,8	29,2	10,0	100,0
1980	16,71	5,70	2,10	24,52	68,2	23,3	8,6	100,0
1988	13,48	5,97	2,98	22,43	60,1	26,6	13,3	100,0
2000	17,38	8,19	5,58	31,15	55,8	26,3	17,9	100,0
2012	20,97	8,86	6,56	36,39	57,6	24,4	18,0	100,0

Fonte: Elaboração própria. STN, SRF, IBGE, Ministério da Previdência, CEF, Confaz e Balanços Municipais. Anos selecionados de mudanças institucionais mais relevantes ou de variações nas participações relativas da receita disponível. Metodologia das contas nacionais inclui impostos, taxas e contribuições, inclusive CPMF, FGTS e royalties, assim como dívida ativa. Receita Disponível = arrecadação própria mais e/ou menos repartição constitucional de receitas tributárias e outros repasses compulsórios.

Computados só os tributos diretamente arrecadados por cada esfera de governo, os estados geravam 31,3% do total da arrecadação de tributos no país em 1960. Tal proporção caiu ligeiramente para 30,6% em 1970, depois de implantado um novo sistema tributário, indicando que inicialmente ele pouco centralizou pelo lado das competências e refletindo a grande dimensão do ICM. Mas uma década depois, o imposto foi esvaziado, inclusive pela concessão de incentivos, e aquela participação caiu em 1/3 e gerou apenas 21,6% do total de tributos em 1980. Quanto promulgada a Constituição em 1988, o peso estadual já tinha voltado a 25,6% do total arrecadado. Três anos depois, em 1991, o ICMS, ampliado pelas novas bases, chegou à sua maior importância relativa no pós-Constituinte: 31,2%. As duas décadas que se seguiram foram caracterizadas pela perda crescente de importância dos estados na arrecadação, inclusive com a intensificação da chamada guerra fiscal e o esvaziamento contínuo da base do ICMS, até que os estados chegaram em 2011 a responder por 25,6% da arrecadação nacional, exatamente a mesma proporção que ostentavam quando promulgada a nova Constituição.

Comparando a divisão federativa da arrecadação entre 1960 e 2011, os estados perderam 5,7 pontos de participação, enquanto os municípios ganharam um ponto e a União, 4,6 pontos, em grande parte movida pela contínua expansão das contribuições sociais. Se computada a repartição constitucional de tributos e assim calculada a receita tributária disponível por esfera de governo, observa-se que o aumento dos fundos de participação não compensou o esvaziamento progressivo do ICMS e os estados foram os que mais perderam espaço na Federação. Em relação à distribuição da receita disponível, depois de computadas as transferências constitucionais, chama-se a atenção para a importante posição estadual no início da série histórica coberta pela tabela anterior: dispunham de 34,1%, em 1960, e de 35,1%, em 1965, do total da receita tributária. A centralização dos governos militares derrubou tal proporção para 21,3% em 1983.

A participação subiu para 26,6% em 1988, quando promulgada a vigente Constituição. Três anos depois, em 1991, a fatia relativa estadual alcançou sua maior marca, de 29,6% da receita nacional — coincidindo com a melhor razão ICMS/carga total (e em que pese que os estados teriam sido impactados pela decisão da Constituinte de elevar a cota-parte municipal de 20% do ICM para 25% do ICMS, para compensar a fusão do ISS àquele imposto, o que acabou não acontecendo).

No período seguinte, a participação relativa dos estados na receita tributária disponível só decresceu, como no caso da arrecadação, o que significa que o FPE não compensou a deterioração do ICMS. Em 2011, a arrecadação chegou a apenas 24,7%, ou seja: desde 1987, nunca os Estados tinham amargado uma participação tão reduzida na divisão federativa.

Na comparação mais longa possível, entre 1960 e 2011, os Estados perderam muito mais participação do que a União, 9,4 *versus* 2,4 pontos da receita tributária nacional, tendo sido ambos os recursos repassados aos municípios, o único ente ganhador. O esvaziamento estadual teve como contrapartida o fortalecimento municipal — inclusive diretamente, por exemplo, quando se criou a subvinculação para o ensino (o Fundef e, depois, o ampliado Fundeb). No presente, a receita tributária disponível do conjunto de municípios já equivale à marca histórica de 3/4 do agregado dos estados, quando não chegava a 1/5 há meio século.

Evidencia-se, portanto, que como nunca antes na história do pós-guerra, os estados pesaram tão pouco na divisão federativa da receita tributária, enquanto a União pouco perdeu, se comparada com sua posição relativa em meio século, e os municípios se tornaram, sem a menor dúvida, o fator crescente e dinâmico da Federação no longo prazo.[7]

O cenário só não foi pior para os estados porque a redução de sua fatia relativa foi compensada pelo aumento do bolo, ou seja, a carga tributária cresceu fortemente no longo prazo — incremento de 18,4 pontos do PIB em meio século, mas, destes, menos de três pontos foram entregues aos governos estaduais, contra mais de cinco e de 10 pontos para os municipais e o governo federal, respectivamente. De qualquer forma, o tamanho do orçamento estadual, ao menos a partir dos tributos, pouco saiu do lugar depois

---

[7] Para uma visão histórica de mais longo prazo das mudanças no federalismo brasileiro, ver, entre outros: Fernando Rezende (2006) e Serra e Afonso (2007).

de mais de cinco décadas de expansão do governo consolidado — isto é, se não encolheu em dimensão absoluta, perdeu participação em relação aos governos municipais. Se o ICMS encolheu com o passar do tempo, as distorções que o cercam ou que dele decorrem aumentaram exponencialmente no mesmo período.[8]

A guerra fiscal[9] do ICMS deve ser a faceta mais marcante do desequilíbrio do imposto, porque faz minguar a receita tributária (ainda mais depois que literalmente todos os estados passaram a conceder incentivos fiscais), desarranja a competitividade interna (ao fazer com que produtos iguais tenham custos, lucros e preços diferentes, constitui a forma mais grave de intervencionismo estatal na livre concorrência) e ainda agrava a injustiça social (uma vez que a grande maioria dos bens incentivados pesa mais no consumo das famílias mais abastardas do que nas mais pobres). Embora o tema seja muito comentado, nem sempre se conhece em que campos de batalha se travam essas guerras, pois são raras as avaliações sobre os incentivos concedidos, sobre se foram efetivamente gerados tantos empregos e sobre se a produção estadual foi ampliada tanto quanto o esperado.[10]

---

[8] Sobre as distorções no ICMS e em outros impostos indiretos, ver Afonso e Araújo (2006).

[9] Entre outros trabalhos, para uma análise específica dos primórdios da guerra fiscal, ver Varsano (1997), e, ainda, para uma abordagem conceitual e da literatura internacional, ver Guimarães *et al.* (2005).

[10] Uma das primeiras e raras análises a identificar e destacar a relevância da guerra fiscal do ICMS é de Rodrigues (1998). Na linha oposta, de conclusões críticas, e também em avaliação antiga, vale mencionar dois trabalhos publicados no exterior: a avaliação que o Banco Mundial (2001) promoveu de programas de incentivos no Nordeste; e depois a análise de Mello (2007). Disponível em: <http://bit.ly/NxmVzV>.

ICMS

O ICMS ainda continua onerando, indiretamente, tanto os investimentos produtivos[11] quanto as exportações,[12] quando os créditos acumulados na aquisição de bens de capital ou mesmo de insumos não são integral e rapidamente devolvidos. Do mesmo modo, o imposto acaba também gerando cumulatividade na própria produção, pois continua incidindo sobre bens de uso e de consumo. A perda de identidade do ICMS chegou a um ponto em que é possível dizer que nele não se reconhece nem mais um imposto sobre valor adicionado.

Isso foi evidenciado em episódio bem recente na agenda nacional de debates, em que o empresariado reclamou e autoridades econômicas ecoaram a ideia de que o ICMS seria um dos principais responsáveis pela perda de competitividade da indústria nacional, porque aplicaria alíquotas exageradamente elevadas sobre a energia elétrica por ela adquirida.[13] Dos discursos aos jornais, tornou-se natural ignorar que o imposto cobrado sobre um insumo gera na etapa se-

---

[11] Entre outras avaliações, uma mais recente e específica sobre investimentos foi realizada pela Fiesp (2010). A avaliação conclui que: "O custo total tributário dos bens de capital para o investidor é de 24,3%... O pagamento direto de tributos representa 16,8% do custo do investimento... Além disso, há o custo relacionado aos juros para se pagar os tributos recuperáveis no investimento, o qual representa 7,55% do custo do investimento..."

[12] A única estatística oficial até hoje divulgada pelo Ministério da Fazenda foi a registrada na cartilha sobre a sua proposta de Reforma Tributária, divulgada em fevereiro de 2008 (<http://bit.ly/RqLsG0>), em que os efeitos da cumulatividade dos tributos no país eram quantificados — ou seja, nem todos os créditos não compensados decorreriam de exportações, mas a experiência indica que envolveriam a maior parte dos recursos. Entre muitas estimativas do setor privado, vale citar a da Fiesp (2009), que projetou o estoque de crédito acumulado do ICMS nas mãos dos exportadores em cerca de R$ 40 bilhões.

[13] Para ilustrar, José Ricardo Roriz Coelho, na apresentação "Competitividade da Indústria da Manufatura", de 5/5/2011, destaca que "o Brasil possui uma das tarifas mais caras do mundo para a indústria", quase o dobro da registrada no Canadá (que teria matriz de energia mais assemelhada) e superando com folga a de países ricos, como França, Estados Unidos, Alemanha e até Japão, sendo que "encargos e tributos (como ICMS e PIS/Cofins) representam 34% do custo da energia".

guinte crédito a ser abatido do devido sobre a venda do produto fabricado ou comprado, e que a raiz do problema não está na alíquota, mas no efeito colateral — isto é, que por vezes créditos dos insumos são acumulados e não aproveitados, e outras vezes nem geram créditos (como no caso da energia que não foi usada diretamente na planta industrial). Se for perguntado aos interlocutores desse debate se prefeririam criar um IVA, a resposta positiva deve ser unânime. Porém, poucos devem ser aqueles que sabem o que é realmente um IVA, esse desconhecido.

Os novos cálculos sobre equidade tributária também mostram seu caráter regressivo, sobretudo ao alcançar bens da cesta básica.[14]

Como o ICMS, um imposto mais abrangente e mais oneroso, consegue arrecadar menos e também importar menos no sistema tributário e na economia do que o ICM, um imposto de menor abrangência e menores alíquotas? Como um imposto consegue, ao mesmo tempo, causar tantos danos à competitividade, ao equilíbrio federativo e à equidade?

Estas são questões-chave para definir o diagnóstico e para traçar perspectivas não apenas para o ICMS, como também para as perspectivas do próprio nível estadual de governo.

---

[14] Um estudo recente e específico sobre a incidência do ICMS sobre 12 bens de consumo é o de Politi e Mattos (2009). Eles concluem que: "Os resultados das estimativas mostram que, ao contrário do que se assume para horizonte infinito em concorrência perfeita, o consumidor absorve entre 8% e 75% da carga tributária para 11 desses bens, e o restante é recolhido pelas firmas. Esse resultado é importante para políticas públicas no país, pois sugere que alterações nas alíquotas do imposto sobre a venda (ICMS), como reduções de impostos em bens da cesta básica, não afetam o consumidor na mesma proporção." Ricardo Varsano alerta que "a regressividade mostrada depende de hipóteses: 1) o imposto incide sobre o consumidor; 2) a propensão a consumir do pobre é maior do que a do rico. A primeira é geralmente aceita na literatura (ainda que em micro a gente aprenda que isso depende das elasticidades). Quanto à segunda, há quem defenda que ao longo do ciclo de vida, isso não é verdade, pois os idosos tendem a despoupar".

Tributação e competitividade: o caso do ICMS

Por muitos anos, teve-se no país a ideia de que reformar o ICMS eliminaria a cumulatividade e melhoraria a competitividade dos produtores nacionais. Se não faltaram projetos para mudar o imposto estadual, poucos foram concretizados de forma abrangente ou consistente. A única mudança constitucional recente no ICMS (emenda do fim de 2003) que poderia ser qualificada como realmente de caráter estrutural — a que deu imunidade para as exportações — na prática foi inócua, pois tais vendas já estavam isentas (por força da Lei Complementar nº 87, de 13/9/1996, conhecida como Lei Kandir),[15] e também porque o problema do acúmulo de créditos sobre insumos e bens de capital não aproveitados não foi por ela resolvido.[16]

Da globalização à crise financeira global, é cada vez mais necessário ter um sistema tributário que não afete ou comprometa a competitividade da produção doméstica. A desoneração dos investimentos, das exportações e mesmo da produção em relação ao ICMS é um antigo desafio. É possível dizer que apareceu junto com o imposto, uma vez que o pioneirismo brasileiro levou a opção pelo regime de crédito físico[17] e a atribuição de sua competência à esfera estadual.

---

[15] Ver íntegra da Lei Kandir em: <http://bit.ly/Om2kyE>.

[16] E não foi por falta de alternativa, porque já foram apresentadas propostas, inclusive, para securitizar tais créditos, como nos casos do estudo do Iedi (2006), e do artigo de Afonso (2010).

[17] Não custa recordar que o ICM foi criado à imagem de um imposto francês cobrado desde o fim da década de 1940, cuja base não incluía serviços. Um ano depois do início de vigência, o ICM francês foi reformado e, em seu novo formato, foi aos poucos sendo adotado pelos demais países da então chamada Comunidade Econômica Europeia. Já o ICM brasileiro não teve a mesma sorte: continuou a não incluir serviços em sua base, a utilizar o critério de crédito físico (só insumos fisicamente incorporados aos bens produzidos têm direito a crédito), a tributar bens de capital e até mesmo parte das exportações. Restituir saldos credores de imposto nunca esteve nos planos das administrações tributárias estaduais.

O FEDERALISMO BRASILEIRO EM SEU LABIRINTO

Por mais que melhorar a competitividade tenha motivado uma nova Constituição, dezenas de mudanças constitucionais, novas leis complementares e muitos atos regulamentares, os antigos desafios permanecem e novos desafios foram agregados. Por vezes, com um enorme requinte de complexidade, como será o caso do desembarque ordenado da guerra fiscal do ICMS, o que será muito mais difícil de implementar do que o próprio embarque na guerra — por exemplo, se mantidos os incentivos para empresas já instalados e negados os mesmos para novos empreendimentos, poderá ser criada uma barreira à entrada nos mercados e desestimulados novos investimentos produtivos. Os incentivos para importação, o desincentivo para atrair fábricas que produzam para o mercado interno, a insólita preferência por importar do exterior do que comprar dos outros estados, a inevitável expansão do comércio eletrônico e a fronteira cada vez mais nebulosa entre mercadorias e serviços só agregaram novos desafios, para não dizer dificuldades, à tarefa de reformar o imposto estadual.

A possibilidade de sucesso de uma nova tentativa de modernizar o ICMS é diretamente proporcional ao interesse do governo federal em promover reformas estruturais. Se, de um lado, houve uma centralização dos poderes políticos tão profunda que já se pode ter galgado um grau igual ou superior ao da ditadura militar, e se, de outro, os governadores ou os decadentes barões da Federação não conseguem sequer traçar uma pauta comum de pedidos, muito menos promover uma ação política comum, minimamente articulada, não há porque esperar mudanças institucionais no curto prazo. Até mesmo a ideia simplória de que o mais pragmático seria promover uma reforma fatiada não resistiu à discussão das primeiras fatias, em que a federação era dividida entre ganhadores e perdedores, defensores e opositores, de cada uma das medidas, sem a menor visão nacional e do conjunto do sistema.

Barreiras tributárias à competitividade

Por ser o tributo indireto que mais arrecada no país, quase sempre que se discutiu competitividade da produção brasileira o ICMS foi colocado no centro dos debates. Era lugar-comum o empresariado apontar os tributos, ou mais precisamente a carga tributária, como o principal empecilho ao crescimento econômico, ao lado dos juros. Quando tal inquérito era detalhado por tributo, sempre aparecia o ICMS como o maior ou um dos maiores vilões, por motivos como: incidir sobre bens de capital e retardar ou simplesmente não devolver créditos acumulados a exportadores[18] e investidores; aplicar alíquotas diferenciadas por estados e absurdamente elevadas sobre insumos estratégicos; impor um custo indireto (chamado de *compliance*) também altíssimo para serem cumpridas tantas obrigações acessórias[19] e uma regulamen-

---

[18] No caso das exportações, entre tantas pesquisas que já trataram do assunto, vale mencionar duas. Pesquisa da Fiesp (2009b) concluiu que 44% das empresas classificaram como "problema muito grave", e 20% como "problema grave", a acumulação de créditos tributários relativos à exportação na esfera do ICMS. Pouco antes, outra pesquisa da CNI (2008) consultou 855 empresas exportadoras em todo o país, com as seguintes conclusões: "Para 74% das empresas exportadoras os tributos afetam a competitividade externa dos produtos brasileiros. O tributo que mais afetava negativamente as exportações era a agora extinta CPMF; em segundo lugar tem-se o ICMS. Cerca de 20% das empresas exportadoras não conhecem os mecanismos de ressarcimento de tributos... No caso do ICMS, a maior dificuldade é para transferir créditos para terceiros. O acúmulo de créditos tributários afeta a decisão de exportar de 44,3% das empresas".

[19] Na posição mais recente do levantamento patrocinado pelo Banco Mundial, denominado *Doing Business 2012*, o Brasil aparece no 150º lugar no ranking de pagamento de impostos (ver a página do país em: <http://bit.ly/RqPSfS>), porque uma empresa padrão gasta no país 2.600 horas por ano para recolher os

tação em constante mutação;[20] e, por fim, por promover uma intensa guerra fiscal, decisiva para a tomada das decisões de investir no país, ao menos na indústria, mas também por tornar preferível importar a comprar um bem nacional.

A guerra fiscal merece uma atenção especial. Não custa lembrar que o problema não está em um estado conceder incentivos, mas fazê-lo a custa dos demais: de uma ou de outra forma (como ao arbitrar um suposto crédito tributário para cada saída interestadual, ou como ao conceder empréstimos sem juros e sem correção), é devolvido uma parcela do imposto que caberia ao estado de origem quando da venda para outro estado.

Considerada a guerra fiscal e também a imunidade para exportações, resulta um estímulo paradoxal para que os estados incentivem empreendimentos que sempre que possível adquiram insumos internamente ou importando (e tentando comprar o mínimo possível de outros estados) e, o principal, a produção seja vendida para outros estados, no lugar de exportado e até mesmo de venda interna.

O ICMS se tornou, na prática, a antítese de uma tradicional estratégia nacional de inserção em um mundo cada vez mais globalizado e integrado. No âmbito externo, os estados passaram a não se interessar, e até mesmo a evitar, negócios voltados para a exportação, ao mesmo tempo em que passaram a se interessar cada vez mais por importações, de duas diferentes formas: alguns concederam incentivos para atraí-las a seus portos (ainda que à custa de abrir mão de boa par-

---

tributos, dos quais 1.374 horas são gastas com o ICMS. Apenas o tempo necessário para o imposto estadual já supera o tempo gasto com todos os impostos pelo segundo pior colocado no ranking, a Bolívia (1.080), sendo que os seguintes são todas economias subdesenvolvidas e contra as quais o país dificilmente concorre.

[20] Segundo levantamento realizado pelo IOB, foram promovidas 20 modificações diárias em média em um único mês nas regras de cobrança do ICMS no país, segundo notícia recentemente veiculada pelos jornais (<http://bit.ly/RqPFcP>).

te de sua receita); outros, arrecadando mais na entrada da mercadoria vinda do exterior (que gera débito no desembaraço aduaneiro e receita para o estado importador) no lugar de adquirir insumos no mercado doméstico (que geram crédito contra outros estados). Já no âmbito interno, os estados passaram a se fechar para insumos e a se abrir para vendas, no sentido de que concedem incentivos à revelia do Conselho Nacional de Política Fazendária — Confaz e da lei complementar para quem vende para os demais estados.

Não surpreende que muitos estados tenham passado a conceder incentivos ditos defensivos — ou seja, visando segurar algum empreendimento que estaria com oferta de outro estado. Na prática, todos os estados do país entraram na guerra fiscal,[21] logo, a atração de um novo empreendimento produtivo deixou de ser a única motivação para a concessão de incentivos, pois a guerra passou a beneficiar também a distribuição e a comercialização e, no pior dos casos, até a importação do exterior.

A reação tímida de alguns Estados foi começar a *glosar* (na prática, estornar) os créditos de mercadorias vindas de estados e negócios incentivados, tomando por base as sanções já previstas na legislação de 1975, mas que eram evitadas. Não faltaram ações de inconstitucionalidade impetradas por um estado contra outros no STF, que, esporadicamente, votou uma ou outra ação, sempre condenando os incentivos concedidos ao arrepio do Confaz.

O STF surpreendeu em 2011 ao votar um bloco de mais de uma dúzia de ações, envolvendo vários estados e diferentes setores, e mais uma vez se posicionando contra a guerra fiscal. Surpreendeu mais ainda em 2012, quando passou

---

[21] Por exemplo, vale mencionar recente notícia (de 24/8/2012), no jornal *DCI*, sob título "SP dá benefício fiscal para setor de aves" (<http://bit.ly/RqRTc4>).

a examinar uma proposta para adotar por fim uma súmula vinculante sobre a matéria. Trata-se da proposta do ministro Gilmar Mendes, de 30/3/2012 (identificada como PSV nº 69), assim motivada:

> Em razão do grande número de leis estaduais que insistem na concessão de isenções, incentivos, redução de alíquota ou de base de cálculo, créditos presumidos, dispensa de pagamento ou outros benefícios fiscais relativos ao ICMS, independente de aprovação no âmbito do Confaz, entendo pertinente a edição de Súmula Vinculante como forma de eliminar a denominada guerra fiscal.

Outra decisão na esfera judicial com repercussões importantes contra a guerra fiscal diz respeito à confirmação pelo STF da competência do Ministério Público para propor ação civil pública em relação a essas questões. Segundo noticiado, em meados de 2010, já havia cerca de 700 ações em tramitação na justiça questionando renúncias de até R$ 8 bilhões, e que teriam deixado de ser sobrestadas por decisão da Corte maior, contrária à posição anterior do STJ.[22]

Esse novo cenário da guerra fiscal acabou por estimular a prática da imposição da glosa de crédito relativo às compras realizadas junto a contribuintes de outros estados e beneficiados por incentivos irregulares. Aparentemente, tal glosa era um expediente mais usado pelo fisco paulista, mas notícias recentes dão conta de que a prática se disseminou entre os estados — ou seja, da mesma forma que a concessão se tornou prática generalizada, a defesa via glosa também.

Diante da perspectiva de falta de unanimidade no Confaz, tanto para perdoar os incentivos já concedidos quanto para

---

[22] Ver matéria de Rodrigo Haidar, "Leia voto de Lewandowski que reforça poderes do MP", no *Consultor Jurídico*, de 15/8/2010 (<http://bit.ly/RyScTq>).

aprovar a continuidade no futuro dos vigentes por força de atos estaduais, a reação principal foi tentar flexibilizar aquele quórum com vistas a facilitar essas práticas em torno da guerra fiscal. Assim, foi retomada a tramitação de propostas no Congresso Nacional para mudar o processo decisório do Confaz, e quebrar a exigência de unanimidade para concessão de incentivos.[23] Mas não custa relembrar que houve uma razão para sua adoção que diz respeito ao equilíbrio federativo: o ICMS, por sua natureza, é um imposto legislado nacionalmente e cobrado de forma compartilhada entre as 27 unidades federadas (não é um IPVA ou IPTU, por exemplo, que pode ser gerido com exclusividade por cada estado ou prefeitura).[24] Isso para não falar que a unanimidade também é exigida para tratar de matérias tributárias em outros arranjos federativos — como é o caso particular da União Europeia.[25]

---

[23] No Senado, por exemplo, o PLS nº 85, de 2010, prevê, no âmbito do parecer proposto à CAE, que a concessão e a revogação "...dependerá, cumulativamente, da aprovação pela maioria absoluta... e de pelo menos um estado de cada uma das cinco regiões..." Explicitamente é dito que a unanimidade do Confaz força os estados a legislarem à sua margem, "...como única forma de preservar legítimos interesses econômicos e sociais". Ou seja, se aprovado, um benefício poderá ser aprovado por apenas 14 estados.

[24] A decisão de política tributária de ICMS de um estado, cujos efeitos são transferidos aos estados destinatários das mercadorias subsidiadas via alíquota interestadual, pode afetar a economia e a competitividade das empresas de todos os demais estados. Por isso, a unanimidade se fez e ainda se faz necessária porque o imposto, gerido por todos, tem sua receita compartilhada quando ocorrem transações interestaduais. Isso porque uma das formas de incentivos do ICMS (e a única que importa para a chamada guerra fiscal) é a redução da alíquota interestadual.

[25] Não por acaso, a regra de unanimidade é prevista em outras situações, especialmente de caráter federativo. Em um cenário literalmente igual ao brasileiro, a União Europeia adota um IVA e o papel de cada país que integra tal comunidade é exatamente igual ao de cada estado em relação ao ICMS brasileiro. A exigência de unanimidade está contemplada no art. 113, em meio ao capítulo sobre *tax provisions*, do Tratado da União Europeia (<http://bit.ly/OJOwL2>). Ricardo Varsano ainda recomenda a leitura da Estratégia da UE para Política Fiscal (<http://bit.ly/OJODGr>) e alerta: "...que a European Comission (que é um

Para o setor privado, a incerteza jurídica sobe para seu ponto máximo, não apenas sobre a eventual concessão de novos incentivos no futuro, mas também como será feito o "desembarque" em relação aos incentivos concedidos no passado.[26]

A pior faceta da guerra fiscal não passa pela tributação em si, nem mesmo pelo fato de minar a receita efetiva e as finanças estaduais, mas pela grave distorção que ela impõe à livre-concorrência no país. Como é um incentivo que afeta diretamente o nível de preço e permite uma arbitrariedade ao infinito, plantas iguais, de produtos iguais, suportam um ônus de carga diferente dependendo do local em que forem instaladas e das vantagens que conseguirem angariar do estado em uma negociação individualizada — e, na maioria das vezes, nada pública. Ao fazer com que contribuintes iguais paguem impostos diferentes, a guerra fiscal do ICMS se torna a forma de intervenção estatal mais aguda na economia e distorce completamente as condições de concorrência. Foi criada uma lógica perversa: muitos empreendedores, mesmo que talvez preferissem evitar o risco de um benefício irregular, são compelidos à guerra fiscal simplesmente se seu concorrente conseguir uma vantagem fiscal que o deixe em melhor condição para competir.

Nesse contexto, por opção ou falta dela, por atração ou por reação, a guerra fiscal do ICMS se tornou uma prática universal e chegou perto de provocar um equilíbrio contraditório: quando todos os estados concedem incentivos, de uma ou de outra forma, e quanto todos os investidores pro-

---

órgão assessor da UE) vem propondo já há algum tempo maioria qualificada para assuntos tributários (para facilitar a harmonização) mas a proposta tem sido rejeitada por países membros e, em particular, não foi incluída no Tratado de Lisboa, que vai estar em vigor a partir de 2014".

[26] Um bom retrato das incertezas que cerca a guerra fiscal do ICMS foi traçado por Ribamar Oliveira, "Investimento travado pela incerteza jurídica", em coluna no jornal *Valor Econômico*, edição de 9/8/2012 (<http://bit.ly/OS90Ql>).

ICMS

dutivos acabam sendo incentivados, de certa forma se chegou a um equilíbrio, entretanto, "no fundo do poço" (tomando emprestada a expressão *race to the bottom*, comum na literatura internacional sobre a matéria).

Um desafio ainda maior em termos de competitividade, mais do que pela faceta tributária ou mesmo federativa, será o desembarque da guerra fiscal. Não importa a um empreendedor apenas o destino de seu incentivo, mas também o de seu concorrente: se um tiver o benefício cortado em uma data e outro mantiver por mais algum tempo, este último ganhará uma enorme vantagem relativa; se ambos, já instalados, mantiverem seus incentivos, ainda que por igual tempo, mas o mesmo deixar de ser ofertado para novos concorrentes, seria criada uma poderosa barreira à entrada no respectivo mercado e novos investimentos seriam desestimulados. Como se vê, o desembarque da guerra fiscal exigirá mais do que equacionar os diferentes interesses federativos, como também equilibrar as implicações micro e macroeconômicas.

Tentativas (fracassadas) de reformar o ICMS

Muitas dessas questões que atrapalham a competitividade do produto nacional deveriam ter sido equacionadas pela chamada Lei Kandir, que tratou de todo o imposto, salvo no que dizia respeito às decisões colegiadas das Fazendas estaduais, reguladas pela Lei Complementar nº 24, de 7/1/1975,[27] recepcionada pela Constituição de 1988, e que não foi altera-

---

[27] Ver íntegra em: <http://bit.ly/Om2VjQ>. A título de curiosidade, menciona-se que essa lei complementar não denominou o colegiado das fazendas estaduais de Confaz.

da pela lei de 1996 — ou seja, só o tema da guerra fiscal teve o tratamento evitado pela Lei Kandir.

A Lei Kandir não teve maior êxito em melhorar a competitividade nacional porque avanços previstos na legislação original foram: postergados e nunca adotados até hoje, como no caso da permissão para créditos de bens de uso e consumo; alterados e atenuados, caso do crédito integral e imediato do imposto embutido nos bens de capital adquiridos, que foi posteriormente atrasado para ser realizado em até 48 meses; e se revelaram insuficientes para assegurar aos contribuintes o aproveitamento de saldos credores acumulados — em que pese ter inovado com a hipótese de transferência entre estabelecimentos de mesmo grupo empresarial e previsto em última instância a restituição em espécie. A tendência ao acúmulo de créditos já decorria de um aspecto estrutural do imposto, a incidência nas transações interestaduais,[28] que foi agravada pela Lei Kandir, que isentou todas as exportações, inclusive as dos chamados semielaborados.

Um paradoxo cerca a implantação da Lei Kandir e raramente é comentado: as Fazendas estaduais reclamam (permanentemente) de perdas de receita, que não teriam sido compensadas pela União, mas que deveriam ter beneficiado basicamente justamente os contribuintes do ICMS que mais clamam por desonerações do imposto que não foram concre-

---

[28] Tal distorção decorre basicamente da forma como é aplicado o ICMS sobre as transações interestaduais, nas quais uma parcela razoável da receita fica no estado de origem: 12% no caso das saídas realizadas de contribuintes localizados no Sul-Sudeste para as próprias regiões (que devem responder pela maior parte das transações dada a sua importância na economia) e 7% no caso das saídas daquelas regiões para as demais. Quando é essa a origem de parcela expressiva dos créditos acumulados pelos exportadores de determinado estado, não é de se estranhar que haja alguma resistência deliberada do fisco estadual a devolver aquele crédito que não gerou arrecadação para o mesmo estado e, muitas vezes, também não pode ter sua autenticidade atestada uma vez que o contribuinte que vendeu o insumo ou o bem está localizado fora das fronteiras estaduais.

ICMS

tizadas plenamente — em especial, aqueles que mais acumulam créditos por muito exportarem ou mais investirem.

A partir de certa contradição entre discurso e prática, é possível afirmar que a evolução da arrecadação do ICMS depois de implantada a Lei Kandir não decresceu no médio e longo prazo, tendo apresentado retração apenas no curto prazo — a saber, a média da carga desse imposto foi de 6,69% do PIB no biênio 1995/96 (antes da lei), caiu para 6,35% no triênio 1997/99, mas subiu para 7,01% no período 2000/11. A crítica mais precisa é que, por força da isenção determinada pela Lei Kandir e depois convertida em emenda constitucional no início do governo Lula, os estados deixaram de aproveitar a forte expansão das exportações observada na década anterior.

A mesma observação pode ser feita em relação à substituição tributária do ICMS. O instrumento, ainda que de uso concentrado em poucos produtos antes da Lei Kandir, foi objeto de questionamentos judiciais, convertidos em vitórias para o fisco depois que aquela lei regulamentou sua aplicação. Uma vez pacificada a questão, a substituição acabou sendo usada de forma crescente e intensa por todos os fiscos.

Depois de enumerar tantas distorções e problemas, cabe passar a discutir as alternativas de equacionamento. Não por acaso, o ICMS se tornou o alvo principal das principais propostas de reforma tributária que surgiram no país poucos anos depois de promulgada a nova Constituição e se sucederam em origens, motivações e formatações as mais diferentes.[29] Quase sempre tiveram o ICMS como principal, ou às vezes até único, objeto da reformulação sugerida.

Em comum, nunca avançou e muito menos foi aprovada uma reforma no sentido mais amplo do termo, porém, as pro-

---

[29] A título de curiosidade, na mesma época (início dos anos 1990), foi apontada uma agenda das questões e possíveis alternativas para a Reforma Tributária que continua atualizada. Ver Varsano (1994).

postas de iniciativa do Executivo federal quase sempre acabavam logrando mudanças pontuais, a maioria visando aumentar a carga tributária federal e centralizar poderes e recursos (duas qualificações que não se aplicaram às alterações no ICMS).

A primeira grande onda de reforma tributária ocorreu poucos anos depois de promulgada a nova Constituição. Simploriamente, via-se apenas uma única e grande barreira para a competitividade: o grande número de tributos cobrados no país. Miraculosamente, propunha-se uma reforma radical e inusitada: a criação de um imposto único sobre transações financeiras. O projeto miraculoso não foi aprovado, mas lançou as bases para poucos anos depois ser criado mais um imposto, que ficou conhecido como "o imposto sobre cheque".

Trajetória parecida percorreu outra proposta que seria uma variante menos radical: ao invés do imposto único, caberia adotar um grande imposto seletivo no lugar dos impostos gerais sobre consumo ou vendas. Como já se sabe, o projeto do seletivo não foi à frente, mas, de certa forma, sua tese acabou sendo parcialmente adotada quando o ICMS, e outros tributos indiretos federais (Cofins, PIS, Cide, Fust, Fitel), passaram a tributar pesadamente os chamados insumos estratégicos. Na prática, acabou por se reverter a decisão da Assembleia Constituinte de 1987/88 de transferir a tributação sobre energia, combustíveis, transportes, comunicações e minérios exclusivamente para o ICMS, uma vez extintos os antigos impostos únicos. Por sua vez, se a União também recuperou capacidade para tributar sobre tais bases, os estados reagiram fixando alíquotas superiores do ICMS (de 25% a 35%, no lugar da geral de 17%) sobre essas bases (lembrando que são aplicadas por dentro).

Propostas de reforma do capítulo constitucional do sistema tributário, mas que concentravam as atenções no ICMS estadual, foram enviadas ao Congresso no início dos governos Fernando Henrique e Lula.

No primeiro caso, mais por iniciativa parlamentar do que do próprio Executivo, no fim dos anos 1990 chegou-se a acordar um substitutivo com mudanças vultosas, a partir do parecer do relator deputado Mussa Demes, que basicamente buscava adotar o princípio de destino no ICMS interestadual, ao transformá-lo em um imposto sobre valor adicionado — IVA dual — a exemplo do que já era cobrado em Quebec, no Canadá (e que está em discussão na Índia), bem como fundia o ISS municipal ao mesmo imposto e criava um adicional estadual do imposto de renda das pessoas físicas. Porém, o próprio Executivo federal abortou a tramitação da matéria, receoso de não cumprir o ajuste fiscal necessário à saída da crise externa, sendo que os estados, por sua vez, nunca deram muita briga, em especial para encampar os serviços na base de seu imposto. A proposta sequer chegou a ser votada em Plenário na Câmara dos Deputados, mas era a que pretendia promover alterações mais estruturais entre todas as reformas já propostas à Constituição de 1988.

Já o projeto de reforma tributária enviado em 2003 também procurava modernizar o ICMS, inclusive abrindo espaço para mudar a tributação interestadual e para combater a guerra fiscal, que gerou um forte movimento no parlamento para assegurar os benefícios já concedidos. Aprovada na Câmara, a única mudança no ICMS que passou no Senado foi a imunidade para exportações — elevando o *status* da isenção antes determinada na Lei Kandir —, pois aquela Casa pediu uma reforma mais abrangente, que contemplasse a criação de um IVA simples, amplo e moderno,[30] com a fusão de impostos federais, sendo que tal matéria, uma vez devolvida à Câmara, nunca voltou a tramitar. Se o ICMS não avançou, o

---

[30] Não custa registrar o que seja um IVA simples e moderno: um imposto geral sobre o consumo, logo, que não alcance bens de capital e exportações, ao passo que tribute todas as importações em igualdade de condições com os bens produzidos e consumidos dentro do país.

governo federal ao menos conseguiu aprovar emenda constitucional para prorrogar o chamado "imposto sobre cheque" (CPMF) e a DRU para expandir contribuições sociais sobre faturamento para alcançar importações.

No segundo governo Lula, foi apresentada nova proposta de Reforma Tributária, que atenuava o foco no ICMS e propunha a criação de um IVA no âmbito federal, tendo como principal objetivo melhorar a competitividade da produção brasileira. Mais uma vez, a proposta não passou sequer da Câmara dos Deputados, na qual os estados revelaram fortes divergências sobre como mudar a divisão da receita sobre transações entre eles e dúvidas sobre a compensação e as alternativas para o desenvolvimento regional então ofertados pelas autoridades federais.

Já o governo Dilma não enviou qualquer projeto de emenda para reformar nem minimamente o sistema tributário. Surgiu a tese da reforma fatiada segundo a qual as mudanças seriam realizadas por medidas diferentes e sequenciais, evitando as que exigissem emendar a Constituição. Mais uma vez, a melhoria da competitividade foi a justificativa para a proposta, apoiada pelo Executivo Federal, que se converteu na Resolução do Senado (nº 13, de 25/4/2012) que, a pretexto de acabar com a chamada guerra fiscal dos portos, reduziu a 4% a alíquota interestadual de ICMS sobre bens importados e destinados à industrialização em outros estados, com vigência postergada para 1/1/2013 e admitida uma série de exceções, que tornam ainda mais complexa ou difícil sua operacionalização.[31]

---

[31] Para uma análise críticas das "exclusões casuísticas", ver apresentação de José Clovis Cabrera, na Conjur-Fiesp, em 28/5/2012: <http://bit.ly/TCyG9m>.

ICMS

O mesmo Congresso também aprecia outras medidas ainda mais focadas em torno do ICMS, como redirecionar para o estado de destino o imposto devido em transações interestaduais das compras realizadas no chamado comércio eletrônico,[32] ou ainda a tributação das músicas adquiridas por meio eletrônico. Enfim, todas essas mudanças no ICMS possuem caráter muito focalizado e seletivo. A única exceção a essa regra foi a estratégia defendida por uma comissão do Senado em 2009, que defendeu até mesmo a construção de um novo sistema tributário, por considerar tão ruim o sistema vigente que não seria eficiente nem mesmo reformá-lo, porém, tal iniciativa não resultou sequer em projeto de emenda constitucional e nem foi mais debatida na Mesa da Casa no Congresso.

Em um balanço final dos projetos de reforma, pode-se concluir que fracassaram as tentativas de promover mudanças significativas no ICMS estadual e em todo o sistema tributário, em que pese terem sido realizadas muitas alterações na Constituição em matéria de tributação. Muito se reformou, mas para pouco resultado — salvo o objetivo, ainda que implícito, de elevar a carga tributária, que foi mais do que cumprido.

Talvez seja hora de reavaliar a tese comungada por muitos de que a Federação, ou, mais precisamente, os governadores e os prefeitos impedem e dificultam a reforma tributária.[33] Dois dos impostos que foram inscritos em suas competências tributárias na Assembleia Constituinte foram extintos poucos anos depois, por emenda de iniciativa do Executivo e sem a menor resistência por parte daquelas autoridades —

---

[32] Em tramitação no Senado, a Proposta de Emenda à Constituição nº 56, de 2011, de iniciativa do senador Luiz Henrique.

[33] Entre outras análises, é possível citar Arretche (2007).

qual seja, o adicional estadual ao imposto de renda devido pelas pessoas jurídicas e o imposto municipal sobre vendas a varejo de combustíveis. Em todo o pós-Constituinte, o único tributo da competência federal que deixou de ser exigido foi um criado provisoriamente (em 1993, e depois em 1997) e deixou de ser mais uma vez prorrogado ao final de 2007 — a CPMF. Não houve uma única votação importante em que o governo federal tenha sido derrotado por um bloco defensor de interesses dos governos estaduais e municipais.

Muito se mudou na Constituição, mas daí pouco resultou ao menos em termos de melhoria da competitividade diante do ICMS e, na verdade, de todo o padrão de tributação brasileiro.

Novos desafios do ICMS

É possível qualificar como o maior dos desafios do ICMS estadual a sua própria existência, no sentido de continuar sendo um imposto restrito e que incide apenas sobre mercadorias, basicamente agrícolas e industriais, pois sua respectiva produção tende a representar parcela decrescente do PIB brasileiro e da maioria das economias modernas. E tal base ainda é dilapidada pela guerra fiscal em um autêntico processo autofágico por parte dos próprios estados, que respondem sobrecarregando alguns insumos estratégicos, como energia, combustíveis e comunicações, de modo que o ICMS se converte de um imposto genérico, do tipo IVA, em um seletivo, com alíquotas inegavelmente pesadas sobre essas poucas bases.[34] É uma ironia da história que, no meio dos

---

[34] Uma análise focada na arrecadação do ICMS no Rio de Janeiro, mas que analisou dados de todos os estados e os comparou com os da OCDE, também

debates da Assembleia Constituinte de 1987/88, quem fazia a leitura da fiscalização e se opunha à extinção dos impostos federais únicos alegava que os estados não teriam competência, inclusive técnica, para cobrar, arrecadar e fiscalizar as novas bases então adicionadas ao antigo ICM.

Uma visão estratégica com corte nacional e atenta aos aspectos da macroeconomia sumiu do horizonte dos fiscos estaduais. A longa experiência e convivência do Confaz não foram suficientes para elevar esse colegiado ao papel de fórum de articulação e coordenação na defesa dos interesses maiores dos estados. Se a guerra fiscal, movida a pretexto de promover o desenvolvimento local e regional, é tida como um instrumento mais importante para o poder público regional do que se ater aos mandamentos constitucionais, seria demais esperar que justamente o órgão que é contornado e ignorado pelos incentivos da guerra fiscal, o Confaz, pudesse ter seu papel elevado para o de *locum* básico para formulação e articulação dos interesses estaduais.

É possível alegar que o Brasil é um país de dimensões continentais e com níveis de desenvolvimento econômico e social muito diferente de uma para outra macrorregião, de um para outro estado e, por vezes, de uma para outra microrregião e localidade dentro de um mesmo estado. Nesse contexto, é natural que haja uma diversidade muito grande de interesses. Mas não se deveria tomar como natural que a diversidade necessariamente resulte em conflitos regionais, como se isso fosse algo inerente e inevitável à Federação, enquanto todos os seus entes não alcançarem um padrão semelhante de bem-estar social.

---

concluiu que a base tributária desse imposto tornou-se muito estreita e longe de um moderno e amplo IVA. Trata-se da análise de Paes (2009).

O FEDERALISMO BRASILEIRO EM SEU LABIRINTO

Simplificando a análise, esse poderia ser o caso de uma economia estagnada e de uma sociedade já resolvida no qual a melhoria de uns só poderia se dar às custas dos outros. Uma economia que cresce deveria gerar mais benesses para famílias e regiões menos abastadas. Como se sabe, isso não ocorrerá por forças naturais, e, portanto, são necessárias políticas públicas que busquem encurtar as distâncias dentro da federação.

O governo federal abdicou há décadas, e ainda abdica, de exercer a formulação e a adoção de políticas efetivas de desenvolvimento regional (quando não, de políticas industriais), que concatenassem medidas tributárias com fiscais-orçamentárias e creditícias (inclusive mobilizando os fundos públicos de poupança compulsória). É um erro supor que os estados possam avocar a si tal função de harmonização. Se o único instrumento de que dispõem é a concessão de incentivos do ICMS para atrair quem produza e venda para outros estados, a política estadual de desenvolvimento só seria eficiente quando promovida em uma ou outra unidade federada pobre. Por princípio, quando todas as unidades passam a conceder o mesmo, inclusive as mais ricas e detentoras dos melhores e maiores mercados, a política de cada uma se torna inócua.

Sobre a desconcentração regional, não custa registrar a alteração profunda que marcou a transição do antigo ICM para o ICMS, incluindo as novas bases deste último (que pesam proporcionalmente mais nos estados menos desenvolvidos) e o aprofundamento em 1989 da mão dupla nas alíquotas interestaduais (caindo para 7% a de origem no Centro-Sul destinada para as três regiões menos desenvolvidas, e mantida em 12% no sentido inverso).

Algumas comparações entre o desempenho do ICMS por unidade federada em 1988 vis-à-vis 2011 podem ser realizadas, conforme indicadores apresentados na tabela a seguir, e todas apontam para uma profunda desconcentração regional do imposto nesse longo período.

Tabela 2
Distribuição regional da arrecadação do ICMS: 1988 x 2012

Regiões	UF	1988			2012			2012-1988			
		Distr.%	%PIB	Per capita	Distr.%	%PIB	Per capita	Distr.%	% PIB	Per capita	Arrec.
BRASIL		100,0	4,96	640	100,0	7,47	1,776	0,0	2,51	4,3%	5,5%
NORTE	AC	0,1	1,95	117	0,2	7,33	1,087	0,2	5,38	9,7%	12,4%
	AM	1,2	3,43	506	2,0	9,51	1,919	0,8	6,09	5,7%	8,0%
	PA	0,8	2,60	152	2,1	7,08	932	1,3	4,48	7,8%	9,6%
	RO	0,4	4,59	321	0,8	9,22	1,727	0,4	4,63	7,3%	8,7%
	AP	0,0	1,20	122	0,2	6,63	1,069	0,2	5,43	9,5%	13,4%
	RR	0,0	1,81	137	0,1	5,77	1,049	0,1	3,96	8,9%	12,2%
	TO	...	...	...	0,5	6,91	1,109	...	...	...	...
	TOTAL	2,5	3,07	227	5,9	7,94	1,259	3,4	4,87	7,4%	9,4%
NORDESTE	MA	0,5	3,44	102	1,2	6,98	604	0,6	3,54	7,7%	9,0%
	PI	0,3	4,68	127	0,7	8,93	790	0,4	4,26	7,9%	8,8%
	CE	1,5	4,38	220	2,3	8,19	930	0,8	3,82	6,2%	7,4%
	RN	1,3	9,45	509	1,1	9,46	1,198	-0,1	0,01	3,6%	4,8%
	PB	0,6	4,65	182	1,0	8,32	887	0,4	3,67	6,8%	7,6%
	PE	2,6	5,40	363	3,2	9,50	1,240	0,6	4,10	5,3%	6,2%
	AL	0,5	4,86	231	0,7	8,18	809	0,2	3,32	5,4%	6,3%
	SE	0,4	3,34	258	0,7	7,87	1,145	0,3	4,53	6,4%	7,9%
	BA	4,5	4,83	373	4,4	7,82	1,065	-0,1	2,99	4,5%	5,2%
	TOTAL	12,3	4,96	283	15,4	8,31	982	3,1	3,36	5,3%	6,3%
SUDESTE	MG	9,0	4,81	563	9,7	7,63	1,685	0,7	2,81	4,7%	5,6%
	ES	1,4	4,72	519	2,8	9,96	2,690	1,4	5,23	7,1%	8,5%
	RJ	9,4	3,93	733	8,4	5,91	1,789	-0,9	1,98	3,8%	4,8%
	SP	43,0	5,66	1,214	33,1	7,69	2,717	-9,9	2,03	3,4%	4,6%
	TOTAL	62,8	5,17	924	54,1	7,42	2,280	-8,8	2,25	3,8%	4,9%
SUL	PR	5,9	4,87	676	5,4	6,98	1,759	-0,4	2,11	4,1%	5,0%
	SC	3,6	5,26	765	3,9	7,11	2,091	0,3	1,85	4,3%	5,7%
	RS	7,5	4,80	785	6,5	7,14	2,056	-1,0	2,34	4,1%	4,8%
	TOTAL	16,9	4,91	739	15,8	7,08	1,951	-1,1	2,16	4,1%	5,1%

continua

O FEDERALISMO BRASILEIRO EM SEU LABIRINTO

Regiões	UF	1988			2012			2012-1988			
		Distr.%	%PIB	Per capita	Distr.%	%PIB	Per capita	Distr.%	% PIB	Per capita	Arrec.
CENTRO-OESTE	MT	1,2	7,16	648	2,0	9,25	2,817	0,8	2,10	6,3%	7,7%
	MS	1,3	6,80	608	1,8	11,57	2,027	0,6	4,77	5,1%	6,9%
	GO	2,2	6,26	536	3,3	9,36	1,856	1,1	3,10	5,3%	7,1%
	DF	0,8	1,44	540	1,7	3,13	2,278	0,9	1,68	6,2%	8,3%
	TOTAL	5,5	4,27	573	8,9	6,92	2,137	3,4	2,65	5,6%	7,4%

Fonte primária: Elaboração própria com base em dados primários do Confaz (valores per capita a preços de 2012 — IPCA. Variações em taxas de crescimento médio anual).

Uma primeira observação seria sobre a distribuição regional da arrecadação. Note-se que apenas seis estados perderam participação e entre os mais ricos (caso dos industrializados São Paulo, Rio de Janeiro, Paraná, Rio Grande do Sul e, surpreendentemente, também Rio Grande do Norte e Bahia), para avanços dos demais estados, sobretudo os mais pobres (em termos proporcionais os maiores ganhos foram dos estados do Norte e ainda de Maranhão, Piauí e Espírito Santo). Nos extremos, a grande perda relativa é a de São Paulo (que caiu de 40,8% para 33,8% do ICMS brasileiro) e as duas regiões desenvolvidas perderam participação; os maiores ganhos relativos se dão em pequenos estados (duplicaram ou mais sua participação relativa os estados do Amapá, Roraima, Acre, Pará, Rondônia, Maranhão, Piauí e Espírito Santo) e para as três regiões menos desenvolvidas.

Expresso o ICMS em proporção do PIB de cada unidade federada, fica ainda mais visível que não apenas as mais pobres ganharam proporcionalmente mais que as mais ricas entre 1988 e 2011, mas que também passaram a arrecadar no presente relativamente mais. Em termos de variação no período, a carga do ICMS cresceu impressionantes 5,2 pontos do PIB no Norte, 3,3 pontos no Nordeste e 2,4 pontos no Centro-Oeste, enquanto no Centro-Sul aumentou apenas

2,1 pontos — ou seja, se a carga do imposto cresceu no pós-Constituinte, ela o fez de forma mais intensa nas regiões menos desenvolvidas. Em termos de dimensão, a razão ICMS/PIB em 2011 no Norte e no Nordeste supera 8,2% do PIB, superando a razão nacional (7,4%) e a do Sudeste (7,3%); por estado fica ainda mais visível esse contraste, pois todos os estados nordestinos ostentam uma carga maior que a de São Paulo (igual à média nacional) e ainda mais do Rio (5,6% do PIB).[35]

A evolução comparada da receita *per capita* do ICM em 1988 para o ICMS em 2012 também repete a tendência a melhor desempenho relativo dos estados e das regiões menos desenvolvidas do que dos estados mais ricos, pois cresceu anualmente, na média geométrica, 5,2% no Nordeste contra apenas 3,7% no Sudeste. Aliás, São Paulo (3,3%) cresceu abaixo da média nacional e ostentou a taxa mais baixa entre as 27 unidades federadas.

Portanto, seja pela dimensão regional da carga do ICMS, seja pelo crescimento em longo prazo de sua receita *per capita*, se verifica que não apenas a arrecadação desconcentrou como que estados menos desenvolvidos já arrecadam atualmente proporcionalmente às suas economias mais do que em estados desenvolvidos, em grande parte explicada pela redução das alíquotas interestaduais do Centro-Sul (em 1989) e pela maior exploração já comentada das ditas três bases nobres.

Sem maiores conflitos federativos, o pós-Constituinte no Brasil produziu uma significativa desconcentração regional da arrecadação tributária estadual.

---

[35] Para uma análise comparada entre os estados da carga de todos os tributos (não apenas o ICMS), ver estudo de Oliveira *et al.* (2009).

Crises financeiras e futuro do ICMS e dos estados

Crise e novos arranjos produtivos

A crise financeira global de 2008 e a sua retomada em 2012, tendo a Europa no epicentro dos problemas, foram determinantes para o desempenho do ICMS no curto prazo, mas também reforçaram o esgotamento do desenho desse imposto na reforma de meados dos anos 1960.

Como bem diz a própria qualificação da crise global de 2008, financeira acima de tudo, a carga do ICMS acabou por apresentar um desempenho razoavelmente bem comparado com a receita federal, que sofreu forte queda em 2009, puxada pela derrocada de lucros e resultados de grandes contribuintes, especialmente de instituições financeiras. A recessão na economia bruta foi profunda, mas muito curta (dois trimestres) e impactou negativamente no ICMS, porém, sem um estrago mais que proporcional ao do PIB, como era de se esperar (inclusive porque consumo e mesmo preços dos insumos estratégicos sofreram pouco ou menos da recessão).

Atenuaram o efeito da recessão na economia e desnudaram novas distorções no ICMS a implantação de medidas estaduais, visando aumentar a sua arrecadação, que levaram à generalização do uso da figura do contribuinte substituto, inclusive nos estados mais desenvolvidos,[36] e ao uso crescente de barreiras ao comércio interestadual, com a cobrança

---

[36] Recentemente, foi ampliada de forma expressiva a lista de mercadorias submetidas ao regime de substituição do ICMS em São Paulo, Minas Gerais, Rio de Janeiro, Rio Grande do Sul, Amazonas e Alagoas.

ICMS

antecipada do imposto por estados de menor porte e menos desenvolvidos nos postos de entradas em suas fronteiras.[37]

De qualquer forma, a figura do contribuinte substituto passou a ser adotada em operações das mais diferentes (e não apenas venda para consumidor final, como era o caso clássico de cigarros e de combustíveis), alcançando todas as etapas da cadeia de produção e de comercialização, inclusive as operações interestaduais.[38] Neste último caso em particular, obviamente interessa aos fiscos de estados que consomem muitas mercadorias produzidas em outro estado que o ICMS seja cobrado na saída da fábrica para diminuir o risco de evasão — um caso clássico era o da automobilística, mas vários outros bens passaram a receber o mesmo tratamento. Esse uso tão intenso da figura da substituição tributária torna realidade hoje o que foi visto como sonho (ou ilusão, pelos críticos) da proposta de partilhar o IVA contemplada, na já citada emenda Mussa Demes, de modo a cobrar o imposto na origem e destinar a receita para o destino, no caso das operações interestaduais (que inspirou o chamado modelo do barquinho).[39]

Cabe, agora, tratar da conjuntura mais próxima. A desaceleração da economia em 2012 coincidiu com uma fase de alta na carga tributária do ICMS, talvez explicada mais pelo efeito do aumento das importações, em volume e também em pre-

---

[37] As novas ações são descritas na matéria "Estados ampliam fiscalização do ICMS na fronteira", no jornal *Valor Econômico*, p. A4, edição de 25/2/2011 (<http://bit.ly/RyU8eQ>). Entre reclamações contra as novas barreiras, ver Fabiana Tomé, "Cobrar ICMS na entrada de mercadorias é absurdo", *Consultor Jurídico*, 8/4/2011 (<http://bit.ly/RyTbDb>).

[38] A substituição tributária é aplicada em operações interestaduais quando existir acordo (protocolo ou convênio) entre os estados. O remetente deve calcular o ICMS retido, cobrar do destinatário em sua nota fiscal e repassar o imposto ao estado de destino.

[39] Para um detalhamento da proposta discutida em meados da década de 1990, ver Varsano (1995).

ços, dada a desvalorização cambial. Quando o ICMS alcançou a compra de insumos vindos do exterior, em princípio, estava antecipando a receita futura e definitiva quando virariam produtos para consumo final. Se com a notória desindustrialização a carga de ICMS se mantém, isso pode ser explicado em parte pelo aumento da taxa de importação: curiosamente, se torna uma benesse para a fazenda do estado importador, que recebe todo o imposto devido na sua entrada, enquanto, se a mesma mercadoria fosse adquirida de outro estado brasileiro, parte do ICMS ficaria na origem, por vezes até usado para conceder um incentivo fiscal irregular. As importações podem estar gerando mais de 1/4 do ICMS de um estado muito desenvolvido, o que, somado aos três insumos estratégicos (combustíveis, energia elétrica e comunicações), passa a responder por metade da arrecadação.

Aquilo que alivia a conjuntura mais imediata, paradoxalmente, pode se transformar em distorção e prejuízo estrutural no prazo mais largo. A falta de interesse em plantas voltadas para exportações e o acúmulo de volumosos e crescentes saldos credores tributários induz a uma redução do valor agregado nas exportações brasileiras, de modo que o ICMS só não prejudica ou pouco afeta as vendas de produtos primários.

Quanto maior a agregação de valor, mais o imposto se torna um elemento perturbador e até impeditivo da produção voltada para a exportação — sobretudo se uma parcela superior à metade das vendas do contribuinte não for feita para o mercado interno. Quanto mais se sobrecarrega a incidência de energia elétrica e comunicações, mais as indústrias intensivas no uso de tais insumos acabam sendo afetadas e indiretamente convidadas a se mudar para o exterior — fora a pressão latente por desonerações, dos produtores e dos consumidores daqueles insumos. Quanto mais se vende gasolina no lugar de etanol, o fisco comemora, em uma visão imediatista, pois a alíquota da primeira é superior à da segunda. Assim, a arrecadação do ICMS se aproveita da piora na eficiência energética, ao inverso do pleiteado para a sustentabilidade ambiental. Não faltam, portanto, contradições, de modo que o que pode favorecer a arrecadação do ICMS no prazo mais curto acaba por se tornar um condicionante negativo para a mesma arrecadação no prazo mais longo, sobretudo porque vão sendo quebradas e empobrecidas as cadeias de produção nacionais. Quanto maior a tendência à desindustrialização, mais comprometida fica a expansão e até mesmo a sustentação do ICMS.

A desindustrialização até entrou recentemente na agenda nacional de debates, mas, curiosamente, não foi feita uma leitura de seus impactos para o ICMS — ao menos não em termos nacionais e para o debate federativo. Afinal, sendo esse um tributo alicerçado fortemente sobre a indústria de transformação, o seu potencial acaba se tornando igualmente limitado. E, pior, tem o seu próprio futuro ameaçado caso a desindustrialização ou a redução do peso relativo da indústria na economia, brasileira ou em todo o mundo, torne-se inevitável.

Alternativas para reformar o ICMS

Na atual conjuntura política brasileira e federativa, não há o menor indício de que se possa propor e muito menos negociar, acordar e adotar uma reforma do ICMS estadual, quanto menos do sistema tributário.

A ideia de uma reforma fatiada não resiste ao fato simples de que não se definiu o que será fatiado. A muitos parece que essa proposta visa apenas esconder a incapacidade de identificar questões e a inépcia de traçar uma estratégia de mudanças.

Mudar pouco é diferente de mudar aos poucos. Qualquer mudança, ainda mais envolvendo receitas públicas, exige transição, gradualidade, eventuais compensações por instâncias superiores de governo das perdas das unidades menores de governo. Para reformar, nem sempre é preciso alterar a Constituição e, mesmo quando necessário, é possível preparar ou antecipar a mudança ao alterar a legislação infraconstitucional vigente — por exemplo, para consolidar todas as leis nacionais no código tributário, para criar um cadastro único de contribuintes. Ao mudar aos poucos, o importante é que haja coerência e coordenação entre os diferentes atos legais (meio) e passos (tempo), com um objetivo claro de onde se pretende chegar. Se não há uma visão estratégica, muito menos haverá uma estratégia para promover mudanças. Para começar, as distorções do ICMS e a crise federativa que passa pela falta de identidade estadual ainda são vistas como problemas localizados, limitados a um segmento de governo e que os próprios estados devem encontrar a sua solução.

Para mudar essa situação, um primeiro passo para viabilizar finalmente uma reforma do ICMS passa por um diagnóstico atualizado e abrangente de sua arrecadação, suas características e implicações... Depois de tanto que já se discutiu sobre por que e como reformar o ICMS, é inusitado reconhecer que não se conhece bem o imposto. Na verdade, a economia passou por profundas transformações nas últimas décadas e isso se refletiu no imposto estadual (a começar por sua perda de importância relativa), logo, o diagnóstico precisa ser validado e atualizado.

A importância relativa diferenciada das três nobres bases do ICMS por unidade federada também merece mais atenção. A tabela a seguir apresenta a dependência verificada em 2011 (atentando que alguns estados não informam os valores de forma precisa ao Confaz).

Tabela 3
Estrutura da arrecadação do ICMS das UF – 1998 x 2011

	Primário		Secundário		Terciário		Energia Elétrica		Comunicação		Petróleo, comb. e derivados		Demais		Total	
UF	1998	2011	1998	2011	1998	2011	1998	2011	1998	2011	1998	2011	1998	2011	1998	2011
Norte	2,5	0,6	26,1	24,9	51,1	40,2	5,1	5,3	2,4	9,1	9,1	18,1	3,7	1,8	100,0	100,0
AM	0,5	0,3	41,6	29,6	49,0	53,2	1,8	2,1	-	6,2	6,9	8,5	0,2	0,1	100,0	100,0
PA	3,4	0,7	13,9	23,1	55,2	29,6	8,8	7,8	5,3	11,5	4,6	24,7	8,8	2,6	100,0	100,0
AP	1,0	1,2	18,5	6,5	50,0	32,9	0,0	0,7	-	11,1	30,5	38,4	-	9,1	100,0	100,0
RR	0,0	0,2	10,1	32,8	39,8	41,7	0,3	6,5	9,8	11,3	38,1	0,7	1,9	6,8	100,0	100,0
TO	11,0	1,9	5,0	16,3	48,7	30,0	9,4	10,1	-	9,8	25,2	31,1	0,7	0,8	100,0	100,0
Nordeste	2,2	1,9	24,3	19,3	36,2	36,7	7,8	9,2	7,1	10,3	11,0	18,2	11,5	4,4	100,0	100,0
MA	-	0,3	-	15,9	-	32,5	-	8,0	-	11,6	-	28,0	100,0	3,5	100,0	100,0
PI	0,2	6,9	13,3	17,0	56,1	27,6	8,3	10,4	4,9	10,2	15,9	27,5	1,3	0,3	100,0	100,0
CE	0,3	0,1	34,6	20,3	32,4	34,2	11,5	10,8	9,0	10,4	8,4	19,0	3,9	5,3	100,0	100,0
RN	7,5	16,0	17,4	24,6	52,3	39,5	8,6	7,7	8,9	9,9	4,9	2,3	0,3	0,0	100,0	100,0
PB	0,1	0,2	26,1	17,7	62,6	40,7	3,1	10,2	7,2	11,2	0,9	19,9	-0,0	0,1	100,0	100,0
PE	5,3	0,0	22,6	15,3	37,0	49,1	5,8	8,6	7,3	10,4	9,1	15,3	12,8	1,3	100,0	100,0
AL	0,3	0,0	21,3	20,9	38,2	45,1	9,2	8,8	7,3	9,3	0,3	13,5	23,4	2,4	100,0	100,0
SE	4,2	2,0	8,3	18,8	39,8	43,7	7,7	8,9	-	9,2	14,6	15,3	25,5	2,0	100,0	100,0
BA	1,1	1,1	28,8	22,0	31,7	27,2	8,9	9,1	8,1	10,2	19,0	20,6	2,3	9,9	100,0	100,0
Sudeste	0,6	0,4	40,0	32,8	23,4	27,9	9,6	8,0	8,9	10,9	11,3	15,7	6,1	4,3	100,0	100,0
MG	0,6	0,4	35,0	33,8	22,6	23,0	11,7	10,4	8,5	9,7	16,7	18,7	4,9	3,9	100,0	100,0

continua

	Primário		Secundário		Terciário		Energia Elétrica		Comunicação		Petróleo, comb. e derivados		Demais		Total	
ES	9,4	0,0	20,1	32,0	46,1	37,6	9,5	7,7	5,9	6,4	8,0	14,5	0,9	1,8	100,0	100,0
RJ	0,1	1,8	31,5	20,1	25,7	35,9	13,2	12,2	13,6	16,4	9,9	11,4	5,9	2,3	100,0	100,0
SP	0,1	0,1	44,8	35,5	21,5	26,6	8,2	6,3	8,0	10,4	10,7	15,9	6,7	5,1	100,0	100,0
Sul	1,6	0,8	28,0	27,7	30,5	28,0	11,4	11,2	8,3	10,2	16,5	18,2	3,6	3,9	100,0	100,0
PR	4,0	1,6	18,3	19,8	32,8	25,9	12,9	14,6	9,5	12,6	16,7	20,4	6,0	5,1	100,0	100,0
SC	0,4	0,4	30,4	27,0	30,1	37,7	10,4	9,5	10,2	8,7	17,3	16,5	1,2	0,2	100,0	100,0
RS	0,6	0,4	33,5	34,6	29,2	23,4	10,9	9,6	6,6	9,2	16,0	17,5	3,2	5,2	100,0	100,0
Centro-Oeste	5,7	5,2	20,4	13,3	32,2	33,6	9,0	4,3	10,7	10,4	17,4	23,3	4,5	9,9	100,0	100,0
MT	5,4	8,5	21,8	3,7	32,2	40,6	8,4	7,5	7,9	6,7	20,0	17,6	4,2	15,3	100,0	100,0
MS	19,3	12,2	4,0	6,9	35,8	32,2	8,4	5,2	10,6	7,5	21,1	34,2	0,8	1,8	100,0	100,0
GO	3,7	2,2	26,6	20,0	30,1	29,5	9,6	0,3	8,5	10,2	13,0	21,9	8,5	16,0	100,0	100,0
DF	0,3	0,1	20,3	17,8	33,0	35,0	9,1	7,0	16,6	18,1	19,7	21,1	0,9	0,8	100,0	100,0
BRASIL	1,4	1,1	34,2	27,9	27,9	30,3	9,4	8,2	8,5	10,6	12,4	17,2	6,3	4,6	100,0	100,0

Fonte: Elaboração própria a partir de dados do Confaz/Cotepe.

[1] Setor secundário exceto Energia Elétrica e Petróleo.
[2] Setor Terciário exceto Energia Elétrica, Petróleo e Comunicação.
[3] "Demais" compreende a arrecadação da dívida ativa e outras fontes de arrecadação, além de eventuais discrepâncias entre os somatórios dos setores e a arrecadação total.

Os combustíveis são a sua base mais importante, gerando 16% do ICMS nacional, com razoável discrepância entre unidades, pois, se responde por apenas 11% em São Paulo e Rio de Janeiro, chega a 34% no Mato Grosso do Sul; em geral, tende a pesar proporcionalmente mais nas unidades federadas menos desenvolvidas. As comunicações superaram a energia elétrica como a segunda base mais importante: 11% é a média nacional, a proporção de São Paulo e da grande maioria das unidades federadas (ou seja, há pouca dispersão, ao contrário das outras bases), com apenas duas exceções, saltando para 18% em Brasília e 16% no Rio de Janeiro (inclusive superando combustíveis em cinco pontos percentuais, ao combinar alíquotas mais elevadas e possivelmente a imunidade do petróleo). A energia elétrica gerou 9% do ICMS, com uma variação um pouco maior entre unidades federadas, mas sem grandes extremos — a maior participação foi de 15% no Paraná e, novamente, 12% no Rio de Janeiro.

Chama a atenção o fato de a distribuição regional da arrecadação do ICMS ser razoavelmente diferenciada entre a levantada nas três bases nobres e nas demais operações sujeitas ao imposto — conforme demonstrado na tabela 4 a seguir para o recolhido em 2011, sempre segundo o Confaz (foram excluídas as unidades federadas que não informaram dados consistentes para as citadas bases). Ao comparar a distribuição regional do recolhido pelas três bases nobres vis-à-vis as demais bases, verifica-se que oito estados perdem participação. São Paulo é o que mais perde posição relativa (7,7 pontos), pois responde por 38% do arrecadado sobre as bases normais e menos de 31% sobre as ditas nobres. Na direção oposta, os que mais crescem relativamente com as bases nobres são quase todos das regiões menos desenvolvidas, como Tocantins, Maranhão, Piauí, Pará, Mato Grosso do Sul e Distrito Federal; Paraná é uma exceção em meio a esse bloco.

Tabela 4
Distribuição regional da arrecadação do ICMS, nacional e bases maiores — 2011
(excluídas UFs sem ICMS setorial)

	Total		Comb. Energia, Comunic.		Demais		3 Bases-Demais	Total--Demais
	R$ Bilhões	Distrib. %	R$ Bilhões	Distrib. %	R$ Bilhões	Distrib. %	Distrib. %	Distrib. %
Amazonas	5,920	2,06%	993	0,97%	4,972	2,67%	-1,70%	-0,61%
Pará	5,728	1,99%	2,524	2,45%	3,204	1,74%	0,72%	0,26%
Rondônia	2,549	90%	970	0,94%	1,625	0,88%	0,06%	0,02%
Tocantins	1,270	0,44%	648	0,63%	623	0,34%	0,29%	0,10%
Maranhão	3,412	1,19%	1,628	1,58%	1,784	0,97%	0,62%	0,22%
Piauí	2,088	0,73%	1,006	0,98%	1,082	0,59%	0,39%	0,14%
Ceará	6,795	2,36%	2,730	2,65%	4,065	2,20%	0,45%	0,16%
Paraíba	2,825	0,98%	1,167	1,13%	1,658	0,90%	0,24%	0,08%
Pernambuco	9,926	3,54%	3,399	3,30%	6,527	3,53%	-0,23%	-0,08%
Alagoas	2,273	0,79%	717	0,70%	1,555	0,84%	-0,14%	-0,05%
Sergipe	1,998	0,70%	668	0,65%	1,331	0,72%	-0,07%	-0,03%
Bahia	13,231	4,60%	5,279	5,13%	7,953	4,31%	0,83%	0,30%
Minas Gerais	29,219	10,16%	11,354	11,04%	17,865	9,67%	1,36%	0,49%
Espírito Santo	8,561	2,98%	2,447	2,38%	6,114	3,31%	-0,93%	-0,33%
Rio de Janeiro	25,155	8,75%	10,050	9,77%	15,105	8,18%	1,59%	0,57%
São Paulo	102,139	35,52%	31,478	30,60%	70,661	38,26%	-7,66%	-2,74%
Paraná	15,962	5,55%	7,585	7,37%	8,377	4,54%	2,84%	1,01%
Santa Catarina	12,514	4,35%	4,344	4,22%	8,170	4,42%	-0,20%	-0,07%
Rio Grande do Sul	19,503	6,78%	7,086	6,89%	12,417	6,72%	0,16%	0,06%
Mato Grosso	5,815	2,02%	1,852	1,80%	3,962	2,15%	-0,35%	-0,12%
Mato Grosso do Sul	5,414	1,88%	2,542	2,47%	2,872	1,56%	0,92%	0,33%
Distrito Federal	5,195	1,81%	2,402	2,34%	2,793	1,51%	0,82%	0,29%
BRASIL	287,538	100,00%	102,868	100,00%	184,670	100,00%	0,00%	0,00%

Fonte primária: Elaboração própria com base nos dados do Confaz. Excluídos Acre (não informou para nenhuma) e outros estados com informações deficientes.

É preciso, portanto, atualizar o diagnóstico sobre vários aspectos tributários e federativos: sobre a arrecadação de

ICMS por unidade federada também em dimensões relativas (valores per capita, proporção do PIB, da receita tributária disponível e da receita primária total); a composição setorial da arrecadação; a importância da substituição tributária (e, por conseguinte, a dependência da geração desta receita em outros estados); os fluxos recentes e o estoque de saldos credores acumulados e não utilizados, bem como das glosas em reação à guerra fiscal. A balança interestadual continua a ser a variável da qual mais interessa conseguir um cálculo atualizado e preciso, para balizar desde avaliações sobre a guerra fiscal até simulações sobre efeitos de mudanças na alíquota interestadual.

Chamam a atenção instrumentos normais de um IVA, mas que passaram a ser usados em larga ou excessiva escala no ICMS brasileiro nos últimos anos, e exigem maiores reflexões: o contribuinte substituto, a cobrança antecipada na fronteira (interna) e a retenção de créditos tributários. O recurso a tais instrumentos tornou-se uma arma particularmente importante quando da desaceleração da economia, porque permite tentar sustentar ou mesmo aumentar a arrecadação sem ter o desgaste popular e político de majorar alíquotas e de negociar projetos de lei nas assembleias estaduais, quando se pode produzir efeito semelhante ao arbitrar o preço da substituição tributária ou a represar mais créditos acumulados. Por outro lado, é preciso considerar as distorções que um uso exagerado de tal figura e a eventual má calibragem da alíquota podem causar para o setor produtivo, inclusive para as condições de concorrência. Um caso particularmente preocupante é quando a substituição tributária alcança as microempresas e empresas de pequeno negócio que aderiram ao regime simplificado — o Simples Brasil: além de contrariar o preceito de simplificar a cobrança, a substituição acaba criando um ônus adicional sobre tais empresas.[40]

A balança interestadual do ICMS constitui outro elemento essencial para a maioria das alternativas de reforma do ICMS, em particular para a eventual redução das alíquotas, visando coibir a guerra fiscal e torná-lo definitivamente um imposto sobre o consumo. A generalização do uso da nota fiscal eletrônica facilita tal cálculo, e uma primeira avaliação já foi realizada pelo Banco Interamericano de Desenvolvimento — BID — sobre as transações interestaduais no período de junho de 2010 até maio de 2011,[41] conforme detalhado em estudo de Amir Khair.[42]

Tabela 5
Cobrança no destino
Alíquota interestadual zero

R$ Milhões			R$ Milhões		
UF	Ganho	%ICMS	UF	Perda	%ICMS
AC	157	25,5	AC		
AL	283	12,7	AL		
AM			AM	-6,436	-112,5
AP	104	22,5	AP		
BA			BA	-528	-4,3
CE	845	13,2	CE		
DF	1,297	27,3	DF		
ES			ES	-2,822	-37,8

continua

---

[40] Para uma exposição detalhada das distorções observadas pelo Sebrae no regime do Simples decorrentes do ICMS, ver apresentação de Quick (2012).

[41] Um sumário dos resultados da pesquisa do BID consta da apresentação de Villela, Varsano e Khair (2012).

[42] O detalhamento da projeção sobre a balança interestadual e da simulação da eventual adoção de alíquotas interestaduais de 4% ou mesmo 0%, foi objeto do relatório para o BID elaborado por Khair (2011).

R$ Milhões			R$ Milhões		
UF	Ganho	%ICMS	UF	Perda	%ICMS
GO			GO	-1,950	-22,4
MA	1,242	39,7	MA		
MG	2,498	8,8	MG		
MS			MS	-1,582	-32,2
MT			MT	-371	-6,9
PA	1,282	23,8	PA		
PB	206	7,6	PB		
PE	783	8,6	PE		
PI	605	30,2	PI		
PR	660	4,6	PR		
RJ	5,586	23,6	RJ		
RN	803	26,9	RN		
RO	191	8	RO		
RR	76	18,1	RR		
RS	291	1,6	RS		
SC			SC	-1892	-17,1
SE	361	18,9	SE		
SP			SP	-1891	-2
TO	201	17	TO		
BR	17,472	6,2	BR	-17,474	-6,2

Fonte: ICMS Cotepe: Superávit e déficit, dados básicos do MF. Base jun./2010 a maio/2011, apud Khair (2011, p. 26).

Segundo Amir Khair, apenas oito estados apresentaram superávit na balança interestadual: desde São Paulo, com apenas 2% do ICMS, até Amazonas, com 112% do ICMS, devido à Zona Franca de Manaus, passando por Bahia e Mato Grosso, abaixo de 10%, Santa Catarina, Goiás, Mato Grosso do Sul e Espírito Santo, entre 10% e 40%. Do lado da maioria dos estados com balança deficitária, menciona-se que foi encontrada grande dispersão na proporção ao ICMS estadual (desde 1,6% no Rio Grande do Sul até 39,7% no Maranhão).

Nas simulações foi testada uma redução da alíquota interestadual para 4%, e também para 2%, em vez de 0% (que começa a se tornar consensual entre autoridades e técnicos fazendários).

As simulações realizadas em estudo para o BID foram as primeiras a se valer da nova ferramenta da nota fiscal eletrônica, e é mais do que natural que caibam reparos ou críticas. Porém, o importante é que apontam um caminho para cálculos mais precisos e em cima de uma base nacional ou comum, evitando a dependência de informações fornecidas por outro estado e que, por princípio, não podem ser auditadas. Mais do que natural, também, as resistências dos fiscos de estados que viriam a perder arrecadação na eventual hipótese de redução das citadas alíquotas.[43]

Evidências estatísticas que contrariam mitos dominantes nas finanças públicas brasileiras e resultados surpreendentes em estudos reforçam a importância de aprimorar e atualizar o diagnóstico para melhor balizar discussões e decisões na esfera política.

Se na esfera política pouco se avançou para melhorar a articulação federativa, o inverso se deu no campo da administração tributária, em particular, em torno da aplicação das mais modernas tecnologias de informação e de comunicação. Não apenas se lançou mão de técnicas e equipamentos mais modernos, como se promoveu uma integração sem precedente entre as diferentes administrações tributárias, com a realização de encontros nacionais, a celebração de convênios

---

[43] Eventuais mudanças no ICMS sempre esbarrarão na oposição política, que existe inclusive por parte dos estados deficitários no comércio interestadual, os que saem perdendo com a aplicação do princípio de origem na tributação e sairiam ganhando com a mudança para princípio de destino, na avaliação de Baratto e Lobato (2007). Estes autores entendem que os estados estejam sofrendo de uma "ilusão tributária".

de cooperação técnica e diferentes outras formas de atuação conjunta. Pode ser considerado um marco dessa nova atitude a mudança no capítulo da Administração Pública da Constituição da República (art. 37, inciso XXII),[44] promovida por emenda do fim de 2003, que valorizou as atividades da administração tributária e, principalmente, determinou uma atuação integrada das três esferas de governo, inclusive prevendo o compartilhamento de cadastros e dos sistemas de informações.

As máquinas fazendárias estaduais e a federal[45] em muito avançaram nos últimos anos, inicialmente estimuladas por financiamentos (de organismos internacionais) e depois movidas por receita própria, uma vez que são inversões que demandam um montante baixo de recursos e tendem a gerar bom e rápido retorno.[46] Já vêm sendo realizadas muitas ações na direção da integração de cadastros e sistemas de

---

[44] Vale reproduzir o texto do dispositivo constitucional: "XXII - as administrações tributárias da União, dos Estados, do Distrito Federal e dos Municípios, atividades essenciais ao funcionamento do Estado, exercidas por servidores de carreiras específicas, terão recursos prioritários para a realização de suas atividades e atuarão de forma integrada, inclusive com o compartilhamento de cadastros e de informações fiscais, na forma da lei ou convênio" (Emenda Constitucional nº 42, de 19/12/2003).

[45] Para uma avaliação recente e específica da RFB, ver análise de Siqueira (2009).

[46] Para uma abordagem conceitual sobre os meios e as vantagens da modernização das administrações fazendárias, ver Kidd e Crandall (2006) (que, inclusive, dedicam um box e elogios à administração de receitas federais no Brasil — ver p. 36); e Pita (2008). Como a crise financeira global exigiu esforços redobrados dos governos para recuperarem e elevarem a carga tributária, vários países, inclusive os ricos, passaram a promover reformas tributárias e, em especial, investir na modernização das administrações fazendárias. Um bom relato está no relatório para o G20, elaborado por um grupo de trabalho (FMI, OCDE, União Europeia e Banco Mundial), denominado *Supporting the Development of More Effective Tax Systems*, Washington, Novembro/2011 (<http://bit.ly/NCu3VH>). Inclusive, eles comentam que o Brasil foi o único país do G20 que não participou da edição anterior, mas que já aderiu ao grupo.

O FEDERALISMO BRASILEIRO EM SEU LABIRINTO

informações,[47] da emissão eletrônica de notas fiscais,[48] das iniciativas de incentivo e premiação a contribuintes,[49] da troca de informações e experiências e, até mesmo, da articulação para ações conjuntas de fiscalização e cobrança. Em particular, menciona-se que a nota fiscal eletrônica (NF-e) foi concebida em 2005 e desenvolvida em parceira pelos fiscos federal e estaduais, já alcançando 768 mil estabelecimentos em todo o país e devendo ultrapassar 4,3 bilhões de emissões, números que por si só dão uma dimensão da escala das mudanças promovidas.

Essa integração e a modernização das fazendas tiveram reflexos importantes e favoráveis no ICMS.[50] Porém, o contraste entre o cenário da administração das receitas e o da legislação e política tributária constitui uma situação paradoxal no Brasil. Quanto mais se retrocedeu em aplicar os princípios básicos da boa tributação, se a política tributária deixou cada vez mais a desejar em termos das distorções e dos desequilíbrios que acarreta para a economia, mais as administrações fazendárias avançaram na integração, e as suas práticas tributárias informatizadas se situam entre as mais modernas do mundo.[51]

É importante tirar proveito da maior e melhor disponibilidade de recursos humanos e tecnológicos nas administrações

---

[47] Para um relato atualizado da integração de ações, ver Receita Federal (2012).

[48] Especificamente sobre NF eletrônica, ver Mello (2006).

[49] Iniciativas de devolução de outro imposto em troca da identificação do contribuinte em compras no ICMS e no ISS já mereceram citações em análises internacionais como em Brondolo (2008).

[50] Uma avaliação abrangente do ICMS e da sua administração consta da tese de Monica Pinhanez (2008).

[51] Para avaliações atualizadas e com destaque maior para a América Latina, ver no portal do Centro Interamericano de Administraciones Tributarias — Ciat — a bibliografia temática "Impacto de las TICs en la Administración Tributaria" (<http://bit.ly/Om0XQw>), e as apresentações realizadas na 46ª Asamblea General, realizada em Santiago do Chile, 23-26/4/2012 (<http://bit.ly/Om1bXU>).

fazendárias nas três esferas de governo para melhorar o perfil da tributação. Paradoxalmente, enquanto o Brasil avançou rápida e fortemente na modernização da receita, retrocedeu em termos de política tributária e de configuração institucional do sistema tributário. Antes de tudo, cabe evitar a tentação de vincular modernização administrativa com maior sentimento de autonomia, como se fosse possível criar uma espécie de autarquia fiscal no mundo cada vez mais globalizado.

A modernização gerencial permite rever alternativas que foram descartadas no passado como inviáveis — caso do eventual recurso à câmara de compensação de transações interestaduais, que já pode ser considerado possivelmente operacional na medida em que os sistemas dos diferentes governos forem integrados e o uso da nota fiscal eletrônica vier a ser universal. Melhor ainda se fossem definitivamente unificadas as identificações dos contribuintes, pessoas físicas e jurídicas. Adotar um número próprio para seus impostos significa menos autonomia e perda de oportunidade de ter uma cobrança mais eficiente. Não faz muito sentido gastar milhões de reais para que o cadastro local converse com o estadual ou o nacional, enquanto eventualmente faltarem recursos para melhor remunerar os fiscais ou para aplicar em estratégias de inteligência fiscal.

Nesse contexto, cabe especular sobre a reforma do ICMS quando chegar a oportunidade para que se promova uma definitiva e profunda reforma do sistema tributário brasileiro. Autoridades e técnicos estaduais deveriam avaliar com algum desprendimento e muita racionalidade se faz sentido manter um imposto de base econômica restrita e decadente, diante do futuro inexorável da economia, cada vez menos produtiva e cada vez mais prestadora de serviços, o que exigiria um constante estresse de sobrecarregar a base limitada que ele alcança e recorrer aos expedientes mais heterodoxos, como acúmulo de créditos tributários, substituição tributária e cobrança nas fronteiras estaduais.

Os estados já perderam duas oportunidades históricas para diversificar e ampliar a base da tributação estadual. A Constituição de 1988 criou um adicional estadual sobre o imposto de renda, que foi aplicado com as naturais dificuldades de um imposto inicial por poucos anos, e foi extinto por emenda de iniciativa do Executivo Federal, sem que autoridades estaduais esboçassem a menor resistência na época. Nem mesmo uma compensação foi angariada, e sequer foi pedida. A chamada emenda Mussa Demes ao projeto de reforma tributária, debatida e negociada ao fim do século passado, chegou a prever a incorporação do ISS municipal ao ICMS estadual, mas foi abortada diante dos receios do Executivo Federal frente à crise externa e, mais uma vez, não mereceu apoio mais incisivo das autoridades estaduais — que, também, depois, ignoraram que a maior parte da expansão da carga tributária federal na década passada se fez justamente em cima dos serviços.

A mera fusão do ISS ao ICMS pode ser mais improvável, inclusive politicamente, do que a criação de um único e amplo imposto sobre valor adicionado, que abrangesse todos ou a maioria dos impostos e contribuições, das três esferas de governo, que incidem sobre o mercado doméstico de bens e serviços. Quanto maior a abrangência das mudanças, mais oportunidades surgem para equacionar as diferentes questões, inclusive ao mesclar competências e transferências, de modo que a perda de uma unidade federada com a alteração de um imposto possa ser compensada por ganho na mudança de outro imposto, ou o mesmo valendo para alguma repartição de receita.

Esse é o cenário proposto por uma comissão especial do Senado Federal, reunida entre 2008 e 2010, tendo o senador

Francisco Dornelles como relator, que concluiu por uma estratégia de construção de um novo sistema tributário (entendendo que nem é mais possível reformar o atual) e sem apresentar um texto de emenda constitucional.[52] O ICMS seria extinto, assim como praticamente todos os outros tributos ditos indiretos (como IPI, Cofins, PIS, Cide...), que seriam substituídos, em conjunto, por um imposto sobre o valor adicionado dito nacional, porque seria compartilhado entre as esferas federal e estadual de governo. Caberia à União legislar e aos estados cobrar, arrecadar e fiscalizar o novo imposto, cuja receita, a depender do conjunto de tributos que realmente forem a ele incorporados, teria um peso federal quase tão elevado quanto o estadual. Quanto mais próxima for a cota de uma e de outra esfera de governo, maior seria a adesão de ambas, ou seja, não haveria razão para que o governo federal falhasse e relaxasse na criação e na regulação do imposto, pois perderia uma parcela importante de receitas, do mesmo modo que os governos estaduais também teriam muito a perder se afrouxassem a cobrança e a fiscalização. O IVA permitiria aos governos estaduais compartilhar a aplicação do imposto mais amplo da economia no lugar do ICMS, obviamente a depender da correta fixação da proporção que caberia a cada um dos dois níveis de governo da receita do novo imposto e, ainda, o critério para dividir a cota estadual entre cada uma das 27 unidades federadas.[53]

---

[52] A estratégia aprovada no Senado Federal para a construção de novo sistema tributário foi detalhada no livro *Proposta de Sistema Tributário* (Senado Federal, 2010). Especificamente sobre a proposta de criação do IVA Nacional, ver também artigo de Dornelles e Afonso (2010).

[53] Ricardo Varsano alerta que, na sistemática proposta pelo Senado, é preciso cuidado na forma de administração da cobrança do imposto e da sua partilha: "a menos que a cota estadual dependa fortemente do esforço próprio de arrecadação, a guerra fiscal será feita via fechar os olhos para a sonegação, pois isso não reduziria a receita do estado. Se todos os estados tiverem essa atitude, teremos

Se reformado o ICMS, seja qual for a sua envergadura, os impactos na receita disponível e a transição entre a sistemática atual e a futura tendem a despertar mais dúvidas e, por conseguinte, resistências das autoridades estaduais do que as medidas a vigorarem no longo prazo, ou mesmo a natureza das novas regras tributárias. Há uma grande desconfiança entre os estados diante de promessas do governo federal de oferecer compensação financeira, ainda mais sob a forma de fundos transitórios. Também se julgam inadequados os suportes ofertados na forma da concessão de empréstimos por bancos públicos federais, em que se troca uma receita recorrente para outra temporária e restituível no futuro. O que daria mais conforto às autoridades estaduais seria considerar as prestações vincendas da dívida refinanciada junto ao Tesouro Nacional e assegurar ao estado que pudesse obter compensação ao reduzir do pagamento mensal o montante que teria perdido com a reforma. Na mesma direção, caberia resgatar a sistemática original do chamado "seguro-receita", que regulava as compensações da Lei Kandir na sua formatação inicial, de modo a mensurar o valor justo da perda de receita a ser compensada.

Existem alternativas para reforma do ICMS e aqui foram apontadas apenas algumas, em uma agenda inegavelmente difícil, complexa e abrangente, e, por que não dizer, até ousada. Se a preferência dos estados for por não correr riscos e

---

uma nova forma de *race to the bottom*". Em contraponto, menciona-se que, na modelagem discutida no Senado, os fiscos estaduais lançam, cobram e fiscalizam o imposto. Nesse modelo, fisco federal exerce somente atividades complementares e suplementares — tanto gere o cadastro nacional de contribuintes e de transações quanto pode intervir e promover a cobrança e a fiscalização, quando identificar que os fiscos estaduais não o fizerem, hipótese na qual a arrecadação decorrente pertencerá integralmente à União e não comporá a base comum, a ser rateada entre o governo federal e os estaduais.

preservar na essência a atual formatação do ICMS, será seguramente a opção por continuar perdendo espaço no sistema tributário e na Federação brasileira.

Observações finais

As contradições nas quais está mergulhado o ICMS revelam a sua derrocada como imposto. Só não se qualifica como falência porque o ICMS preserva uma última e preciosa qualidade: a capacidade de custear os governos estaduais, de fazer isso por sua livre e plena decisão, e ainda de ter um raio de manobra para promover o desenvolvimento local.

A opção dos estados pela suposta autonomia federativa significa, ao mesmo tempo, a escolha por um imposto de importância relativa certamente decrescente e que ainda exigirá, para manter o mesmo nível de carga da receita, aumentar mais suas distorções para a eficiência e a equidade da economia e da sociedade. Não há no horizonte, nem mesmo nas propostas de reforma fatiada, a menor sinalização para apostar que o ICMS no futuro volte a ser o importante e grande imposto que já foi no passado.

É natural que autoridades estaduais talvez não queiram correr o risco de abrir mão de uma receita que entendem sob seu controle, porque julgam que autonomamente gerenciam-na, arrecadam-na e gastam-na. Ou seja, mesmo sendo um mau imposto, ao menos é um mal conhecido e certo. Porém, não há como escapar de pagar um preço alto no futuro por tal opção — a certeza de que o ICMS e os estados continuarão a perder importância no sistema tributário e na Federação brasileira. Sem uma visão estratégica e sem ousar nas proposições, não há hipótese de os estados recuperarem o papel de protagonistas nos processos de descentralização fiscal e redemocratização política que já tiveram no passado.[54]

Não tanto pelo calendário político, mas pela nova economia que deverá ressurgir da crise financeira global, está sendo definido agora o destino dos estados na Federação brasileira do futuro. O futuro dos estados está em suas próprias mãos, na sua capacidade de discernir e na sua disposição para mudar.

Uma última palavra, passando do campo da técnica e da tributação para o da estratégia política e federativa: mais do que atualizar o diagnóstico e traçar diferentes alternativas para reforma do ICMS, é possível que a tarefa mais premente e mais importante para os estados seja desenvolver uma ação política minimamente organizada.

Autoridades estaduais, dos secretários estaduais de Fazenda aos governadores, precisam avaliar, antes de tudo, se preferem continuar vestindo um figurino quase igual ao dos gestores de massas falidas empresariais. Se essa for a opção, é só manter as atuais políticas e práticas, com um extintor à mão para apagar eventuais incêndios. Não será difícil manter a competência de um imposto que tende a pesar cada vez menos na economia e que, mesmo para manter o nível de carga, continuará exigindo alguma criatividade na gestão dos instrumentos, inclusive tendendo a ampliar a tributação de insumos para atenuar ou driblar os incentivos para os produtos. Tomando um exemplo concreto, isso significa nada ou pouco cobrar para se produzir automóveis, mas taxar cada vez mais as autopeças neles utilizadas.

---

[54] Se os governadores ainda forem barões na Federação brasileira, é possível que se diga que se transformaram nos barões do café do meio do século passado: muita fama e pose, enormes propriedades, mas cada vez menos produtivos; riqueza candente e, consequentemente, também perda de espaço na economia e na sociedade. Nessa hipótese, ainda seriam barões, mas decadentes.

A esfera federal é marcada pela omissão, desde a compreensão dos problemas por parte do Executivo até a falta de ousadia e independência do Congresso para tomar a iniciativa na matéria. Resta o STF como único poder a assumir suas responsabilidades e tomar decisões, que podem ser ditas ousadas e corajosas, diante da omissão dos demais poderes e esferas de governo — ao condenar a guerra fiscal do ICMS e o rateio do FPE sem critérios. Como ele não pode e não deve legislar sobre a matéria, à Justiça resta o papel de jogar foco no problema e esperar que os outros poderes e esferas de governo desempenhem as suas atribuições. O pior que pode ocorrer é nada se fazer e deixar prosseguir a tendência à decadência do imposto e, por conseguinte, da própria esfera estadual de governo.

Para superar os antagonismos que marcam o ICMS, faz-se necessário politizar suas questões de modo a se conseguir construir uma aliança entre estados para uma mínima consciência comum da decadência do imposto e para uma ação mais articulada de defesa dos interesses da esfera intermediária de governo. O ideal seria a criação de uma instância política de peso, com atuação direta dos governadores, mas abastecida pelos melhores e mais completos subsídios técnicos, visando à proposição e à defesa de medidas que, no mínimo, preservassem o atual espaço fiscal e político dos estados e que, idealmente, promovessem uma recuperação gradual desse poder.

Não custa mencionar que não há a menor condição do Confaz cumprir tal papel de aglutinador dos interesses e pressões dos estados, talvez nem mesmo para ser a instância técnica de apoio à política, pois seu objeto de atenção não pode se limitar à gestão do ICMS.

Mais apropriado e efetivo seria a criação de um fórum político de articulação dos governadores. O fundamental é que o fórum seja composto e comandado diretamente pelos chefes dos executivos estaduais. Ele seria assistido e acompanhado por um colegiado técnico de secretários, e não restrito aos da Fazenda, mas abrangendo também os de Planejamento e de Administração, de modo que essa instância pudesse prestar amplos e consistentes subsídios técnicos para a ação política. A experiência internacional poderia oferecer algumas lições de colegiados de governos subnacionais presentes em algumas federações. É curioso que, de certa forma, até as prefeituras das capitais já usem esse caminho, ainda que sem grande repercussão na cena política nacional. Elas se organizaram em um fórum de prefeitos, que é secundado por colegiados de secretários das respectivas cidades — como é o caso da Abrasf (secretários de Finanças), que não é deliberativa nem reguladora como o Confaz, mas que ainda assim acaba tendo um raio de atuação mais amplo.

A possível reforma do ICMS definirá o destino da dimensão e da importância relativa dos governos estaduais, especialmente daqueles que menos dependem de transferências federais, na Federação e, mesmo, na economia e na sociedade brasileira. O que o passado recente indica é que nada reformar e manter tudo como está significa a opção por continuar perdendo cada vez mais espaço na cena nacional.

Referências bibliográficas

AFONSO, José R. Por que não começar a securitizar os créditos acumulados de ICMS? *Revista Brasileira de Comércio Exterior*, Rio de Janeiro, n. 102, p. 36-44, mar. 2010.

AFONSO, José R.; ARAÚJO, Erika. Pós-constituinte e impostos indiretos: deformar ou reformar? In: Pinto, Marcio; Biasoto Jr., Geraldo. *Política fiscal e desenvolvimento no Brasil*. Campinas: Editora Unicamp, 2006. p. 289-330.

AFONSO, José R.; CASTRO, Kleber. Carga Tributária Global no Brasil em 2010, *mimeo.*, p. 14, set. 2011. Disponível em: <http://bit.ly/PoThIT>.

ARRETCHE, M. The Veto Power of Sub-National Governments in Brazil: Political Institutions and Parliamentary Behaviour in the Post-1988 Period. *Brazilian Political Science Review*, n. 48, p.40-73, 2007. Disponível em: <http://bit.ly/RqTM8w>.

BANCO MUNDIAL. Public Expenditures for Poverty Alleviation in Northeast Brazil. *Report n° 22425-BR*, Washington, 11 jun. 2001.

BARATTO, G.; LOBATO, J.R. Cenário de reforma tributária com tributação dual sobre o consumo. *Caderno Fórum Fiscal dos Estados Brasileiros*, Brasília, n. 5, p. 89, maio 2007.

BRONDOLO, John. International Practices in Promotion and Enforcing Record Keeping and Invoicing for Taxation, *mimeo.*, IMF, Out. 2008.

CARDOSO, Bruno; BECATTINI, Stefania. A glosa de créditos de incentivos fiscais de ICMS. *Revista de Direito Tributário da Apet*, n. 5, p. 149-156, março 2005. Disponível em: <http://bit.ly/QuqhUb>.

CNI. Principais problemas da empresa exportadora — sistema tributário, *mimeo.*, jun. 2008. Disponível em: <http://bit.ly/15pc7ZS>.

DORNELLES, Francisco; AFONSO, José Roberto. Desenvolvimento exige um novo sistema tributário. *Revista Brasileira de Comércio Exterior*, Rio de Janeiro, Funcex, n. 102, p. 8-18, jan.--mar. 2010. Disponível em: <http://bit.ly/Rz5sYn>.

FIESP. Proposta de alteração nos mecanismos de compensações de tributos federais e estaduais do produto exportado, *mimeo.*, dez. 2009. Disponível em: <http://bit.ly/RqLQEs>.

_____. Resultado da pesquisa: compensação e desoneração tributária das exportações, *mimeo.*, nov. 2009b.

_____. *Relatório Fiesp sobre custos tributários do investimento.* São Paulo, out. 2010. Disponível em: <http://bit.ly/RqNVjE>.

GUIMARÃES, Sérgio; VARSANO, Ricardo; AFONSO, José R. Inter--Jurisdictional Fiscal Competition: A Review of the Literature and

Policy Recommendations. *Revista de Economia Política*, v. 25, p. 295-313, Jul.-Set. 2005. Disponível em: <http://bit.ly/SxZ1Gm>.

IEDI. O problema dos créditos de ICMS acumulados pelos exportadores: uma proposta alternativa. Iedi, São Paulo, *mimeo.*, abr. 2006.

KHAIR, Amir. Avaliação do impacto de mudanças nas alíquotas do ICMS nas transações interestaduais. *Textos para Debate IDB-DP-212*, p. 37, nov. 2011. Disponível em: <http://bit.ly/KkGqJR>.

KIDD, Maureen; Crandall, William. Revenue Authorities: Issues and Problems in Evaluating their Success. *IMF WorkingPaper WP/06/240*, Washington, Out. 2006.

MELLO, Luiz de. The Brazilian Tax War: the Case of Value-Added Tax Competition Among the States. *ECO/Working Paper n° 544*, Paris, OCDE, Fev. 2007. Disponível em: <http://bit.ly/NxmVzV>.

MELLO, Newton. Nota Fiscal Eletrônica — a modernização do fisco a serviço da sociedade, *mimeo.*, 2006. Disponível em: <http://bit.ly/17N42hX>.

OLIVEIRA, Leonardo *et al.* Carga tributária estadual comparada: diferentes medidas. *Sub-Secretaria de Estudos Econômicos. SE-FAZ-RJ NT 2009.01*, jun. 2009. Disponível em: <http://bit.ly/12AaVVM>.

PAES, Nelson Leitão. Estimando o Gap Tributário do ICMS para os estados brasileiros — Séries Históricas e Comparações Internacionais, *mimeo.* Em I Prêmio Sefaz-Sedeis Finanças Públicas e Desenvolvimento Econômico, set. 2009. Disponível em: <http://bit.ly/19qSpkt>.

PINHANEZ, Monica. *Reinventing VAT Collection*: Industry Vertical Assessment, Revenue Increase, and Public Sector Reliability. Thesis (Ph.D.) — Cambridge, MIT, 2008.

PITA, Claudino. Las nuevas tecnologias de la información y comunicación en las administraciones tributarias de America Latina, *mimeo.*, Ciat, Fev. 2008.

POLITI, Ricardo; MATTOS, Enlinson. Evidências empíricas sobre a incidência do ICMS, *mimeo*, Foz de Iguaçu, XXXVII *Encon-*

tro Nacional de Economia — Anpec, dez. 2009. Disponível em: <http://bit.ly/NAYlYY>.

QUICK, Bruno. *Tratamento diferenciado e favorecido às MPES* — Limites ao uso da substituição tributária e à cobrança de diferença de alíquota, *mimeo.*, Gramado, jun. 2012 (<http://bit.ly/NxlzoQ>).

RECEITA FEDERAL DO BRASIL. E-Cooperação: Tecnologia da informação para o intercâmbio de informações entre entidades nacionais e internacionais, apresentação na 46ª Assemblea General del Ciat, em Santiago do Chile, 23-26/4/2012. Disponível em: <http://bit.ly/NWj6o8>.

REZENDE, F. Fiscal Federalism in the Brazilian Federation, *mimeo.*, p. 38, mar. 2006.

_____. ICMS, gênese, mutações, atualidade e caminhos para a recuperação. *FGV Projetos e IDP*, Rio de Janeiro, p. 41, set. 2012.

RODRIGUES, Denise. O papel dos governos estaduais na indução do investimento: a experiência dos estados do Ceará, da Bahia e de Minas Gerais. *Revista BNDES*, dez. 1998. Disponível em: <http://bit.ly/NxmG7O>.

SENADO FEDERAL. *Proposta de Sistema Tributário*. Brasília: Senado Federal; Edições Técnicas, 2010. Disponível em: <http://bit.ly/igtuyh>.

SERRA, José; AFONSO, José R. El federalismo fiscal en Brasil: una visión panorâmica. *Revista de la CEPAL*, Santiago do Chile, v. 91, p. 29-52, 2007.

SIQUEIRA, Marcelo Lettieri. Estrategias e instrumentos para el mejoramento de la gestión en las administraciones tributarias. *Asamblea General del Ciat*, 43ª, em Santo Domingo, 20-23/4/2009. Disponível em: <http://bit.ly/Om1CBs>.

VARSANO, R. Um método para as reformas. *O Brasil no fim do século: desafios e perspectivas para a ação de governo*, Rio de Janeiro, Ipea, p. 69-75, 1994.

_____. *A tributação do comércio interestadual*: ICMS atual *versus* ICMS partilhado. Brasília, Ipea, Texto para Discussão, n. 382, set. 1995.

_____. A guerra fiscal do ICMS: quem ganha e quem perde. *Planejamento e Políticas Públicas*, Ipea, n. 15, p. 3-18, 1997.

_____. Os IVAs dos BRICs. Souza, Sampaio de M.C. et al. (orgs.). *Economia Pública Brasileira*. Brasília: Esaf, 2010.

VILLELA, Luiz; VARSANO, Ricardo; KHAIR, Amir. Cambio de las Taxas del ICMS para Mitigar la "Guerra Fiscal": Evaluación del Impacto. *Seminário Regional Cepal*, Santiago, Ene. 2012. Disponível em: <http://bit.ly/GBTqWP>.

FEDERALISMO E INTEGRAÇÃO ECONÔMICA

José Oswaldo Cândido Jr.[1]

Breve histórico

A ocupação territorial brasileira e sua formação econômica, desde seus primórdios até o final do século XIX, tiveram como características comuns a centralidade da atividade primário-exportadora (ciclos do açúcar, da mineração e do café) e segmentos produtivos de menor rentabilidade e produtividade, com fortes traços de uma economia de subsistência, que oportunizavam o crescimento de sua renda em decorrência dos movimentos cíclicos da atividade central-exportadora (Furtado, 2003).

A renda concentrada, o mercado consumidor doméstico diminuto e limitado, os gastos com consumo atendidos essencialmente por importações, a base tecnológica precária, a

---

[1] José Oswaldo Cândido Júnior, economista, Pesquisador do IPEA desde 1996, Coordenador de Finanças Públicas do IPEA no período de 1999-2001. Doutor em Economia pela EPGE da Fundação Getulio Vargas. Autor de vários artigos e de capítulos de livros nas áreas de Política Fiscal, Poupança, Crescimento Econômico e Economia Ambiental. Colaborador na revisão da segunda edição do livro *Finanças Públicas* de Fernando Rezende.

ausência de uma classe empresarial dinâmica e a disseminação de uma economia de subsistência (que tinha como principal atividade a pecuária) são fatores comuns que atravessaram mais de três séculos da evolução histórica brasileira.

Na época da Independência, o Brasil atravessava um período de estagnação econômica, com as exportações e a renda daí derivadas prejudicadas pelo declínio dos preços dos produtos exportados, que entre 1821-30 e 1841-50 caíram aproximadamente 40%. Enquanto isso, o preço dos produtos exportados pela Inglaterra (*proxy* dos preços dos importados) manteve-se estável no período.

Como o produto da economia dependia substancialmente do valor das exportações, a queda na renda real *per capita* no país somente seria evitada caso os segmentos não vinculados a esse setor pudessem sustentar o crescimento econômico.

Ocorre que, com o declínio da economia de mineração, os capitais aplicados nesse setor não buscaram ou não tiveram alternativas de aplicação, o que gerou a desagregação e destruição dos ativos das empresas. Aos poucos, esse setor e a população nele empregada transitaram para uma agricultura de subsistência. Formaram-se alguns núcleos urbanos, porém pequenos, desarticulados e dispersos, em grande medida devido às dificuldades de comunicações.

Assim, a economia brasileira, no período compreendido entre o fim do século XVIII e a primeira metade do século XIX, não reunia condições para fomentar o seu processo de integração econômica e de industrialização. As ausências de um mercado interno consumidor e de uma base técnica manufatureira, combinadas à infraestrutura precária e a um mercado exportador estagnado, configuravam condicionantes que não favoreciam o processo de unificação nacional.

A partir da segunda metade do século XIX, a economia brasileira pode ser dividida em três sistemas (Furtado, 2003,

p. 149). O primeiro compreendia oito estados da atual região Nordeste, excluindo-se a Bahia. Os principais produtos de exportação eram açúcar e algodão. O centro exportador se vinculava de forma bastante tênue com uma vasta economia de subsistência.

Com uma taxa de crescimento do *quantum* das exportações de açúcar e algodão abaixo da média nacional e termos de troca desfavoráveis, principalmente com relação ao açúcar, o dinamismo desse setor ficou comprometido ao longo da segunda metade do século XIX. O crescimento demográfico da região foi o menor de todo país — cerca de 1% ao ano — e a hipótese mais provável é que tenha havido transferência de mão de obra do setor exportador regional para a economia de subsistência. Com isso, a menor taxa de produtividade dessa última contribuiu para a queda da renda *per capita* da região.

O segundo sistema é formado pela economia das regiões Sul e Centro (Mato Grosso), onde, embora houvesse o predomínio de subsistência, alguns setores se beneficiavam da demanda interna para alocar seus excedentes de produção. Quando a renda interna crescia, impulsionada principalmente pelos setores exportadores, a rentabilidade desse sistema se expandia. Destacam-se nesse contexto a pecuária do Rio Grande do Sul e a exportação de erva-mate no Paraná. A taxa de expansão demográfica entre os censos de 1872 e 1900 atingiu 127%, o que em média é compatível com a taxa anual de 3%. Diferentemente do sistema da economia nordestina, havia uma expansão da fronteira agrícola em terras de boa qualidade e depreende-se disso que tenham ocorrido ganhos de produtividade, com a especialização da produção, o que deve ter gerado um aumento da renda *per capita* da região.

O terceiro sistema tem como elemento central e dinâmico a produção cafeeira, que nas regiões mais produtivas no período (São Paulo e Espírito Santo) foi capaz de absorver mão de obra das regiões menos produtivas, Rio de Janeiro e Minas Gerais. Assim, na região crescia o setor cafeeiro, enquanto o setor de subsistência perdia importância relativa. Com uma taxa média anual de expansão demográfica de 3,6% em SP e ES, esse sistema foi capaz de gerar um crescimento da renda *per capita* em torno de 4,5%.

Resta ainda citar duas economias que apresentaram uma dinâmica própria: Bahia e Amazônia. No primeiro caso, ocorreu um crescimento significativo nas exportações de fumo e cacau, que dinamizou as regiões produtoras. No entanto, esse bônus de crescimento foi compensado pelo marasmo das demais regiões do estado, que apresentaram comportamento semelhante do padrão da região Nordeste baseado em atividades agropecuárias de subsistência e com baixa produtividade.

Já na Amazônia, o surto exportador da borracha proporcionou um padrão de crescimento até maior do que a produção cafeeira. Porém, o desenvolvimento da região não foi sustentado em razão do elevado vazamento de renda destinado às importações, que avançava até mesmo sobre o que era produzido na região.

Às vésperas da transição para uma economia industrial, os estados do Centro-Sul, que apresentavam uma tendência de crescimento mais duradouro, se beneficiaram da construção de ligações ferroviárias: São Paulo-Rio de Janeiro, em 1877; São Paulo-Minas Gerais (Triângulo Mineiro), em 1888 e 1889; Rio de Janeiro-Minas Gerais, a partir de 1869; São Paulo-Mato Grosso e São Paulo-Goiás, em 1905; Rio-São Paulo-Rio Grande do Sul, em 1910. Essa infraestrutura de transportes, ainda que incipiente, foi importante para legar um padrão de integração, por mínimo que fosse, enquanto o Nordeste e o Norte (este em menor grau) estavam virtualmente isolados do restante do país.

QUADRO 1
Perfil econômico-demográfico das regiões brasileiras
1872-1900

REGIÃO	% população do país	Taxa de crescimento população	Taxa de crescimento da renda *per capita*
Nordeste	35	1,2	-0,6
Bahia	13	1,5	0,0
Sul	9	3,0	1,0
Centro (inclui os atuais estados das regiões Sudeste e Centro-Oeste do país)	40	2,2	2,3
Amazônia	3	2,6	6,2
Brasil	100	2,0	1,5

Fonte: Furtado (2003, p. 155).

Avanços no processo de integração: 1930-1990

A emergência do mercado interno como principal centro dinâmico da economia brasileira e a política de desvalorização cambial podem ser identificadas como os elementos primordiais para a formação e a expansão inicial da indústria do país, constituída por bens de consumo não duráveis, especialmente têxteis e produtos alimentícios.

O surgimento das primeiras indústrias ocorreu de forma dispersa em grande parte do país por volta de meados do século XIX. No entanto, foi a partir do fortalecimento da economia cafeeira, com a contratação de trabalhadores assalariados — responsável direto pela formação do mercado interno consumidor — e das políticas públicas de proteção à renda desse setor — destacando-se, sobretudo, o mecanismo de desvalorização cambial — que a industrialização se acelerou e ganhou seus contornos de concentração na região Sudeste. As dificuldades e o encarecimento das importações que se acentuaram durante o período da primeira guerra mundial foram fatores impulsionadores desse processo.

O fato de as indústrias e os principais sistemas de transportes também se concentrarem no Centro-Sul permitiu uma maior integração entre essas regiões já nos anos 1940.

No entanto, foi a partir dos anos 1950 que a capacidade de integração econômica nacional ganhou maior expressão, o que determinou um importante aumento nos fluxos de comércio inter-regional. O trabalho de Galvão (1999) é categórico em afirmar que o Brasil partiu de uma condição insular, no tocante ao relacionamento comercial entre suas macrorregiões, para um aumento consistente em termos de articulação econômica entre os estados da Federação. Quer dizer, houve um claro processo de fortalecimento dos laços econômicos dentro do país, o que proporcionou a "formação de um mercado nacional virtualmente unificado".

Isso pode ser evidenciado pelos dados do comércio inter-regional a partir de meados dos anos 1940. O peso das exportações (vendas) inter-regionais no total das exportações (vendas) interestaduais das Unidades da Federação — assim como o peso das importações (inter-regionais) no total das compras interestaduais — apresentaram uma tendência de crescimento firme até meados dos anos 1980, saindo de um patamar de 18,1% em 1943 para 44,5% em 1961, elevando-se para 53,8% em 1975 até alcançar 67,2% em 1985. Já em 1999, os coeficientes de comércio inter-regionais no Brasil apresentam uma queda para 58,3%, recuando a patamares semelhantes aos de 1980.

Como já mencionado, é importante ressaltar que o Sul e o Centro-Oeste mantiveram desde os anos 1940 um maior grau de integração com o Sudeste em razão da existência de meios interiores de transporte (rodovias e ferrovias), que permitiram um maior intercâmbio comercial.

Por outro lado, o Norte e o Nordeste eram regiões virtualmente isoladas do restante do país. A alternativa existente de

FEDERALISMO E INTEGRAÇÃO ECONÔMICA

comunicação — até o fim dos anos 1940 — entre essas regiões e o Sudeste (que já concentrava a maior parte da indústria nacional) se resumia à navegação de cabotagem, que transportava predominantemente matérias-primas e alimentos (Galvão, 1999).

Tabela 1
Balança comercial interestadual — Brasil: macrorregiões — 1943 a 1999
Participação do comércio inter-regional no comércio interestadual (%)

Macrorregiões	1943		1961		1975		1985		1999	
	Vi	Ci	Vi	Ci	Vi	Ci	Vi	Ci	Vi	Ci
Norte	38,1	43,4	81,0	94,3	91,5	96,0	88,0	90,9	87,5	85,5
Nordeste	4,7	16,8	33,7	50,3	56,5	74,7	59,6	71,6	52,9	74,7
Sudeste	12,2	9,6	35,7	29,6	47,2	30,5	64,5	56,2	48,8	42,8
Sul	74,8	75,9	78,0	80,1	77,1	83,2	70,4	69,1	69,8	64,8
Centro-Oeste	99,8	99,9	94,8	94,8	76,6	92,4	83,7	91,3	88,3	93,6
Total	18,1	18,1	44,5	44,5	53,8	53,8	67,2	67,2	58,3	58,3

Fonte: Galvão, 1999 (dados de 1943 e 1961); Pacheco, 1998 (dados de 1975 e 1985); elaboração própria (dados de 1999).
Obs.: Vi: Peso das exportações (vendas) inter-regionais no total das exportações (vendas) interestaduais das Unidades da Federação da região; Ci: Peso das Importações (compras) inter-regionais no total das importações (compras) interestaduais das Unidades da Federação da região.

A partir dos anos 1950, o caráter de comércio predominantemente intrarregional do Norte, Nordeste e Sudeste, e de um modo geral do próprio país, foi revertido. Três fatores podem ser eleitos como importantes determinantes na inflexão de uma maior capacidade de coesão/integração econômica na Federação: os investimentos e a oferta de serviços de infraestrutura, o aprofundamento do processo de industrialização do país e a adoção de instrumentos ou políticas de desenvolvimento regional.

No campo da infraestrutura, o programa nacional rodoviário iniciado nos anos 1950 e expandido nas décadas seguintes facilitou e permitiu a movimentação de produtos no âmbito das fronteiras regionais do país, o que antes somente era feito por uma navegação de cabotagem precária.

263

A redução dos custos de transportes e a entrada de produtos de regiões mais desenvolvidas industrialmente expuseram a indústria de outras regiões a um padrão diferenciado na oferta e na demanda de bens e insumos. Isso representou um choque de produtividade para essas economias, espelhado pelo processo de divisão produtiva regional resultante da dinâmica de ocupação econômica e das condições de mercado. Por outro lado, é importante mencionar que esse processo contribuiu para a formação de uma base industrial complementar, semente e objeto dos incentivos para políticas de desconcentração regional, inclusive no sentido de aumentar e sofisticar essa base industrial.

E foi também a deterioração desses fatores (serviços de infraestrutura, queda dos investimentos públicos e falência dos instrumentos disponíveis para uma política de desenvolvimento regional efetiva) que pôde explicar a desaceleração no processo de integração/coesão federativa, a partir do fim dos anos 1980.

Principais fatores que contribuíram para integrar economicamente o território brasileiro

Infraestrutura

A provisão dos serviços de infraestrutura é considerada na literatura econômica como uma das principais variáveis que afetam positivamente o crescimento econômico e os níveis de renda per capita. Há dois canais em que os efeitos positivos sobre o produto se materializam. O primeiro de forma direta, quando os investimentos em infraestrutura aumentam a capacidade produtiva e a produtividade do próprio setor, de modo a aumentar a produção total. O segundo, que age de forma indireta, ocorre quando a oferta adequada (em termos de quantidade e qualidade) dos serviços de infraestrutura viabiliza a redução dos custos de produção dos demais setores da economia, permitindo ganhos na produtividade global da economia.

A literatura também é repleta de análises que informam que subinvestimentos e uma suboferta de infraestrutura são fatores que prejudicam substancialmente a competitividade dos produtos domésticos e geram efeitos deletérios sobre o comércio exterior. Estudos mostram que, para o Brasil, a deficiência de infraestrutura é muito mais prejudicial ao comércio exterior do que o protecionismo dos países desenvolvidos ou a falta de acordos gerais de comércio. Um efeito menos explorado, porém não menos importante, é o impacto regional oriundo de uma rede adequada de logística, comunicações e energia. Essa rede é um canal importante para a disseminação dos efeitos de transbordamento positivo do centro mais desenvolvido para as regiões menos dinâmicas, em termos de demanda desse centro por insumos, matérias-primas ou produtos oriundos dos setores complementares da periferia.

Almeida e Silva (2007) construíram indicadores de infraestrutura para os 26 estados da Federação e o Distrito Federal, e demonstraram que um aumento de 1% na disponibilidade dos serviços de infraestrutura eleva as exportações interestaduais em 1,18%. Por esse resultado, a coesão federativa e o comércio interestadual são fortemente influenciados pelos serviços de infraestrutura, especialmente se há esforço dos parceiros comerciais em investir nessa área.

Um estudo de Ferreira e Malliagros (1998) realizou um levantamento de indicadores físicos de infraestrutura no Brasil no período de 1950-1995, e apontou um substancial aumento na provisão desses serviços, no período de 1950 a 1979. Nesse período, a capacidade nominal instalada de energia elétrica aumentou mais do que 17 vezes, o número de telefones instalados cresceu 14 vezes e os quilômetros de estradas pavimentadas foram expandidos em 36 vezes. Nesse período, os investimentos foram realizados em larga escala com recursos públicos federais ou por empresas estatais criadas para assumir essa tarefa.

A partir de meados dos anos 1980, com a queda na capacidade financeira do Estado brasileiro e o controle das tarifas públicas das estatais — resultante da política anti-inflacionária —, os investimentos públicos caíram drasticamente, o que levou à deterioração na qualidade e no estoque dos serviços de infraestrutura (conforme tabela abaixo).

Recuperando as informações do peso do comércio inter-regional no país, observa-se um crescimento acelerado nas matrizes disponíveis para os anos 1960, 1970 e 1980, o que certamente reflete as melhorias na rede de infraestrutura. Note-se que, em 1985, houve um ápice desse valor. Por outro lado, não podemos descartar a hipótese de que o recuo nesse indicador apresentado em 1999 seja reflexo de subinvestimentos e de uma deterioração na provisão da infraestrutura do país.

Tabela 2

Período	Investimento em infraestrutura (em % do PIB)
1970-80	5,42
1981-89	3,62
1993-99	2,32

Fonte: Bielschowsky (2002).

A tabela 3 mostra a participação regional nas rodovias pavimentadas estaduais e federais brasileiras no período de 1960 a 2000. Primeiro, é importante constatar a enorme disparidade regional desse indicador. Enquanto o Sul e o Sudeste representam 17% do território nacional, essas regiões detêm mais de 52% das rodovias pavimentadas do país. Em termos de condições de uso, essas regiões também lideram o ranking nacional.

Segundo, apesar da enorme disparidade, ao longo dos anos tem ocorrido uma desconcentração regional nessas participações. Note-se que os ganhos de desconcentração foram mais significativos entre os anos 1960 e 1980, sobretudo para a região Nordeste. Entre 1980 e 1990, observou-se uma desaceleração nesse processo de desconcentração. No entanto, ganhos significativos ocorreram na região Centro-Oeste, provavelmente em decorrência de esforços estaduais e da exigência do aumento da fronteira agrícola.

Tabela 3
Participação das regiões nas rodovias pavimentadas estaduais e federais brasileiras, 1960-2000

Regiões	Norte	Nordeste	Sudeste	Sul	Centro-Oeste
2000	6,95	29,80	29,42	19,10	14,72
1990	4,67	29,37	32,64	19,85	13,47
1980	4,46	28,43	37,61	20,69	8,81
1970	3,63	19,24	57,00	15,70	4,42
1960	2,10	15,66	62,84	14,34	5,06

Fonte: Souza (2007). O estado de Tocantins foi mantido na região Centro-Oeste.

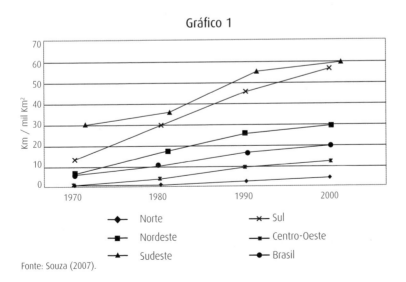

Gráfico 1

Fonte: Souza (2007).

O FEDERALISMO BRASILEIRO EM SEU LABIRINTO

Outro indicador que mede o acesso aos serviços de infraestrutura é observado na tabela 4. A distribuição regional das participações do consumo de energia elétrica no período de 1961 até 1990 mostra um significativo incremento do consumo relativo das regiões Norte, Nordeste e Centro-Oeste, que, em conjunto, quase triplicaram o valor dessa participação em três décadas. A região Nordeste mais que dobrou sua participação no período total, passando a se tornar o segundo maior consumidor do país.

A região Centro-Oeste cresceu continuamente e quadruplicou o consumo relativo de energia elétrica de 1% na média de 1961-1965 até alcançar 4% na média dos anos compreendidos entre 1985-1990. A maior taxa de incremento foi reservada à região Norte, que passou de 0,6% para 3,5% no mesmo período anterior.

Tabela 4
Distribuição regional do consumo de energia elétrica
no Brasil — % do total das regiões
(1961-1990)

Regiões	1961-1965	1966-1969	1970-1974	1975-1979	1980-1984	1985-1990
Centro--Oeste	1,0	1,5	1,9	2,7	3,3	4,0
Norte	0,6	0,8	1,1	1,5	1,9	3,5
Nordeste	7,0	8,0	9,3	11,7	13,3	15,1
Sul	9,9	10,3	10,8	11,9	13,1	13,7
Sudeste	81,4	79,5	77,0	72,1	68,4	63,7

Fonte: Ipeadata, com base nos dados do Ministério de Minas e Energia.

Industrialização

Outro fator determinante do grau de coesão federativa é a participação do setor industrial na formação econômica do

FEDERALISMO E INTEGRAÇÃO ECONÔMICA

país. A formação de uma economia industrial é influenciada pela necessidade de auferir economias de escala na produção, obter ganhos de produtividade e incorporar inovações tecnológicas.

O trabalho de Jones e Olken (2008) — em um estudo sobre eventos de quebras estruturais no produto per capita de 48 economias mundiais — constatou que há uma correlação positiva entre o produto industrial, a parcela do emprego industrial e a produtividade. Essas variáveis estão correlacionadas diretamente com o produto total da economia, ou seja, movimentos no produto industrial acabam afetando toda a economia. Foram também evidenciadas relações entre ganhos de produtividade e realocações em favor do setor industrial.

Além disso, a transformação industrial, por suas características, exige um grau considerável de complexidade econômica, representado pela formação de cadeias produtivas. Essas relações ou conexões interindustriais podem ser a base para gerar condições favoráveis a uma integração produtiva regional, fortalecendo assim o processo de coesão federativa, seja pela formação de mercados complementares, seja pelo efeito da produtividade, quando se expõe regiões menos desenvolvidas aos produtos das economias mais industrializadas.

Rodrik (2008) defende que a existência dessa rede de relações socioeconômicas mais sofisticada exige instituições maduras e desenvolvidas, o que contribui para o crescimento econômico. Adicionalmente, Rodrik (2008) aponta a existência de externalidades tecnológicas associadas ao setor manufatureiro. A necessidade de se promover inovações no ciclo produtivo é uma característica marcante do setor industrial que acaba beneficiando toda a economia. De fato, no Brasil,

1/3 de todo o investimento do país em P&D é responsabilidade desse setor.

Outro importante atributo é que setores mais avançados tecnologicamente exigem mão de obra mais qualificada, geram empregos de maior nível salarial e de melhor qualidade, contribuindo para melhorar a formação do capital humano da economia como um todo.

A tabela 5 mostra a participação dos estados na Indústria de Transformação no período de 1970-1997. A despeito de um nível ainda muito elevado da participação desse setor na região Sudeste, é importante destacar os avanços decorrentes do processo de desconcentração regional. Entre 1970 e 1985, a região Sudeste perdeu mais de 10 pontos percentuais de participação no valor da indústria de transformação, ao mesmo tempo em que as regiões Norte, Nordeste e Centro-Oeste quase dobraram sua participação nessa indústria.

Vale também ressaltar os ganhos de participação da região Sul, que, no processo nascente de industrialização, se beneficiou de um maior grau de integração com a região Sudeste. A despeito de outros fatores (abaixo mencionados) não se pode descartar a hipótese de que essa condição inicial influenciou no processo de localização industrial nessa região.

A literatura aponta diversos outros fatores que determinaram esse processo de relativa desconcentração regional da indústria nacional. A oportunidade de explorar o mercado consumidor nacional, já unificado; o deslocamento da fronteira agrícola e mineral — sobretudo para o Oeste do Brasil, o que gerou novas oportunidades de negócios vinculados a esse núcleo —; as deseconomias de aglomeração; os investimentos em infraestrutura e as políticas de incentivo regional são os determinantes comumente mais citados.

FEDERALISMO E INTEGRAÇÃO ECONÔMICA

Tabela 5
Participação dos estados na indústria de transformação

VTI Total	1970	1975	1980	1985	1996	1997
Brasil	100,00%	100,00%	100,00%	100,00%	100,00%	100,00%
Região Norte	0,97%	1,29%	2,40%	2,50%	4,26%	3,78%
Acre	0,01%	0,01%	0,03%	0,03%	0,01%	0,01%
Amapá	0,18%	0,03%	0,03%	0,02%	0,03%	0,04%
Amazonas	0,34%	0,67%	1,52%	1,64%	3,41%	2,95%
Pará	0,42%	0,55%	0,76%	0,63%	0,71%	0,67%
Rondônia	0,02%	0,02%	0,05%	0,16%	0,07%	0,07%
Roraima	0,00%	0,00%	0,01%	0,01%	0,00%	0,00%
Tocantins	-	-	-	0,02%	0,02%	0,03%
Região Nordeste	5,72%	6,64%	7,98%	8,81%	7,35%	6,67%
Maranhão	0,17%	0,17%	0,24%	0,30%	0,35%	0,30%
Piauí	0,06%	0,08%	0,11%	0,15%	0,12%	0,12%
Ceará	0,72%	0,75%	0,94%	1,02%	1,22%	1,11%
Rio Grande do Norte	0,22%	0,30%	0,34%	0,37%	0,26%	0,24%
Paraíba	0,35%	0,44%	0,42%	0,37%	0,36%	0,38%
Pernambuco	2,15%	2,24%	2,02%	2,00%	1,58%	1,48%
Alagoas	0,38%	0,38%	0,37%	0,44%	0,69%	0,61%
Sergipe	0,14%	0,17%	0,18%	0,27%	0,17%	0,15%
Bahia	1,53%	2,12%	3,36%	3,89%	2,60%	2,28%
Região Sudeste	80,56%	76,29%	72,38%	70,42%	68,36%	69,12%
Espírito Santo	0,47%	0,64%	0,92%	1,25%	1,09%	1,20%
Minas Gerais	6,44%	6,28%	7,85%	8,38%	8,51%	8,99%
Rio de Janeiro	15,63%	13,47%	10,53%	9,34%	7,64%	7,67%
São Paulo	58,03%	55,90%	53,08%	51,46%	51,12%	51,26%
Região Sul	11,96%	14,75%	16,06%	16,87%	17,89%	18,23%
Paraná	3,07%	3,96%	4,44%	4,94%	5,47%	5,52%
Santa Catarina	2,57%	3,27%	4,19%	3,97%	4,44%	4,88%
Rio Grande do Sul	6,32%	7,51%	7,43%	7,96%	7,97%	7,83%
Região Centro-Oeste	0,79%	1,03%	1,19%	1,40%	2,14%	2,19%
Mato Grosso	0,27%	0,08%	0,14%	0,20%	0,51%	0,57%
Goiás	0,41%	0,53%	0,62%	0,75%	1,06%	1,05%
Distrito Federal	0,11%	0,21%	0,17%	0,21%	0,21%	0,25%
Mato Grosso do Sul	-	0,22%	0,26%	0,24%	0,36%	0,33%

Fonte: Sousa (2004).

Do ponto de vista setorial, Sousa (2004), em uma análise para o período 1970-85, propõe uma classificação em termos de desconcentração. Aqueles segmentos que apresentaram um aumento constante da desconcentração no período; um segundo grupo, o qual mostrou um aumento da desconcentração entre 1970 e 1980 com posterior redução de desconcentração até 1985; e um terceiro grupo, o qual apresentou um aumento do índice de desconcentração entre 1970 e 1975, com estagnação entre 1975 e 1980.

No primeiro grupo estão as empresas vinculadas aos gêneros de minerais não metálicos, metalurgia, mecânica, material elétrico de comunicações, madeira, produtos farmacêuticos e veterinários, produtos de matérias plásticas, têxtil e editorial e gráfica. São segmentos, em sua maioria, com maior grau de densidade tecnológica, em que os efeitos de transbordamento são importantes para uma melhor distribuição espacial da produção.

No segundo grupo estão as indústrias de material de transporte, mobiliário, papel e papelão, borracha, perfumaria, vestuário, produtos alimentares, bebidas e fumo. Uma característica marcante desses setores é que sua produção se destina preponderantemente aos consumidores finais (as exceções são material de transporte, papel e papelão, e borracha). Esse grupo acompanhou a tendência de desconcentração entre 1980 e 1970, que se reverteu em 1985.

Já o terceiro grupo é composto pelos segmentos com características de fornecedores de insumos: couros, peles e produtos similares, e o setor químico. Esses setores mostraram uma elevação na concentração de 1970 a 1975. No entanto, a partir de então, eles reduzem a concentração de forma constante, atingindo valores inferiores aos de 1970.

Gráfico 2
Médias do índice de Gini para os grupos separados pelos componentes principais na classificação dos censos

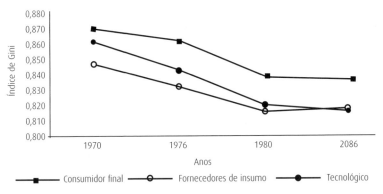

Fonte: Sousa, F. (2004).

Finalmente, há outro aspecto a ser ressaltado com relação ao papel da indústria no processo de integração regional e na formação da coesão federativa. Trata-se da articulação e da complementaridade industrial entre as regiões do país. Esse processo é evidenciado pelas relações comerciais Sudeste-Sul (desde a indústria nascente), mas, sobretudo, a maior integração Sudeste-Nordeste, a partir do fim da década de 1970. Em 1986, levantamentos realizados pela Sudene mostraram que 44% das vendas da indústria incentivada tinham como destino a região Sudeste.

O trabalho de Souza (1995) evidencia essa situação a partir da análise da matriz industrial da região Nordeste. Em 1968, essa região, que apresentou um déficit nas suas relações comerciais com o restante do país da ordem de 19,8% do PIB regional, gerou, em 1983, um superávit comercial. Esse resultado decorre do expressivo aumento das exportações inter-regionais, com a importante contribuição da indústria de bens intermediários. Para o Nordeste, destacaram-se, nesse setor, as atividades-chave, às quais os efeitos de encadeamentos para a frente e para trás são significativos e se traduzem em maiores impactos interindustriais: siderurgia, metais não ferrosos, refino de petróleo, petroquímica, resinas, fabricação de tecidos naturais, de óleo bruto e papel.

Política regional

A preocupação em reduzir disparidades regionais, ocupar vazios demográficos e promover a integração nacional determinou um conjunto de políticas que atuaram de forma simultânea e tiveram impactos regionais importantes (Diniz, 2001; e Gomes, 2012), assim elencadas:

1) A construção e consolidação de Brasília e seu papel como eixo de integração de um sistema rodoviário que estava em sintonia com a adoção de uma política de desenvolvimento industrial que exigia a integração do mercado consumidor nacional. É desse período a construção das rodovias Brasília-Belém; Brasília-Belo Horizonte; Brasília-São Paulo; Brasília-Cuiabá; Brasília-Barreiras, e suas ramificações. A atração de capital humano e investimentos para o novo centro decisório do país explicam em grande medida o crescimento do Centro-Oeste. O fato de que Brasília representa atualmente 43% do PIB da região é um dado incontroverso dessa importância.

2) O Centro-Oeste também foi beneficiado por alguns instrumentos de política regional e pelo incentivo ao desenvolvimento tecnológico que permitiram a expansão da fronteira agrícola. No primeiro caso, Gomes (2012) cita o Prodecer (Programa de Cooperação Nipo-Brasileira para o Desenvolvimento dos Cerra-

dos), que por um tempo exerceu influência importante na ocupação produtiva do Cerrado, estimulando a modernização agrícola e os ganhos de produtividade nessa ocupação. Já o Polocentro (Programa de Desenvolvimento dos Cerrados) adotou uma série de políticas, sobretudo o crédito subsidiado, que acabaram incentivando a produção agrícola em larga escala. Teve importante impacto em Goiás, especificamente em Rio Verde, sendo o carro-chefe do programa a produção de soja.

3) Para as regiões Norte e Nordeste, destacam-se a instituição dos sistema de incentivos fiscais, como o Finor, Finam, FDNE e FDA, gerenciados por instituições como a Sudene e a Sudam. A despeito das críticas de alocações ineficientes, ou até malversações e desvios de recursos, esses instrumentos foram responsáveis pela atração de um grande número de projetos para essas duas regiões, gerando emprego e renda. Também nesse conjunto de políticas merece destaque a implantação da Zona Franca de Manaus, que concede isenções de impostos federais e estaduais com o intuito de promover a instalação de um polo industrial e comercial. No período de 1967 a 1975, o polo de Manaus se destacou pela predominância da atividade comercial com liberdade para importação de um grande leque de produtos e insumos e o incentivo à atividade turística. Já na segunda fase, entre 1975 e 1990, foi fomentada a indústria nacional de componentes e insumos, sobretudo destinada a atender ao estado de São Paulo.

4) O bloco dos investimentos em infraestrutura (energia, telecomunicações e transportes), que por sua distribuição espacial efetivamente promoveu uma ampliação

desse estoque de capital e dos serviços em favor das regiões menos desenvolvidas, conforme foi citado acima.

5) A atuação das empresas estatais por meio de investimentos regionalizados, tanto no âmbito do Plano de Metas como no II PND. Segundo Diniz (2001, p. 16):

> Embora a decisão locacional tivesse que respeitar certas diretrizes técnicas, a maioria dos investimentos foi feita fora dos centros mais desenvolvidos, contribuindo para a desconcentração produtiva e para a redução das desigualdades regionais...

Nesse sentido, são emblemáticos os investimentos no polo petroquímico de Camaçari, na Bahia, e o complexo minerador-ferroviário de Carajás, com área de influência nas cidades de São Luís, Marabá e Belém.

Tecnologia agrícola

O processo de ocupação territorial a partir dos anos 1950 no Cerrado e na Amazônia, especialmente no sul do Pará e sul do Maranhão e em áreas de Rondônia, Acre e Amazonas, pode ser atribuído à expansão da fronteira agrícola que foi estimulada com a modernização das tecnologias, investimentos em infraestrutura e uma política de crédito direcionados para a produção em média e larga escala.

Entre 1956-69, o Centro-Oeste foi posto em evidência com a transferência da capital federal para Brasília. Identificou-se na região um enorme potencial para a produção agrícola, especialmente a produção de grãos. Nesse sentido, alguns fatores foram decisivos para fomentar a expansão dessa região nas décadas seguintes, como: a) os investimentos em infraes-

FEDERALISMO E INTEGRAÇÃO ECONÔMICA

trutura, como a expansão da malha rodoviária; b) o crescimento demográfico, que atingiu a taxa anual de 5,3%; c) a formação de um mercado interno à região; e d) a possibilidade de exploração dos mercados inter-regionais.

No entanto, foi a partir da década de 1970 que políticas agrícolas específicas foram direcionadas para a região, buscando o aumento da produção agrícola para atender mercados consumidores, primordialmente situados na região Sudeste.

Também é desse período a criação da Embrapa (1973), com o objetivo de desenvolver tecnologias e disseminar o conhecimento científico e tecnológico voltado para atividades agropecuárias. Assim, a agricultura da região beneficiou-se do recebimento de pacotes tecnológicos que preconizavam o aumento da produtividade e da rentabilidade do setor.

Portanto, entre 1970-85, com as transformações técnicas aliadas aos estímulos tributários e creditícios, a região passou a abrigar os complexos agroindustriais, baseados em um "modelo caracterizado pela prioridade dos cultivos comerciais, com grande aplicação de insumos modernos e mecanização" (Silva e Cidade, 2008).

A expansão da fronteira agrícola em bases modernizantes não foi interrompida, mesmo com o esgotamento financeiro e institucional das políticas de estímulo governamental. Já nos anos 1980, a produção de soja foi expandida em direção à Amazônia (sul do Pará e do Maranhão e em áreas de Rondônia, Acre e Amazonas). O impulso inicial foi suficiente para que o mercado identificasse o nicho de exploração que teria como principal destino os mercados internacionais.

Já a partir de meados dos anos 1980, os investimentos privados foram atraídos para a formação dos chamados Complexos Agroindustriais Grãos-Carne (CAGC), e novamente a lógica escolhida foi a de plantas modernas, processos produtivos integrados, economias de escala e grande capacidade exportadora.

Portanto, no processo de integração econômica regional do país, a participação da expansão da fronteira agrícola em bases tecnicamente modernas contribuiu para dinamizar regiões que nos anos 1940 viviam isoladas, com baixa densidade demográfica e reduzida capacidade de crescimento econômico.

Política fiscal

A estratégia de uma maior participação do setor público na economia, apoiando direta e indiretamente o processo de industrialização, produziu na década de 1950 e início dos anos 1960 desequilíbrios fiscais com repercussões inflacionárias. A despesa do Tesouro Nacional, que, no fim dos anos 1940, situava-se em torno de 8% do PIB, saltou para 11% do PIB em 1957, e alcançou 13% do PIB no início dos anos 1960. Por outro lado, dada a incapacidade de aumentar as receitas na mesma proporção, o Tesouro Nacional viu seu déficit crescer continuamente, passando de uma média de 2% do PIB entre 1956 e 1960 para 4,2% do PIB no biênio 1962-63.

Com o financiamento desse déficit coberto essencialmente por emissões monetárias, a inflação apresentou uma trajetória galopante, passando de 12,4% em 1950 para 30,5% em 1960 e a partir daí acelerando-se mais ainda até alcançar 71,3% em 1963. Portanto, a partir de meados dos anos 1960 foram implantadas reformas fiscais que se coadunavam com os objetivos de dar maior capacidade de financiamento ao setor público para continuar a atender a tarefa de conseguir um ritmo de crescimento econômico elevado e duradouro.

FEDERALISMO E INTEGRAÇÃO ECONÔMICA

Já a partir de 1964, foi posto em prática um ajuste fiscal que buscava cortar gastos públicos e aumentar a arrecadação. Assim, o déficit do Tesouro Nacional caiu de 4,2% do PIB em 1963 para 1,1% em 1966. Combinado a uma política monetária contracionista, o ajuste fiscal ocorreu em um contexto de estratégia de política econômica do tipo "stop and go". Além disso, o governo iniciou um processo de lançamento de títulos públicos com objetivo de financiar seu déficit, evitando assim a expansão monetária de cunho inflacionário.

Mas era preciso ir mais além do que obter um ajuste fiscal de curto prazo. Assim, foi implantada uma reforma tributária em 1967 que permitiu, ao mesmo tempo, ampliar a arrecadação e construir um sistema tributário mais harmônico, eficiente e funcional. Em termos de arrecadação, ocorreu um aumento instantâneo e significativo da carga tributária de cerca de cinco pontos percentuais do PIB, atingindo 25% do PIB já em 1970.

No entanto, talvez a contribuição mais importante dessa reforma para o fortalecimento da coesão federativa tenha sido a modernização do sistema tributário e a melhoria da sua qualidade e eficiência. Ficou evidente que o viés modernizante teve como objetivo acelerar o crescimento. Caberia à União centralizar e coordenar os esforços junto aos estados para que os objetivos dessa política econômica lograssem êxito. Nessa linha, Varsano (1981) aponta os princípios que nortearam a Reforma Tributária de 1967:

a) Financiamento dos gastos como forma de garantir a continuidade dos estímulos públicos para incentivar o processo de industrialização e atender às demandas advindas do crescimento populacional — para isso tornou-se necessário elevar os níveis de receita.

b) Reduzir o déficit público para evitar a aceleração inflacionária de modo a não criar empecilhos aos objetivos macroeconômicos de crescimento acelerado.

c) Buscar a aproximação da neutralidade tributária. Com isso, o governo consolidou impostos de idêntica natureza e os constituiu segundo a sua natureza econômica. Foi substituído o imposto de vendas e consignações pelo ICM estadual. O imposto sobre produtos industrializados, de competência da União, substituiu o imposto federal sobre o consumo, enquanto no nível municipal os impostos sobre serviços tomavam o lugar de impostos sobre indústrias e profissões. A eliminação de diversas superposições e das bases concorrentes conjugadas à introdução da tributação sobre valor adicionado, buscando acabar com a cumulatividade, modernizou significativamente a tributação indireta. Além disso, promoveu-se a simplificação da tributação com objetivo de reduzir os custos de administração e de recolhimento das obrigações tributárias. Assim, foi extinto o imposto do selo, modernizado e simplificado o imposto sobre o consumo e permitido o pagamento dos tributos por meio da rede bancária.

d) Um viés a favor da acumulação de capital. O imposto de renda de competência federal concentrou-se quase que exclusivamente na renda do trabalho. Embora sua base tivesse sido ampliada, os rendimentos oriundos do capital eram fortemente desonerados, e havia abatimento para poupança e investimento.

e) Comportar desvios em relação à neutralidade de forma a beneficiar determinados setores e regiões. A União limitou fortemente a autonomia dos estados em termos da capacidade de legislar sobre o ICM. Pelo lado das despesas, a União também impôs, por meio das transferências obrigatórias e voluntárias, direcionamento dos recursos para investimentos e serviços públicos que estivessem de acordo com o planejamento central. Por exemplo, 50% das transferências do FPE estavam vinculadas às despesas de capital. Para viabilizar investimentos, a União também incentivava a celebração de convênios com entes federados, transferindo recursos e exigindo contrapartidas.

f) Garantia de fontes de financiamento para infraestrutura. Foram instituídos impostos federais únicos sobre combustíveis, energia e comunicações com o intuito de aplicar os recursos nessas áreas.

Portanto, a política fiscal atendeu à necessidade de financiamento do setor público para garantir uma intervenção mais forte na economia pela ampliação dos investimentos públicos e dos instrumentos de apoio à industrialização e à acumulação de capital. Além disso, tornou o sistema tributário mais eficiente no sentido de direcionar os esforços dos entes federados para os objetivos de acelerar o crescimento econômico, inclusive permitindo reduzir as disparidades regionais.

O arrefecimento do processo de integração

O que mudou nas relações comerciais entre as regiões e os estados brasileiros nas duas últimas décadas

A tabela 6 sugere evidências da interrupção no processo de crescimento acelerado no comércio inter-regional, que teve seu ápice de expansão na década de 1970. Se entre 1980 e 1985 ocorreu para muitos estados e regiões brasileiras uma

O FEDERALISMO BRASILEIRO EM SEU LABIRINTO

estagnação, ou mesmo decréscimo, dos coeficientes do comércio inter-regional, as evidências para o ano de 2005 sugerem que esses coeficientes não se alteraram significativamente em relação aos observados em 1980. Essa relativa estagnação contrasta com os efeitos das mudanças tecnológicas ocorridas a partir dos anos 1990, que facilitaram significativamente o fluxo de mercadorias. Portanto, tudo mais constante, seria esperável que a participação do comércio inter-regional crescesse de forma robusta.

Na região Sudeste, foi notável a queda do coeficiente de saídas nas operações com o ICMS, que em 1980 se situava em 40,2% do PIB regional, e em 2005 ficou em 37%. Esse movimento foi impulsionado por São Paulo e Rio de Janeiro, especialmente este último, para o qual o coeficiente caiu de 37% para 21%. As entradas relativas para as regiões Norte e Centro-Oeste caíram, enquanto para o Nordeste ocorreu estagnação. Assim, é bastante provável ter ocorrido uma queda no movimento de fluxo da região Sudeste em direção às regiões menos desenvolvidas do país. Nesse período, também foi notável o incremento de saída de mercadorias do estado do Espírito Santo, para o qual o coeficiente cresceu de 40,2 para 49,1% do PIB regional.

No Nordeste, destaca-se a interrupção do crescimento relativo das vendas da Bahia para o resto do país, que durante os anos 1970 apresentou uma expansão acelerada, mais do que dobrando entre 1975 e 1980. De forma semelhante, o padrão de Pernambuco manteve-se próximo aos níveis de 1980, quando recebia uma proporção elevada de mercadorias oriundas de outros estados, embora tenha apresentado uma queda importante no coeficiente de vendas em relação a 1985, quando esse caiu de 48,8% para 36%.

FEDERALISMO E INTEGRAÇÃO ECONÔMICA

Tabela 6
Balança comercial interestadual
Entradas e saídas em relação ao PIB regional

Regiões e Estados	1975		1980		1985		2005	
	Entradas	Saídas	Entradas	Saídas	Entradas	Saídas	Entradas	Saídas
Norte	20,1	9,4	40,9	33,5	43,7	33,3	27,6	43,4
Pará	25,1	6,8	35,6	14,3	36,4	15,5	38,7	12,2
Amazonas	18,9	16,2	47,9	68,2	49,8	68,8	16,6	102,6
Restante do Norte	5,5	0,9	42,0	17,0	50,2	15,2	24,9	13,2
Nordeste	27,2	15,3	44,0	28,7	43,3	29,9	44,1	28,1
Maranhão	21,4	3,1	38,2	12,3	51,8	19,3	39,5	11,6
Pernambuco	34,6	25,7	54,9	37,3	59,9	48,8	52,0	36,0
Bahia	24,8	14,5	35,8	34,2	34,4	32,6	39,3	35,2
Restante do Nordeste	25,6	11,6	47,1	21,2	42,7	20,4	45,4	22,8
Centro--Oeste	29,5	8,0	46,3	21,6	54,8	27,0	41,8	34,8
Sudeste	17,8	23,4	32,6	40,2	24,9	30,6	33,4	36,8
São Paulo	13,2	23,2	26,3	42,6	24,1	30,7	30,0	39,4
Minas Gerais	25,2	23,8	44,7	35,0	27,4	31,8	43,0	43,9
Espírito Santo	34,1	19,8	45,4	40,2	48,4	32,3	49,5	49,1
Rio de Janeiro	24,8	24,1	40,5	37,0	21,8	29,2	33,1	21,4
Sul	25,0	18,3	48,7	40,8	45,2	47,3	49,2	49,8
Paraná	28,1	14,0	56,2	44,6	43,8	48,3	54,1	58,4
Santa Catarina	28,1	26,4	52,1	44,3	68,3	71,5	59,2	56,7
Rio G. do Sul	21,5	18,8	41,8	36,5	36,4	36,1	39,0	38,2

Fonte: Pacheco (1998), para os anos de 1975, 1980 e 1985. Para 2005, elaboração própria.

Também é digno de nota o crescimento relativo das vendas para o resto do país oriundas da região Centro-Oeste. Esse movimento, que se iniciou na década de 1970, manteve-se em ascensão em 1980, 1985 e 2005. Tal comportamento decorre da especialização regional na produção agropecuária, que teve como um dos principais destinos o mercado doméstico.

Mais uma evidência do arrefecimento no processo de integração são os dados sobre o peso do comércio inter-regional no país, apresentados na tabela 7. De modo geral, esse peso caiu de 67,2% (do total de operações comerciais), em 1985, para 62,7%, em 2005. A região Sudeste, que apresentava tendência de crescimento nas vendas inter-regionais, viu esse coeficiente cair de 64,5% para 52,9% entre 2005 e 1985. O principal destino das vendas da região Sudeste em 2005 foi a região Sul, confirmando uma tendência que já vinha ocorrendo desde 1980. Por outro lado, a proporção de vendas para região Nordeste ficou estagnada em 14%, o mesmo valor de 1985, a despeito dessa região ter aumentado proporcionalmente as suas compras inter-regionais, que passaram de 71,6%, em 1985, para 73,3% em 2005.

Assim, interrompe-se a tendência de crescimento relativo do Nordeste no conjunto das vendas do Sudeste, que era de 8% em 1975, 9% em 1980 e alcançou 14% em 1985 e 2005. Esse fenômeno foi impulsionado pela queda da participação da economia baiana, que em 1985 respondia por cerca de 15% das compras inter-regionais do Sudeste, e em 2005 essa participação caiu para cerca de 10%.

Com as relação às compras da região Sudeste, também se verifica queda da importância relativa do comércio inter-regional. Em 1985, essa região adquiriu 56,2% de produtos de outros estados. Em 2005, esse coeficiente caiu para 48,1% e as compras dentro da própria região passam a ser preponderantes. A região Centro-Oeste passou a assumir a segunda posição como fornecedora da região Sudeste (praticamente dobrando sua participação entre 1985 e 2005, passando de 10,6 para 20,2%), desbancando a região Nordeste.

Também é importante mencionar o incremento das exportações regionais do Centro-Oeste, que avançou de 83,7%

para 88,8% do total entre 1985 e 2005. A região Norte também elevou a sua participação nas vendas do comércio inter-regional, aproximando-se, em termos absolutos, do volume exportado pela região Nordeste, que viu um declínio da sua participação de cerca de dois pontos percentuais.

Já a região Sul elevou sua participação no peso do comércio inter-regional no período de 1985 a 2005. No entanto, constatou-se uma excessiva concentração dessas vendas para o Sudeste, que representou em 2005 cerca de 76% do destino das saídas da região Sul, quando em 1985 essa proporção foi de 42%.

Portanto, os dados da matriz de 2005 sugerem uma concentração no comércio bilateral Sul e Sudeste e estagnação do fluxo comercial Sudeste-Nordeste.

Tabela 7

Balança comercial interestadual — Brasil:
macrorregiões — 1980, 1985 e 2005
Participação do comércio inter-regional no comércio interestadual (%)

Macrorregiões	1980		1985		2005	
	Vi	Ci	Vi	Ci	Vi	Ci
Norte	91,7	93,2	88,0	90,9	92,3	88,7
Nordeste	57,6	71,7	59,6	71,6	58,1	73,3
Sudeste	49,3	37,5	64,5	56,2	52,9	48,1
Sul	72,7	77,2	70,4	69,1	72,2	71,9
Centro-Oeste	86,2	93,0	83,7	91,3	88,8	90,5
Total	56,9	56,9	67,2	67,2	62,7	62,7

Obs.: Vi: Peso das exportações (vendas) inter-regionais no total das exportações (vendas) interestaduais das Unidades da Federação da região.
Ci: Peso das importações (compras) inter-regionais no total das importações (compras) interestaduais das Unidades da Federação da região.

Ampliação do espaço do comércio exterior em detrimento do comércio regional

Ao analisar as matrizes de comércio interestadual entre 2005 e 1999, observa-se a ampliação da importância relativa do comércio exterior dos estados em detrimento do comércio inter e intrarregional. Esse fenômeno atinge tanto as exportações como as importações, à exceção da região Sudeste, que registrou uma queda na proporção das importações.

No tocante às exportações, o maior avanço relativo ocorreu na região Centro-Oeste em função das atividades do agronegócio destinadas à China e à União Europeia, o que deslocou de forma mais preponderante as vendas inter-regionais. Padrão de comportamento semelhante ocorreu com a região Sul, sendo que o principal parceiro comercial foram os Estados Unidos, seguido pela União Europeia e pelos países do Mercosul. Novamente as vendas inter-regionais foram as que mais perderam espaço.

Já nas regiões Sudeste e Nordeste as perdas de participações em favor das exportações foram mais significativas com relação às vendas intrarregionais. Nesse caso, destacam-se as reduções ocorridas em Pernambuco e Minas Gerais, estados com tradição no comércio intrarregional.

Tabela 8

Participação relativa das exportações e das vendas inter-regionais e intrarregionais, segundo as macrorregiões

1999

	Exportações	Vendas inter-regionais	Vendas intrarregionais	Total
Norte	19,14	70,73	10,13	100,00
Nordeste	16,42	44,19	39,39	100,00
Centro-Oeste	10,05	79,47	10,49	100,00
Sudeste	17,94	40,02	42,04	100,00
Sul	17,30	57,71	24,98	100,00
Brasil	17,35	48,17	34,48	100,00

Fonte: Para exportações, MDIC. Para vendas regionais, Vasconcelos e Oliveira (2006).

FEDERALISMO E INTEGRAÇÃO ECONÔMICA

Tabela 9
Participação relativa das exportações, das vendas inter-regionais
e intrarregionais, segundo as macrorregiões
2005

	Exportações	Vendas inter-regionais	Vendas intrarregionais	Total
Norte	29,02	65,49	5,49	100,00
Nordeste	24,55	43,85	31,60	100,00
Centro-Oeste	20,57	70,52	8,91	100,00
Sudeste	26,28	38,97	34,75	100,00
Sul	26,34	53,19	20,48	100,00
Brasil	25,84	46,49	27,67	100,00

Fonte: Para exportações, MDIC. Para vendas regionais, elaboração própria.

A participação das importações avançou em todas as regiões, com exceção da região Sudeste que registrou um decréscimo de 1,1%. Novamente, a região Centro-Oeste foi o destaque, com acréscimo de participação de 5,7%, em 1999, para 20,6% em 2005, impulsionado pela expansão da compra de bens intermediários, especialmente matérias-primas e produtos utilizados pela produção agropecuária, como adubos e fertilizantes.

Tabela 10
Participação relativa das importações e das compras inter-regionais
e intrarregionais segundo as macrorregiões
1999

	Importações	Compras inter-regionais	Compras intrarregionais	Total
Norte	24,07	64,93	10,99	100,00
Nordeste	10,42	66,94	22,64	100,00
Centro-Oeste	5,66	88,28	6,06	100,00
Sudeste	22,48	33,21	44,31	100,00
Sul	14,33	55,54	30,12	100,00
Brasil	18,09	47,74	34,17	100,00

Fonte: Para importações, MDIC. Para compras regionais, Vasconcelos e Oliveira (2006).

O FEDERALISMO BRASILEIRO EM SEU LABIRINTO

A região Norte também apresentou expressivo crescimento relativo das suas importações (+7,3%), o que conduziu a uma redução nas participações do comércio inter-regional (-4,1%) e intrarregional (-3,1%). Nesse caso, destaca-se o avanço de produtos industrializados, especialmente máquinas e peças para uso industrial. Já a região Nordeste reduziu o espaço das compras inter-regionais em favor do aumento da proporção de importações e do comércio intrarregional no período.

Finalmente, vale mencionar o aumento das compras inter--regionais da região Sul, compatível com a expansão da concentração de fornecedores das regiões Sudeste e Centro-Oeste, o que de certa forma representa um retorno aos padrões do início do século XX.

Tabela 11

Participação relativa das importações e das compras inter-regionais e intrarregionais, segundo as macrorregiões

2005

	Importações	Compras inter-regionais	Compras intrarregionais	Total
Norte	31,37	60,88	7,75	100,00
Nordeste	11,05	65,16	23,79	100,00
Centro-Oeste	17,93	74,30	7,77	100,00
Sudeste	21,34	37,82	40,84	100,00
Sul	15,69	60,59	23,72	100,00
Brasil	18,86	50,87	30,27	100,00

Fonte: Para importações, MDIC. Para compras regionais, elaboração própria.

Quais as explicações para esses fatos?

A crise econômica e seus desdobramentos

A política econômica no início dos anos 1990 teve como prioridade a continuidade da busca por estabilização macroeconômica. A inflação elevada combinada com um crescimento econômico baixo e com planos de estabilização seguidamente fracassados — concebidos desde meados da década de 1980 — desorganizaram a economia. A taxa de crescimento real do PIB no período 1990-92 foi negativa, e o PIB *per capita* recuou 8,6% em relação ao nível de 1989. Ao mesmo tempo, esse período foi marcado pelo início da abertura comercial e financeira. As tarifas foram reduzidas ou eliminadas, e a reserva de mercado para alguns produtos, como computadores, foi abolida. A intenção das medidas era aumentar a eficiência da economia e atrair investimentos estrangeiros diretos (Baer, 2002).

Além disso, a posição fiscal do setor público era extremamente frágil. O ajuste fiscal, principalmente dos entes federados, era determinado por adiamento de despesas e indexação de receitas, ou seja, a inflação era a principal variável de ajuste dos orçamentos fiscais. Além disso, o reconhecimento de que o Estado perdeu sua capacidade de investimento determinou a necessidade de se iniciar um vigoroso processo de privatização da economia.

Foi nesse cenário de ampla volatilidade macroeconômica e de transformações estruturais com a abertura econômica, privatização e medidas liberalizantes que surgiu o Plano Real, com a tarefa urgente de promover a estabilização de preços da economia. Contudo, o sucesso do Plano Real, com a redução das taxas de inflação, esteve vinculado a uma série de medidas que afetaram as relações federativas e que impactaram diretamente o grau de coesão federativa e as relações de integração econômica.

Nesse sentido, é importante destacar o processo de renegociação das dívidas estaduais e municipais com base na Lei nº 9.496, de 1997, e nas Medidas Provisórias nº 2.192, de 2001, e 2.185-35, de 2001. À época, e por algum tempo, as condições do refinanciamento foram favoráveis aos entes subnacionais em função dos subsídios diretos (descontos no valor dos débitos) e indiretos (diferencial de taxa de juros fixada nos contratos e no custo de financiamento do Tesouro Nacional — títulos públicos federais).

No entanto, ao longo do tempo, o IGP-DI, o indexador da correção das dívidas, que foi influenciado pela variação cambial e pelo preço das commodities, foi deslocado dos demais índices de preços ao consumidor e produziu uma condição desfavorável aos entes subnacionais. Além disso, a aplicação cumulativa de indexador monetário elevado com juros também elevados colocaram as dívidas em trajetória de crescimento acelerado.

Portanto, o espaço fiscal para os investimentos estaduais em infraestrutura caíram fortemente, mesmo porque ao longo dessas duas décadas registrou-se o aumento das vinculações constitucionais para gastos em educação e saúde, a fixação de pisos salariais para categorias de servidores públicos, entre outras medidas que se traduziram em mais obrigações, que enrijeceram os orçamentos estaduais.

Pelo lado das receitas, é importante mencionar a perda de participação relativa dos estados na arrecadação tributária devida à estagnação do ICMS como proporção do PIB e ao rápido avanço da arrecadação federal com foco nas contribuições sociais, que se utilizam inclusive de bases de tributação que teoricamente são próprias do ICMS.

Além disso, a necessidade de a União administrar a estabilização em um ambiente afetado por crises financeiras internacionais, tais como os episódios originados na Ásia, em 1997, na Rússia, em 1998, e na Argentina entre 1999-2001, afetaram negativamente o crescimento nacional, que registrou taxas oscilantes e relativamente baixas.

Portanto, no período de 1995-2002, variáveis econômicas nacionais, como crescimento do PIB, investimento e renda *per capita* não produziram um ambiente estimulante a uma maior integração e coesão federativa. Além disso, a redução do espaço fiscal dos estados e a disputa desses entes por investimentos, renda e emprego acirraram a guerra fiscal, que se constituiu em um elemento desagregador.

Entre 2002 e 2006, o crescimento médio real do PIB alcançou 3,5%. Esse período foi caracterizado por um ambiente externo favorável, com a expansão da economia mundial impulsionada pelo desempenho da economia americana e de países emergentes, principalmente China e Índia. Esse cenário estimulou o crescimento das exportações, que juntamente com a expressiva entrada de capitais externos produziu um movimento de valorização cambial. Na composição da produção industrial, foi observado um aumento da participação da indústria extrativa de 1,7%, em 2003, para 2,9% do PIB, em 2006, e queda da indústria de transformação, que passou de 18% para 17,4% do PIB no mesmo período.

Finalmente, no período mais recente, ou seja, entre 2007 e 2010, houve ambiguidade no movimento de fatores que poderiam dar um sentido único ao processo de coesão federativa. Por um lado, a taxa média de crescimento econômico elevou-se de patamar (4,6%) com ganhos de renda *per capita* e uma expansão impulsionada pela demanda interna, sobretudo em regiões menos desenvolvidas, como o Nordeste, favorecendo em tese uma maior integração econômica regional.

Por outro, o aumento de importações de manufaturados combinado com o crescimento de exportações de *commodities*, subinvestimentos em infraestrutura e perda de competitividade da indústria nacional, decorrente da expressiva valorização cambial, concorrem para que os estados da Federação se articulassem mais fortemente com o exterior do que internamente.

A falência da política regional

Como destacado na seção anterior, a política econômica nos anos 1990 concentrou e priorizou esforços no combate à inflação. A manutenção da inflação baixa exigiu ajustes fiscais mais duradouros e consistentes. A partir de 1999, foi determinado como um dos pilares da política econômica o estabelecimento das metas de superávit primário para o setor público consolidado (União, estados e municípios).

Portanto, o conjunto de investimentos de empresas que oxigenou regiões menos desenvolvidas, entre as décadas de 1950 a 1980, foi interrompido de forma significativa a partir dos anos 1990. Mais do que por motivos de ganhos de eficiência, a privatização teve como principal mote o equacionamento fiscal do setor público, e foi elemento importante no processo de reestruturação da dívida pública, inclusive a de caráter estadual e municipal. Nesse contexto, preocupações com políticas ou impactos regionais desse processo não faziam parte da agenda do país.

As instituições regionais também atravessaram um período de esvaziamento e enfraquecimento com orçamentos relativamente menores, perda de autonomia e capacidade técnica. Um exemplo emblemático e mais radical dessa situação foi a Sudene, que já chegou a ter *status* de ministério e um quadro de 3.700 funcionários. Em 2001 foi fechada, sob denúncias de desvios de recursos do Finor. Recriada em 2007, a instituição atualmente conta com um quadro de apenas 163 funcionários, alocados preponderantemente em atividades-meio e passando ao largo de projetos regionais importantes para o Nordeste, como a definição do complexo portuário industrial de Suape, em Pernambuco.

Com relação aos instrumentos de incentivos à política regional, ganhou destaque no período em análise a operação dos fundos constitucionais, o FNO, o FNE e o FCO, criados na Constituição de 1988, a partir da destinação de 3% da arrecadação do imposto de renda e do IPI com objetivo precípuo de atender o setor produtivo das regiões Norte, Nordeste e Centro-Oeste. Estes fundos, juntamente com os fundos de desenvolvimento regional (FDNE e FDA) e os incentivos fiscais, compõem o leque de instrumentos disponíveis.

O volume de recursos repassados aos fundos constitucionais e os valores contratados como proporção dos PIBs regionais podem ser considerados insuficientes para os objetivos de dinamizar e atrair investimentos produtivos para as regiões. No período de 1998 a 2004, os recursos contratados representaram 0,5% do PIB das três regiões (Norte, Nordeste e Centro-Oeste). Para a região Nordeste, essa proporção é ainda mais baixa, ou seja, apenas 0,4% do PIB.

Como ressaltado por Gustavo Maia Gomes no segundo capítulo deste livro, há uma disparidade entre o volume de recursos federais destinado para investimentos produtivos e aqueles que financiam o consumo por meio de programas de transferência de renda e aposentadorias do INSS. Portanto, há uma inflexão no perfil da política e dos instrumentos regionais, sobretudo na última década, em que os recursos federais privilegiaram o consumo relativamente aos investimentos.

Tabela 12

Comparação entre os repasses da Secretaria do Tesouro Nacional (STN) aos Fundos Constitucionais de Financiamento e Valores Contratados — Regiões Centro-Oeste, Norte e Nordeste (em % dos PIB's regionais)

ANOS	Repasses da STN/PIB				Valores contratados/PIB			
	FCO	FNO	FNE	Total	FCO	FNO	FNE	Total
1998	0,5	0,7	0,8	0,7	0,6	0,4	0,6	0,5
1999	0,5	0,8	0,8	0,7	0,3	1	0,5	0,4
2000	0,5	0,8	0,8	0,7	0,4	1,4	0,4	0,5
2001	0,6	0,8	0,9	0,8	1,1	0,8	0,2	0,5
2002	0,5	0,8	0,9	0,8	1,4	0,9	0,1	0,5
2003	0,5	0,8	0,8	0,7	0,8	1,4	0,5	0,6
2004	0,5	0,7	0,8	0,7	0,9	1,4	1,2	0,7
Total	0,5	0,8	0,8	0,7	0,8	1,1	0,4	0,5

Fonte: Macedo e Matos (2008).

Como bem fundamentado por Gustavo Maia Gomes no segundo capítulo deste livro, a partir de 1991 o relativamente rápido processo de convergência de renda regional das duas décadas anteriores foi interrompido com a perda de participação do Norte e uma quase estagnação da parcela do Nordeste. Já a região Centro-Oeste continuou avançando em termos de ganhos de renda *per capita*. Nesse caso, são dois os principais fatores explicativos; a) a consolidação da economia do Distrito Federal com um setor terciário que responde atualmente por mais de 90% do seu PIB, no qual o setor público é responsável por quase 40% dos empregos formais; b) a expansão da fronteira agrícola e os ganhos de produtividade da agropecuária.

Queda na capacidade do investimento público

Desde a década de 1980, o setor público não conseguiu recuperar sua capacidade de investimento, mesmo com relação às administrações públicas, dado que no tocante à atividade empresarial, a estratégia da política econômica foi a de abrir espaço para a ocupação do setor privado.

Por exemplo, no período 1968-79, as administrações públicas foram responsáveis por 18,4% do investimento global da economia, registrando uma taxa média de investimento de 4,2% do PIB. Já no período de 1990-2006, esse indicador foi de apenas 2,08% do PIB, ficando abaixo de 10% do investimento do país. O preocupante é que esse cenário ocorreu em um ambiente de aumento expressivo da carga tributária, que em 1991 era de 25% do PIB, passando para cerca de 35% do PIB em 2006.

FEDERALISMO E INTEGRAÇÃO ECONÔMICA

Tabela 13
Brasil: Taxa média de investimento do setor público e global
(% do PIB)

	Adm. pública (A)	Estatais federais (B)	(C =A+B)	Invest. global (D)	C/D *100
1950-1967	4,35	1,22	5,57	18,34	30,37
1968-1979	4,21	4,30	8,51	22,85	37,24
1980-1989	2,25	2,94	5,19	18,55	27,98
1990-2006	2,08	1,14	3,22	14,58	22,09

Fonte: Reis, C. (2008) — O investimento público e o desenvolvimento econômico no Brasil. *Boletim Informações Fipe*, junho de 2008.

Com relação às estatais federais, os dados acima mostram que a taxa de investimento dessas empresas no período de 1968-79 alcançou uma média de 4,3% do PIB. Nesse mesmo período, o conjunto da administração pública e essas estatais foram responsáveis em média por quase 40% do investimento global da economia. Já no período 1990-2006, essa proporção cai para cerca de 22%.

Com a privatização, sobretudo na atividade empresarial, é evidente que parte desses investimentos foi deslocada para o setor privado. Entretanto, em setores como infraestrutura, a queda dos investimentos públicos não foi compensada em sua totalidade pela iniciativa privada. Por exemplo, em áreas como transporte e saneamento básico, o país se ressente da escassez desses investimentos.

Os investimentos na área de infraestrutura são insuficientes até mesmo para reverter o déficit de serviços atualmente existente. O volume de recursos hoje investido no país, mais ou menos 2,1% do PIB, é 1/3 do despendido na China e no Chile, e metade do investido na Índia. Em relação ao período de 1970-80, o investimento atual não representa nem metade da taxa média investida nesse período, que foi de 5,4% do PIB. Além disso, estimativas apontam um déficit anual de investimentos no setor da ordem de R$ 122 bilhões.

Outro problema apontado pelos especialistas é que, apesar do aumento da disponibilidade de recursos dos programas governamentais, a execução dos investimentos não alcançou a velocidade e o volume esperados. O excesso de burocracia e os problemas da gestão pública representam um grave obstáculo ao aumento dos investimentos. Observa-se uma grande lentidão nas fases de licitação e licenciamento das obras. Em grande parte, esse problema é derivado da falta de capacidade institucional do setor público no processo de agente coordenador dos projetos, no tocante à avaliação da viabilidade econômica, na promoção de estudos comparados para hierarquizá-los em termos de retorno econômico e complementaridade e na definição da modalidade de propriedade e operação mais adequada para cada projeto (investimento público, concessão, privatização, PPP etc.).

Assim, a perda de capacidade de investimento do setor público, e em especial, do governo federal, não se resume apenas à disponibilidade de recursos, mas também à condição de investidor e mesmo de indutor desses investimentos. Neste último caso, o desenho do marco regulatório e das regras para atrair os investidores privados é de fundamental importância. Portanto, o desenho institucional deve ser capaz de criar os incentivos adequados para que a iniciativa privada aumente a produtividade, garanta o incremento dos investimentos e ofereça serviços de qualidade.

Com isso a integração nacional e o processo de coesão federativa sofreram limitações, a partir dos anos 1990, em função da queda de capacidade do investimento público que

FEDERALISMO E INTEGRAÇÃO ECONÔMICA

traz como consequências: 1) uma menor quantidade de recursos aplicados se reverte em uma menor capacidade de regionalizar os investimentos como foi feito no passado; 2) os subinvestimentos na área de infraestrutura inibem o processo de integração físico-territorial, que é fundamental para determinar a articulação econômica entre as unidades da Federação, no tocante aos fluxos de comércio e na complementaridade produtiva; 3) menor capacidade de potencializar especializações regionais e fomentar a formação de cadeias produtivas e bases técnicas fundamentadas em vantagens comparativas, o que estimula, assim, laços de solidariedade econômica entre empresas, setores e regiões.

Reformas e novas tecnologias

A partir de 1990, a política econômica passou a seguir um receituário de medidas liberalizantes, que ficou conhecido como Consenso de Washington. Passemos a alguns indicadores. Por exemplo, a tarifa média caiu continuamente até alcançar em 2002, o patamar de 13,8%. A taxa de importações com relação ao PIB que era de 7,5% em 1985 atingiu 13,3%, em 2004. O coeficiente de abertura, dado pela soma das exportações e importações sobre o PIB, passou de 20,45% em 1985 para 31,3% em 2004.

Em termos setoriais, as importações atingiram mais fortemente os segmentos de autopeças, têxteis e vestuário, produtos eletrônicos, máquinas, produtos plásticos, petroquímica, aço e metalurgia.

A liberalização financeira e a entrada de capitais externos também ganharam dimensões significativas, sobretudo a partir de meados dos anos 1990, quando as reformas constitucionais quebraram o monopólio da exploração de petróleo e dos serviços de utilidade pública e eliminaram a diferenciação legal entre firmas domésticas e estrangeiras. O valor médio dos investimentos estrangeiros diretos líquidos, que na década de 1980 foi da ordem de US$ 1,5 bilhão, cresceu para US$ 9 bilhões na década de 1990, elevando-se para US$ 24 bilhões no período de 2000 a 2011.

Amann e Baer (2006) investigam as consequências dessas reformas liberalizantes observando o grau de concentração, mudanças no grau de importações, de produtividade e de inovações tecnológicas. De 19 setores pesquisados (com base nas 20 maiores empresas de cada setor), observa-se um aumento do grau de concentração em 14 setores no período entre 1993 e 2004. Em alguns segmentos, tais como aço e metalurgia, mineração, materiais de construção, companhias de serviços públicos, alimentos, bebidas e tabaco e comércios varejista e de atacado, o grau de concentração (mostrado pela parcela das quatro maiores firmas) cresceu mais de dois dígitos percentuais.

Somente ocorreu uma queda significativa em dois setores — telefonia de informação e companhias de telecomunicações. No primeiro caso, trata-se um setor novo com demanda em expansão e custos de entrada relativamente baixos. No segundo caso, ocorreu a substituição do monopólio público por algumas firmas privadas. Mesmo assim, as quatro maiores firmas no setor de telecomunicações respondem por 72% do mercado.

Outra constatação importante é o aumento da relação importações/vendas. Por exemplo, em setores como autopeças, essa relação cresceu de 5,8 para 15,2 entre 1993 e 2004. No segmento de eletrônicos, a expansão foi ainda mais significativa, passando de 7,2 para 26,4. Na petroquímica, essa relação acelerou de 5,8 para 25,1. De modo geral, também foram observados ganhos de produtividade induzidos pela exposição do mercado a importações que permitiram o desenvolvimento de novos produtos e novas tecnologias.

É importante destacar a tendência das multinacionais em adquirirem seus componentes de fornecedores tradicionais situados no mercado internacional, além da concentração das exportações por um número pequeno de firmas, com participação elevada de subsidiárias nesse perfil exportador. Ou seja, as conexões com o exterior foram aprofundadas sempre na busca de redução dos custos e ganhos de eficiência.

Assim, a abertura comercial e financeira combinada ao avanço acelerado das tecnologias vinculadas à informática, às telecomunicações e aos transportes possibilitaram mudanças na estrutura de produção que privilegiaram os grandes conglomerados e empresas de grande porte. Essa é uma tendência mundial que também se reproduziu no Brasil.

Essas empresas puderam segmentar o processo produtivo em suas diversas etapas, especializando suas fábricas ou subcontratando outras. Esses fornecedores de componentes podem estar localizados em vários países e fazem parte da integração do sistema produtivo empresarial.

Assim, a globalização dos mercados comerciais e financeiros, aliada às novas tecnologias, possibilitou a articulação direta entre o "local" e o "resto do mundo (global)", prescindindo da intermediação do regional ou mesmo do espaço nacional. Nesse caso, o que importa é a capacidade competitiva das localidades.

Portanto, a integração nacional e a coesão federativa estariam preteridas diante do processo de globalização que privilegia as articulações diretas com o exterior, tendendo à concentração produtiva com chances concretas de aumentar as disparidades regionais.

Diante da lógica da competitividade e do mercado, novos espaços de articulação comercial surgem, como é o caso da relação dos estados da região Sul e Centro-Oeste com os países da bacia do Prata (Argentina, Paraguai, Uruguai e Bolívia), além do aumento da importância da relação do Centro-Oeste com a China. Além disso, observa-se aumento da polarização de São Paulo sobre essas áreas e também sobre o resto do país. Além disso, ocorreu uma importante mudança no perfil exportador e importador regional.

Observando a evolução da participação das exportações brasileiras por regiões, entre 1998 e 2010, observa-se claramente um expressivo ganho de participação da região Centro-Oeste (que passou de 2,4%, em 1998, para 7,2%, em 2008) combinado às perdas de participação das regiões Sul e Sudeste (entre 2008 e 1998, a perda de participação conjunta alcançou 6,8 pontos percentuais). Ao observar o perfil das exportações do Centro-Oeste, ao longo desse período, grande parte do incremento exportador se deveu aos produtos básicos, que representaram, em 2008, mais de 86% das exportações dessa região.

Por outro lado, observa-se na região Sudeste, além da perda relativa de capacidade exportadora, uma queda substancial da importância dos produtos manufaturados e ganhos dos produtos básicos. Em 1998, estes últimos representavam cerca de 18% na pauta de exportação da região. Em 2008, a participação aumentou para 31%, enquanto no mesmo período o peso dos produtos manufaturados caiu de 67% para 54%. Já em 2010, período pós-crise, esse quadro se acentuou mais ainda com participação dos produtos básicos, atingindo 40%, enquanto os manufaturados caíram para 44% (ver tabela 15). Na região Sul, também se constatou um ganho da participação de produtos básicos, porém de magnitude menos pronunciada. A diferença a se destacar em relação ao Sudeste é que a perda de participação mais relevante das exportações ocorreu nos produtos semimanufaturados.

Tabela 14
Evolução da participação das exportações brasileiras por regiões

Ano	Norte	Nordeste	Centro-Oeste	Sudeste	Sul	Total
1998	5,18	7,44	2,43	60,02	24,93	100
1999	5,72	7,16	2,76	59,81	24,55	100
2000	6,24	7,56	3,44	58,53	24,22	100
2001	5,77	7,46	4,40	56,19	26,18	100
2002	5,85	7,89	4,84	55,56	25,86	100
2003	5,77	8,50	5,29	54,19	26,26	100
2004	5,56	8,47	5,47	55,05	25,46	100
2005	6,36	9,05	6,15	56,08	22,37	100
2006	6,56	8,56	5,52	58,89	20,46	100
2007	6,18	8,25	6,11	57,54	21,91	100
2008	6,68	7,90	7,24	56,73	21,45	100
2009	6,71	7,71	9,37	54,38	21,83	100
2010	7,58	7,96	7,84	57,97	18,64	100

Fonte: MDIC.

Tabela 15
Região Sudeste: Participação das exportações
por fator agregado — em %

	Básicos	Industrializados (A+B)	Semimanuf. (A)	Manufaturados (B)	Operações especiais	Total
1998	18,36	80,30	13,18	67,12	1,34	100
1999	17,99	80,22	14,52	65,71	1,79	100
2000	16,14	81,65	14,33	67,32	2,21	100
2001	17,23	80,21	13,34	66,87	2,56	100
2002	20,59	77,19	13,88	63,31	2,23	100
2003	20,37	77,40	14,77	62,63	2,23	100
2004	20,47	77,56	13,66	63,90	1,97	100
2005	22,96	74,72	13,32	61,40	2,32	100
2006	24,55	73,23	12,85	60,38	2,22	100
2007	26,02	71,68	12,32	59,37	2,30	100
2008	30,48	66,48	12,78	53,70	3,05	100
2009	31,72	66,01	13,81	52,20	2,28	100
2010	39,85	58,13	14,28	43,85	2,02	100

Fonte: MDIC.

Em termos de importações, entre 1998 e 2010 houve um aumento importante nas participações relativas das regiões Norte, Nordeste, Centro-Oeste e Sul, o que necessariamente significa uma perda de importância relativa da região Sudeste, da ordem de 13 pontos percentuais. Embora o peso dos manufaturados nas importações de todas as regiões seja o mais elevado, também é digno de registro o crescimento significativo do volume importador desse tipo de produto.

A região Nordeste registrou o maior avanço na participação da importação de bens manufaturados, aumentando de 67% para 82% entre 1998 e 2010. Na região Norte, ocorreu um moderado incremento no peso das importações de semimanufaturados, mas a importância dos produtos manufaturados foi ainda a mais alta de todo país, cerca de 95%. Na região Centro-Oeste, ocorreu uma perda na importância relativa dos manufaturados (de 87% para 67%), com um ganho expressivo na importação de produtos básicos (de 10,5% para 23%) e dos semimanufaturados (de 2,5% para 10%). Já na região Sul, o que se pode depreender no período é uma tendência de aumento das importações de semimanufaturados. Mas a partir de 2008, observou-se um importante incremento na participação das importações de manufaturados, que cresceram de 66% naquele ano para 76% em 2010.

Assim, algumas conclusões sobre o impacto das reformas liberais e das novas tecnologias na coesão federativa podem ser identificadas:

- A necessidade de maior competitividade e o processo de integração produtiva das grandes empresas e conglomerados, sobretudo as multinacionais, geraram um aumento da concentração produtiva, revertendo tendência anterior e, assim, dificultando a coesão federativa.

- O aumento da participação relativa das importações de todas as regiões, em detrimento do Sudeste, representou um desvio de comércio em favor do resto do mundo e em detrimento do comércio regional, especialmente aquele atendido pela região Sudeste.
- O aumento da proporção de exportações de produtos básicos em detrimento de manufaturados (inclusive na região Sudeste) sinaliza perda de força dos efeitos interindustriais e uma menor complexidade da cadeia produtiva, também dificultando o processo de coesão federativa.
- A possibilidade de conexões diretas entre o "local" e o "exterior" sem a necessidade de mediação do nacional ou regional arrefeceu o processo de articulação inter-regional.

A perda de participação da indústria na economia nacional

A partir de meados dos anos 1980, tivemos uma desaceleração do processo de desconcentração regional da indústria. Foi também a partir desse período que a indústria de transformação começou a perder força na economia, em termos de participação no PIB, no emprego e nas exportações brasileiras, conforme tabela abaixo. A despeito de parte dessa queda da participação industrial ser atribuída a ganhos de produtividade — que reduz custos (e preços) e o valor da produção —, à terceirização de atividades que antes eram realizadas no interior das fábricas e às mudanças de preços relativos, não há como negar a perda de importância relativa da base manufatureira no Brasil.

Tabela 16
Indicadores da indústria de transformação na economia brasileira

% do PIB	35,8 (em 1985)	14,6 (em 2011)
% no emprego total	25,89 (em 1986)	17,06 (em 2010)
% das exportações totais	64,47 (em 1992)	36,05 (em 2011)
% coeficiente importações	10,1 (em 1996)	20,7 (em 2011)

Fonte: CNI.

As implicações desse processo para a coesão federativa são relevantes, porque, além das relações interindustriais (efeitos de encadeamentos para a frente e para trás), há significativa complementaridade intersetorial, dado que 40% das compras dos insumos da indústria são realizadas em outros setores, sendo 12% oriundos da agropecuária e 14% do setor de serviços.

O problema é que a interrupção do aprofundamento do processo de industrialização, a partir de meados dos anos 1980, ocorreu sem que o setor manufatureiro atingisse um grau de maturidade e desenvolvesse um núcleo produtor de tecnologia nacional. Entre 1985 e 2009, constata-se queda da participação de setores de maior intensidade tecnológica (particularmente metalurgia básica, produtos químicos, materiais elétricos e eletrônicos, aparelhos e equipamentos de comunicação) e aumento da participação dos setores industriais direcionados à exploração de recursos naturais (fabricação de coque e refino de petróleo, alimentos, bebidas e fumos).

Tabela 17
Indústria de transformação e extrativa mineral – participação % do valor adicionado por setores, segundo a intensidade tecnológica
1985 e 2009

Setores industriais classificados por tipo de tecnologia	1985	2009	1985/2009 variação em p.p.
Baseado em recursos naturais	34,0	44,2	10,2
Extração mineral, petróleo e gás	4,7	4,1	-0,6
Prod. minerais não metálicos e cimento	3,0	3,0	0,0
Alimentos, bebidas e fumo	12,8	18,5	5,7
Produção de biocombustíveis	3,0	1,0	-2,0
Fabricação de coque e refino de petróleo	5,2	14,1	8,9
Demais	5,3	3,5	-1,8
Intensiva em trabalho	15,3	12,3	-3,0
Têxteis	5,5	1,8	-3,7
Vestuário, calçados e artefatos de tecidos e couro	4,8	3,5	-1,3
Setores diversos	1,5	3,0	1,5
Fabricação de produtos de metal	3,5	4,0	0,5
Intensiva em escala	35,9	30,4	-5,5
Metalurgia básica	9,4	4,1	-5,3
Material de transporte (exceto aeronáutico)	5,5	11,1	5,6
Borracha e plástico	3,8	3,5	-0,3
Fabricação de produtos e artefatos de papel e papelão	1,2	2,5	1,3
Produtos químicos	13,4	7,0	-6,4
Demais	2,6	2,2	-0,4
Diferenciada e baseada em ciência	14,8	13,1	-1,7
Material elétrico, eletrônicos, apar. e equip. de computação	5,2	3,5	-1,7
Máquinas e equipamentos	4,9	4,3	-0,6
Demais	4,7	5,3	0,6
Indústria total	100,0	100,0	

Fonte: *Carta Iedi* n. 525 — Por que a indústria é relevante para o desenvolvimento brasileiro?

O FEDERALISMO BRASILEIRO EM SEU LABIRINTO

Vale ressaltar que foi a partir dos anos 1990, com a abertura econômica, que a mudança de composição setorial da indústria se pronunciou de forma mais evidente, com a perda da importância da indústria de transformação no produto industrial e o correspondente aumento do espaço da indústria extrativa mineral, com implicações com base nos argumentos apresentados acima.

Finalmente, vale destacar que, do ponto de vista espacial, ocorreu uma estagnação no processo de desconcentração industrial em segmentos da indústria de transformação.

No período de 1985 a 1997 (com base na nova metodologia de classificação da CNAE), Sousa (2004) propõe uma classificação dos setores em três grandes grupos: Fornecedores de insumos, Tecnológico e Consumidor final (produção destinada ao consumo final).

Tabela 18
Grupos na classificação CNAE

Grupo 1: Fornecedores de insumo	Grupo 2: Tecnológico	Grupo 3: Consumidor final
Borracha e plástico	Automotores	Couro e acessórios
Combustíveis	Eletrônica e comunicação	Fumo
Máquinas e equipamentos	Escritório e informática	Vestuário
Metalurgia	Instrumentos profissionais	Editorial e gráfica*
Minerais não metálicos	Madeira	Mobiliário e diversas*
Outros equipamentos de transporte	Material elétrico	Alimentos e bebidas*
Papel e celulose	Química	
Produtos de metal – s/ máquinas e equipamentos		
Têxtil		

Fonte: Sousa (2004).

* Esses setores foram alocados nesse terceiro grupo por Sousa (2004).

A evolução do coeficiente médio do índice de Gini para o grupo dos setores Tecnológicos e Consumidor final apresentou uma estagnação no nível de desconcentração, modificando a tendência de uma melhor distribuição espacial ocorrida durante a década de 1970 nesses segmentos. Já o grupo de Fornecedores de insumos, em média, apresentou uma ligeira desconcentração no período. O gráfico abaixo mostra esse comportamento.

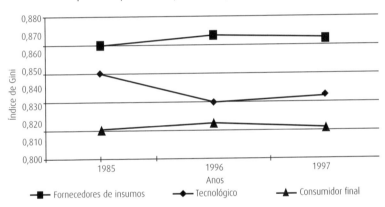

Gráfico 4
Médias do índice de Gini para os grupos separados pelos componentes principais na CNAE

Portanto, não somente a indústria de transformação perdeu participação na economia, como para segmentos importantes dessa indústria ocorreu uma estagnação no processo de desconcentração espacial. Certamente, a combinação desses dois efeitos afetou a capacidade de coesão federativa.

Desafios à coesão federativa

Para fortalecer a coesão federativa e o processo de articulação econômica do país, é preciso atuar nas seguintes dimensões:

- Integração físico-territorial — Expandir a rede de infraestrutura de transportes, comunicações e energia, unindo as regiões do país. Essa base é fundamental para incrementar os fluxos de comércio regionais e interestaduais e promover a integração econômica.
- Integração econômica — Promover a complementaridade intersetorial e inter-regional das atividades produtivas. O fomento à formação de cadeias produtivas com base nas vantagens comparativas e especializações regionais, à integração técnica e à busca por complementaridades entre empresas, setores e regiões são elementos fundamentais para fortalecer os laços de solidariedade econômica da Federação.
- Revisão do Pacto Federativo e concretizar a Política Nacional de Desenvolvimento Regional — promover a equalização da capacidade fiscal per capita dos entes federados, eliminar o espaço da guerra fiscal, promovida especialmente pelo ICMS, e garantir instrumentos efetivos de desenvolvimento regional (inclusive nas políticas de caráter nacional) são alguns princípios que devem nortear essa dimensão.

Referências bibliográficas

ALMEIDA Jr., M.; DA SILVA, A. M. A.; RESENDE, G. M. Distribuição espacial dos fundos constitucionais de financiamento do Nordeste, Norte e Centro-Oeste. *Revista de Economia*, v. 33, n. 2, 2007.

AMANN; E.; BAER, W. Neoliberalismo e concentração de mercado no Brasil: a emergência de uma contradição? *Econômica*, n. 8(2), p. 269-289, 2006.

BAER, W. *A economia brasileira*. São Paulo: Nobel, 2002.

BIELSCHOWSKY, R. Investimento e reformas no Brasil: indústria e infraestrutura nos anos 1990. *Ipea/Cepal*, Brasília, 2002.

DA SILVA, O. M.; DE ALMEIDA, F. M. Comércio interestadual e infraestrutura no Brasil: uma análise do relacionamento no Brasil — Rio Branco: XLVI *Encontro da Sober* — Sociedade Brasileira de Economia, Administração e Sociologia Rural, 2008.

DELGADO, G. O setor de subsistência na economia brasileira: gênese histórica e formas de reprodução. *Texto para discussão do Ipea*, Brasília, n. 1.025, 2004.

DINIZ, C. C. A questão regional e as políticas governamentais no Brasil. Belo Horizonte: Cedeplar; Face; UFMG. *Texto para discussão*, n. 159, 2001.

FERREIRA, P. C. G.; MALLIAGROS, T. G. Impactos produtivos da infraestrutura no Brasil — 1950/95. *Pesquisa e Planejamento Econômico*, v. 28, n. 2, p. 315-338, 1998.

FURTADO, C. *Formação econômica do Brasil*. 32. ed. São Paulo: Editora Nacional, 2003.

GALVÃO, O. J. A. Comércio interestadual por vias internas e integração regional no Brasil. *RBE*, Rio de Janeiro, n. 53 (4), p. 523-558, 1999.

GOMES, G. M. *Competição fiscal, conflitos federativos e desigualdades regionais*: resultados, consequências e novas perspectivas. São Paulo: FGV, 2012.

IEDI. Por que a indústria é relevante para o desenvolvimento brasileiro? *Carta do Iedi*, n. 525, 2005.

JONES, B.; OLKEN, A. The Anatomy of Start-Stop Growth. *Review of Economics and Statistics*, n. 90, 3 Ago. 2008.

MACEDO F. C.; MATOS, E. N. O papel dos fundos constitucionais de financiamento no desenvolvimento regional brasileiro. *Ensaios FEE*, v. 29, n. 2, 2008.

PACHECO, C. A. *Fragmentação da Nação*. Campinas: Editora da Unicamp, 1998.

RODRIK. D. The Real Exchange Rate, and Economic Growth. *Brookings Paper on Economic Activity*, p. 365-439, outono 2008.

SILVA, H. L. Desenvolvimento agrícola, território e sustentabilidade no Brasil. Tese (Doutorado) — Centro de Desenvolvimento Sustentável, Universidade de Brasília, 2008. Disponível em: <http://repositorio.unb.br/bitstream/10482/4189/1/2008_HelitonLealSilva.pdf>.

SILVA, H. L. *Modelo caracterizado pela prioridade dos cultivos comerciais, com grande aplicação de insumos modernos e mecanização*. Tese (Doutorado) — Centro de Desenvolvimento Sustentável, Universidade de Brasília, Brasília, 2008.

SOUSA, F. A localização da indústria de transformação brasileira nas últimas três décadas. João Pessoa, PB, XXXII Encontro Nacional de Economia, *Anais*, 2004.

SOUZA, A. *Limites e possibilidades de expansão do emprego em um contexto de integração regional*: o caso do Nordeste do Brasil. Tese (Doutorado) — Instituto de Economia, Unicamp, Campinas, 1995.

SOUZA, C. *A nova geografia econômica*: três ensaios para o Brasil. Tese (Doutorado) — Cedeplar, Face, UFMG, 2007.

VARSANO, R. O sistema tributário de 1967: adequado ao Brasil de 80? *Ipea*, PPE, v. 11, n. 1, p. 203-228, 1981.

VASCONCELOS, J. R.; Oliveira, A. M. Análise da matriz por atividade econômica do comércio interestadual no Brasil — 1999. *Texto para Discussão*, Brasília, Ipea, n. 1.159, 2006.

SIGLÁRIO

ABRASF: Associação Brasileira das Secretarias de Finanças das Capitais
ADA: Agência de Desenvolvimento da Amazônia
ADENE: Agência de Desenvolvimento do Nordeste
BASA: Banco da Amazônia
BNB: Banco do Nordeste do Brasil
BPC: Benefícios de Prestação Continuada
CIDE: Contribuição de Intervenção no Domínio Econômico
CODEVASF: Companhia de Desenvolvimento dos Vales do São Francisco e do Parnaíba
COFINS: Contribuição para Financiamento da Seguridade Social
CONFAZ: Conselho Nacional de Política Fazendária
DNOCS: Departamento Nacional de Obras Contra as Secas
ESAF: Escola de Administração Fazendária
IBGE: Instituto Brasileiro de Geografia e Estatística
ICMS: Imposto sobre a Circulação de Mercadorias e Serviços
IDH: Índice de Desenvolvimento Humano
IPEA: Instituto de Pesquisa Econômica Aplicada
FCO: Fundo Constitucional de Financiamento do Centro-Oeste
FDA: Fundo de Desenvolvimento da Amazônia
FDNE: Fundo de Desenvolvimento do Nordeste

FINAM: Fundo de Investimento da Amazônia

FINOR: Fundo de Investimento do Nordeste

FITEL: Fundo de Investimentos em Telecomunicações

FNE: Fundo Constitucional de Financiamento do Nordeste

FNO: Fundo Constitucional de Financiamento do Norte

FPE: Fundo de Participação dos Estados

FPM: Fundo de Participação dos Municípios

FUNDEB: Fundo de Manutenção e Desenvolvimento da Educação Básica e de Valorização dos Profissionais da Educação

FUNDEF: Fundo de Manutenção e Desenvolvimento do Ensino Fundamental e de Valorização do Magistério

FUST: Fundo de Universalização dos Serviços de Telecomunicações

MDIC: Ministério do Comércio Exterior

OSS: Orçamento da Seguridade Social

PIB: Produto Interno Bruto

PIS: Programa de Integração Social

POLOCENTRO: Programa de Desenvolvimento dos Cerrados

PRODECER: Programa de Cooperação Nipo-Brasileira para o Desenvolvimento dos Cerrados

SUDAM: Superintendência do Desenvolvimento da Amazônia

SUDECO: Superintendência do Desenvolvimento do Centro-Oeste

SUDENE: Superintendência do Desenvolvimento do Nordeste

SUDESUL: Superintendência de Desenvolvimento da Região Sul

SUFRAMA: Superintendência da Zona Franca de Manaus